冯巧根◎著

管理会计学术的
形成机制与实现路径研究

Research on the Formation Mechanism and
Realization Path of Academic Management Accounting

中国财经出版传媒集团

经济科学出版社
Economic Science Press

·北京·

图书在版编目（CIP）数据

管理会计学术的形成机制与实现路径研究/冯巧根著．－－北京：经济科学出版社，2023.11
ISBN 978－7－5218－5364－3

Ⅰ．①管… Ⅱ．①冯… Ⅲ．①管理会计－研究 Ⅳ.
①F234.3

中国国家版本馆 CIP 数据核字（2023）第 218208 号

责任编辑：武献杰 杜 鹏
责任校对：王肖楠
责任印制：邱 天

管理会计学术的形成机制与实现路径研究

冯巧根◎著

经济科学出版社出版、发行 新华书店经销

社址：北京市海淀区阜成路甲 28 号 邮编：100142

编辑部电话：010-88191441 发行部电话：010-88191522

网址：www. esp. com. cn

电子邮箱：esp_bj@163. com

天猫网店：经济科学出版社旗舰店

网址：http://jjkxcbs. tmall. com

固安华明印业有限公司印装

710×1000 16 开 17 印张 290000 字

2023 年 11 月第 1 版 2023 年 11 月第 1 次印刷

ISBN 978－7－5218－5364－3 定价：98.00 元

（图书出现印装问题，本社负责调换。电话：010－88191545）

（版权所有 侵权必究 打击盗版 举报热线：010－88191661

QQ：2242791300 营销中心电话：010－88191537

电子邮箱：dbts@esp. com. cn）

前　言

　　一般认为，管理会计学术形成的知识成果，"要么理论上有创新，要么实践中有用。"事实上，完成这项工作要求非常艰巨。德国社会学家马克思·韦伯（Max Weber）曾说过，"学术生涯是一场鲁莽的赌博。"在他看来，对于初入学术大门的年轻学者而言，做学问是一场打破重塑的漫长修炼，需要不断地在挫败与平庸感中斗争和煎熬。有不少年轻的学子，心怀满腔热情与学术梦想，进入象牙塔上下求索，但又有多少人可以将理想转变成信念，继而坚定地埋头在学术研究的道路上前行（李连江，2022）。无论是理论创新，还是实践有用，都必须体现管理会计的研究价值，然而，研究价值的概念较为宽泛，很难找到一个恰如其分的评价标准。2022 年 7 月，荷兰 Utrecht 大学的 Kirchherr 发表了一篇文章，即《废话在可持续性和转型文学中是一种挑衅》，核心是讨论"学术泡沫"问题。这在当前情境下似乎显得非常有价值。对于什么样的研究是有价值的，"学者应该问一下自己，我是在增加学术垃圾吗？或者我是在给自己的研究领域增添新的知识吗？有这样的目标，即使被学术指标驱动，学者也会看到真正的贡献是增量知识"（诸大建，2022）。传统功利学术路径下，盲目的"数字崇拜"滋生了大量学术泡沫，季羡林（1997）提出："到了今天，我们被动写文章的例子并不少见。我们写的废话，说的谎话，吹的大话，也是到处可见的。我觉得，有好多文章大可以不必写，有好些书大可以不必印。如果少印刷这样的文章，出版这样的书，则必然能够少砍伐些森林，少制造一些纸张；对保护环境，保持生态平衡，会有很大的好处的；对人类生存的前途也会减少危害的。"钱学森曾说："为什么中国的大学在 1949 年后没有产生一个世界级的原创性思想家或有创见的科学家？""钱学森之问"回答了学术研究的本质，即中国需要强化本土化的理论研究，扩大思想市场的体量，挖掘学术之根源。

　　管理会计研究应优化学术机制，实施路径转向。比如，由传统的"产出导向"向"服务国家重大需求"转变。2022 年，教育部提出"有组织科研"就是一种可行的路径选择。即，倡导"有组织的科研"，引导学术研究面向国家和社会的重大问题。管理会计学术研究要注重实践需求，兼顾产业链、社会价值链的利益相关者，通过不断创新，开放生态，夯实学科基础，助力中国企业可持续性成长。同时，加强"新文科"建设。近年来的"新文科"的实践表明，管理会计学科发展离不开多学科的交融与相衬，必须正确理解管理会计的边缘性特征，促进管理会计学科的可持续发展，提高管理会计研究价值的高质量。从学术上讲，一篇文章最重要的价值就在于它的原创性。季羡林（1997）认为，文章可以分为两大类：一是被动写的文章；二是主动写的文章。所谓"被动写的文章"，在中国历史上流行了一千多年的应试的"八股文"和"试帖诗"，就是最典型的例子。至于主动写的文章，也不能一概而论。仔细分析起来，也是五花八门的，有的人为了提职，需要提交"著作"，于是就赶紧炮制；有的人为了成名成家，也必须有文章，也努力炮制。对于这样的人，无须深责，这是人之常情。炮制的著作不一定都是"次品"，其中也不乏优秀的东西。像吾辈"爬格子族"的人们，非主动写文章以赚点稿费不行，只靠我们的工资，必将断炊。我辈被"尊"为教授的人，也不例外（季羡林，2023）。

管理会计研究除了打造"学术精品"这一层面的学术成果外，还需要将社会贡献度作为学术激励的重要尺度，体现学术成果的"生产力"。管理会计研究不同于其他人文社会学科，它具有很强的时代特征，并受到技术进步影响的敏感性强。尤其是进入 21 世纪以来，技术因素对管理会计的影响更加明显。当前，企业处于数字经济的变革时代，出现了许多前所未有的新特征，如国际间的经济合作与竞争、信息技术和网络的发展、越来越短的产品生命周期、知识和人才成为一种关键性经济资源，组织结构及其创新不断迭代，等等。这就需要研究者深入实践，广泛开展调查研究，深刻理解和认识新的"应用环境"和新的组织特征，以及新的任务、理念和方法，进而体现管理会计的研究价值。人文社科学者强调的"本质性理论"与管理会计强调的产生"富有价值"的学术目标是一致的。管理会计的实质性研究可以达到概念有效性，能够使研究者有机会识别、构筑和计量所有影响研究的行为变量。管理会计的"富有价值"是通过深入认识组织和社会背景下的会计活动，保持信息的充分揭示。"丰富"不等于"详细"，丰富的观点更不是组织生活中丰富的碎片。必须保持内容与实践的详细，同时对会计规则或工具实施创新。换言之，"富有价值"必须有助于理解专业人员在其日常工作环境中常规性使用会计信息的行为和动机。管理会计的实质性研究需要考虑：（1）对社会或组织背景下的企业实际情境进行权衡，且加以深入的认知，或者从重复与比较等行为活动中获得学术成果。（2）在激进与渐进中权变性地选择。一般来说，管理会计的变迁是渐进性的。比如，针对管理会计体系的现状修正或调整理论框架及其相关内容。近年来，随着数字技术在管理会计理论与方法中的不断嵌入及其应用，管理会计变迁的激进性有所显现。比如，结合自然实验等的研究方式，使理论概念及其相互间的关系通过数字孪生等技术激进式地显露出来。（3）围绕理论扩展的路径，借助于沪深两市的资本市场数据，检验预设的目标值，如样本规模大小或者概念的深度与广度等呈现管理会计的价值。

开展管理会计理论研究，提炼管理会计知识，离不开学术机制的构建，以及相应路径的优化与选择。随着数字技术的应用与发展，管理会计的内涵和形态变得更加丰富与多样。对此，管理会计理论应聚焦现实，重视实践问题的研究，坚守以人为本的学术情怀，探讨管理会计知识与社会现实之间的关系，基于经济学范式变迁与管理学文化演进开展管理会计工具与方法的应用与创新，不断提高中国管理会计在全球同行中的地位与作用。

冯巧根

2023 年 8 月

目　录

绪　论

管理会计学术的形成机制与发展规律是管理会计学科研究的重要内容。管理会计是从成本会计中裂变与创新出来的新学科，有其自身的演进特征和变迁路径。管理会计学术作为会计体系之中的专门学问，是对成本控制、预算管理等存在物及其规律的理论升华或学科化认知。随着学科的多元化与复合化发展，管理会计研究的边界不断扩展，学术理念逐渐扩散，传统的管理会计内容面临着演进或变迁。管理会计研究正在聚焦中国经济的高质量发展，通过完善收益分配机制和重塑成本结构动因，转向对智能互联产品等的热切关注，并不断推进企业的数字化转型。管理会计学科的交叉融合，拓展了管理会计研究的新范式，人工智能等数字技术的应用使人们对管理会计学术有了增量的认知，理论与实践结合的特征变得更加突出。

第一节　研究背景

学术是一个具有多重含义的概念。在中文语境中，大致有治国之术，教化，学问、学识，系统专门的学问，观点、主张、学说，学风，法术、本领等。管理会计学术的形成机制是指以企业实践为基础，以完善有效的管理会计指引体系为手段，通过建立有利于管理会计研究的要素理论，扩展企业功能结构，借助于优化企业可持续发展的价值管理，引导收入、成本与费用在企业价值创造和价值增值中有机匹配与调整的制度安排。直至今天，人们对学术的理解仍然见仁见智，但无论做何理解，对客观事物的本质及其规律进行科学的研究和揭示，并且呈现出系统化、逻辑化的知识体系却是比较一致的看法（杨兴林，2015）。中国学术是本土的，也是世界的。不立足本土研究中国问题，中国学术就没有根基、没有特色、没有主体性精神；不放眼世界，在世界学术的格局与趋势中观察中国、思索中国，中国学术就会孤立于世界学术主潮之外，缺乏创新、缺乏活力、缺乏普遍性意义（张江，2020）。

一、管理会计学术是各种专门知识叠加的场景应用

管理会计学术研究要加强与实践中的企业进行沟通和交流，所形成的学术观点要与文化因素、企业目标、组织管理以及一系列的技术和实务相互联系。管理会计学术是探究企业价值创造与价值增值形成和发展规律，寻求价值增量的因果关系、解释管理会计现实和前瞻性管理企业的收入与成本等的理性工具，其核心是通过对企业应用环境的分析以及价值规律的总结和归纳，形成能够解释因果关系的科学知识。2013 年 8 月，习近平总书记在全国宣传思想工作会议上指出，独特的文化传统，独特的历史命运，独特的基本国情，注定了我们必然要走适合自己特点的发展道路。① 管理会计学术的形成机制涉及多种专门知识的叠加，以及理论活动与实践活动之间的内在联系，包括管理会计研究成果中的工具特征、产品业态、制度形式等内容。管理会计是知识的叠加物，是文化的凝聚体。20 世纪 70 年代，日本的管理会计之所以说是成功的，其关键的举措就是持续地加强企业文化建设。亦即，日本高水平的制造生产率和质量归因于一流的教育制度、大规模的公司培训计划和执行以及整合良好的行业政策。对此，管理会计学术界要面向企业实践，理论研究不只是单一技术方法的嵌入或移植等问题，而是要加强学术研究中的文化价值的提炼与总结。日本的质量控制小组（QC）、适时制供应和生产方法（JIT）等正是那个时期为世界管理会计学术界作出的知识贡献。

自主知识体系是由自主学科体系、学术体系、话语体系共同构成的集合体，管理会计要通过创新驱动，优化学术研究的路径选择。管理会计学术的形成机制表明，缺乏管理会计创新的主要原因，首先是制度因素，证

---

① 习近平论中国传统文化——十八大以来重要论述选编 [EB/OL]. [2014 - 03 - 03]. http：//theory. people. com. cn/n/2014/0303/c40531 - 24507951. html.

券市场上的短期会计信息与财务会计报告制度迫使企业顾及眼前；其次是担心改革对企业净利润的影响，企业不愿意改变现行的管理会计系统，一个重要的因素是担心企业净收益产生波动，但不是全部因素；最后是对管理会计系统改革缺乏统一的指引，尽管财政部发布了"管理会计基本指引和应用指引系列"，但如何实施改革，怎样推进创新等并没有相关的制度规范，或者说，管理会计系统的改革需要知识的积累，并非只是由可预见的技术上的好处所决定的，还需要考虑会计系统以外的各个企业具体的情况。

二、管理会计学术要注重"应用环境"的变化

"应用环境"为管理会计理论结构中排名一的"要素"，是由其本质属性决定的。自 20 世纪 50 年代管理会计正式形成以来，管理会计理论与方法体系一直处于松散的状态，并且持续地在发生变动。20 世纪 20 年代以来，随着经济全球化和管理信息化的推动，管理会计理念与方法发生了深刻的变革，以全面质量管理、适时制、作业成本法、平衡计分卡等为代表的管理会计工具在几乎所有的工业化与后工业化世界中有了立足之地（Granlund & Lukka，1998）。正如国际会计师联合会（International Federation of Accountants，1998）和管理会计师协会（Institute of Management Accountants，1999）的文告所指出的，过去 20 年已经见证了管理会计实践相当显著的变化，管理会计从强调面向财务的决策分析和预算控制，发展到包括更多战略的方法，强调识别、计量和管理影响股东价值的关键性财务和运行的动因。类似的发展出现在管理会计研究中，预算和财务控制技术的经验研究正在让位于有关各种"新"技术（如作业成本法、平衡计分卡、战略会计和控制系统、业绩指标的经济价值等）的新的研究（Ittner & Larcker，2001）。就管理会计而言，企业整体的运作是非常重要的。在环境不确定性作为常态的情况下，组织在谋求成功的过程中，面对资源缺乏和物质密集等各种各样的限制因素，为了促进发展实现进一步成功，管理会计必须克服供给冲击，寻求组织之间的共识与合作。深入企业实践，调查研究管理会计工具方法的合理性与有效性，通过试点的方式加以推广，可能是学术成果发挥最大效果的一个基本途径。比如，面对企业外部环境的不确定性与不稳定性，坚持韧性就变得十分重要。事实证明，韧性不仅是一种抵御危机的能力，更具有与动态变化相调适与不断进化的特征。

尽管理论层面上，"应用环境"作为管理会计的要素之首，然而实践中却过于偏重企业内部的信息支持与管理控制的环境因素。比如，结合国内经济形势与经营环境的情境，在企业战略基础的作业成本法协助下，对企业的营商环境进行报告，并用战略管理会计的方法反映现存的或潜在的竞争对手的成本构成。事实上，外部的经济与经营环境是影响管理会计学术成果有效性的关键因素。需要结合国内外不同的影响因素，分析其对本国管理会计经验借鉴的优劣或偏差。中国式现代化以生态文明、数字文明思想强调人与自然和谐共生，打造互联互通的伙伴网络，构建人类命运共同体，进而超越了工业文明时代的现代化逻辑。中国通过"一带一路"国际合作，开创人类共同现代化、包容性现代化、以人民为中心的现代化。管理会计学术研究要适应现代化的发展过程，借助于会计与企业战略的紧密结合，以及财务与非财务信息的综合应用等有效路径，形成中国式管理会计的现代化智慧。长期以来，"降本增效"往往局限于传统制造业等实体经济的企业管理者之间，近年来，国内外一些数字型原生企业也开始采取这种手段，典型的是减员增效以降低成本这类策略。它表明，管理会计学术研究没有过时的学问，只有时代的学问。换言之，"应用环境"是管理会计要素结构中最基本的学术单元，管理会计学术形成过程中的文化价值观等问题是理论研究的基础，这些问题贯穿起来形成的内在机制是管理会计体系的保障。学者们考虑学术问题不能偏于狭义，要通过对宏观与中观"应用环境"的考虑，将各种有利于管理会计学术发展的理论与方法纳入研究的范畴之中，并通过反复的"实践—理论—再实践"，进行去粗取精，增加管理会计学术的研究价值，发挥管理会计理论对企业实践的贡献。管理会计学术的研究价值体现在对某项事物或活动对象分析的严密性和结论的新颖性上，而不在于作者身份是否是名人，也不在于文章发表在何处（何种等级的期刊等）。管理会计研究借助于解释和预测功能，对企业的管理活动及其动机进行分析与决策，进而影响组织的管理与控制功能。同时，借助于信息支持系统的设计与应用，对内部与外部的组织力量施加影响。当前，必须牢牢把握高质量发展这个首要任务，完整、准确、全面贯彻新发展理念，必须更好统筹质的有效提升和量的合理增长，必须坚定不移深化改革开放、深入转变发展方式，必须以满足人民日益增长的美好生活需要为出发点和落脚点。这些既是管理会计"应用环境"内含的要求，也是管理会计学术创新的重要源泉。

三、管理会计学术研究要深入企业实践

管理会计要注重基础性与应用性研究的融合。管理会计"看似微观、实则宏观",管理会计学术研究要主动服务于实体经济,深入企业实践,探寻价值创造与价值增值的客观规律,学术研究的方法要注重实用,而不能沉迷于实证检验的定量研究。"管理会计研究脱离企业实践现象,或者将企业实践中的经验与方法上升到理论层面",可能实务界对管理会计学术会有更高的要求。当前,企业面临的制造环境瞬息万变,实践中的管理会计改革虽然很有希望,但是否能够实施并取得成功,还需要取决于能否反映生产体系以及企业的组织背景。若使管理会计学术活动对指导企业实践产生意想不到的、非常有益的结果。一个明确的结论是:管理会计人员要理解生产过程并要将管理会计系统通过非正式的沟通渠道融入生产作业之中,并建议更重视非财务评价标准的使用。实践反馈的结论是:许多企业都不满意传统管理会计和传统投资评价方法的工具效率与效果。有些企业在推行的过程中就遇到了非预期的困难,通常体现出的是一种行为本质,但也可能得到意想不到的好处,比如,新的会计系统使企业的战略发生了改变。

在党的十九大报告中,习近平总书记明确提出,我国经济已由高速增长阶段转向高质量发展阶段。在党的二十大报告中,总书记进一步强调,高质量发展是全面建设社会主义现代化国家的首要任务,加快构建新发展格局,着力推动高质量发展,坚持以推动高质量发展为主题。① 管理会计学术要服从于国家宏观经济管理,深刻认识并理解高水平科技自立自强的必要性与重要性,深刻认识加快构建新发展格局是推动高质量发展的战略基点,把实施扩大内需战略同深化供给侧结构性改革有机结合起来,加快建设现代化产业体系,深入推进新型工业化。管理会计要深入扎根企业变革的经营环境,努力推动管理会计理论创新,为新经济时代的企业数字化转型服务,不负大变局时代管理会计学术研究的使命。管理会计学术必须围

---

① 何立峰. 高质量发展是全面建设社会主义现代化国家的首要任务(认真学习宣传贯彻党的二十大精神)[EB/OL]. [2022 – 11 – 14]. http://dangjian. people. com. cn/n1/2022/1114/c117092 – 32565249. html.

绕上述要求展开研究，从管理控制系统功能角度讲，就是强化数字技术等在预算管理与成本控制等过程中的应用，提高管理会计学术的质量。从信息支持系统来看，就是界定管理会计绩效管理等的分配边界，适应宏观分配体制的改革，坚持公平正义，满足以人民利益为中心和共同富裕要求。从管理会计目标来思考，就是要促进企业乃至中国经济的迅速发展，迈向物质与精神相融合的动态协调的共同富裕道路。

基础研究着眼于用创新理论解释世界，应用研究注重用研究成果改造世界。管理会计基础研究为应用研究提供学理支撑和知识储备，应用研究为基础研究提供问题起点和实践路径。管理会计基础研究必须是来自新时代新问题的研究，如数字资产的计量等，通过这类问题的理论提炼才能稳固管理会计的理论阵营，提高管理会计的地位与作用；应用研究必须是对现实存在的对策问题的研究，并给企业实践带来价值的实现。文化价值观的传播是中国管理会计发挥主导作用的前提，管理会计学术作为一种知识创新过程，其研究活动形成的内在机制是创新思维的基础和保证。从文化价值观的内在机制看，管理会计的创新思维无所谓规范性思维或非规范性思维，当管理会计行为本身需要通过规则进行管理，并意识到文化价值观能够约束企业经济行为时，就成为一种规范性的思维。管理会计研究的学术形成机制，就是要借助于对管理会计思维的认知，使理论层面的学术范式能够向实务环节的操作层面渗透，进而形成管理会计的知识体系。强化知识管理，就是要将管理会计学术通过制定一套规则来规范认知活动，使知识按既定规则所指引的方向有序发展。2016 年财政部制定的《管理会计基本指引》，以及 2017～2018 年财政部陆续颁布的"管理会计应用指引系列"就是管理会计学术上升为知识的体现。

四、管理会计学术繁荣是管理会计高水平研究的基础

当前，随着企业及其关联方，如供应商、顾客、政府部门等对管理会计的需求，管理会计学术累积了许多新问题，亟须加以总结与提炼。比如，数字化转型中的新顾客或供应商等伙伴关系对会计信息提出新的不同要求，针对广泛存在的非财务信息需要通过算法加以甄别。要成功地应对企业实践对管理会计提出的各种需求，已经不再是开发与应用一种或两种新的会计工具就能做到的，也不是任何一项会计革新就能够起到决定性作用的。

理论与实践之间产生差距并不令人意外，因为线性解决问题和以技术为核心的量化研究难以应对现实生活中的问题。在实际生活中，问题发展遵循的是非线性规律，试图解决其中一个问题很可能牵扯出其他问题。应对这种挑战，需要转变对学术研究角色和职责的看法，更好地理解至少三个维度的转型，以及这三个维度之间的相互作用。一是方向性，即研究的目标是什么，在目前系统中需要改变人、机构、机制、观念的哪些部分才能实现目标。例如，在交通系统中哪些内容需要调整，是出行观念还是技术转型。二是正当性，即谁有权力、应基于什么理由作出改变。例如，在交通系统的转型中，是政府还是市场有权决定未来的交通系统。三是责任主体，即谁应当为更可持续的体系负责，哪些个人、团体组织有能力创建可靠的系统。例如，为建设更加可持续的交通系统，不仅要将汽车制造商、政府部门等主体，还可将消费者纳入责任主体的范围。

管理会计必须在充分理解企业环境和行为模式的同时，理解并认识企业的技术基础。唯有如此，管理会计的学术创新才能在实践中发挥出积极的作用。如何繁荣管理会计的学术氛围与创新效率，对学术机制的发展起着重要作用。对此，一方面，管理会计学术要面向企业实践展开深入研究，主动回应实务中提出的挑战性问题，以及不符合当前应用环境的工具适用性问题。比如，传统的质量管理、适时制以及其他的管理会计方法在传统的管理会计体系中已经难以发挥作用。从学术角度看，是因为传统的管理会计体系传达的信息与质量管理、适时制所传递的信息无法达成一致性的程度。管理会计工具与方法的创新，需要采取扬弃的学术原则，针对诸如适时制等的管理方法，应用数字技术使其更加简单化，便于广大的管理会计人员使用。另一方面，面对数字化改革的潮流，管理会计学术研究要主动作为，加强管理会计信息系统的数字化改造，积极与管理控制系统进行对接。现实中的管理会计学术成果，企业往往持审慎态度，推广速度较慢。即便不是所有的管理会计改革情况如此，至少大部分的管理会计工具状况表现出这一特征。比如，财政部颁布的《管理会计基本指引》和"管理会计应用指引系列"等制度规范，在企业实践中的"落地"效果不尽理想。究其原因，关键在于"协调步伐"的不一致，进而限制了其功能作用的发挥。举例来讲，管理会计学术研究离不开固定费用这一源头，不同的工具创新也是针对固定制造费用采取的多种不同的处理方式。当前，尽管固定制造费用越来越重要，处理起来也很困难。但是，实践中管理会计工具或方法却很少作出相应的改变，缺乏应对这些情况的对策机制。针对决策动因的制造费用和联合制造过程的成本贡献，学术界与实务界有不同的看法。即，作为共同成本的制造费用通常能够用某种反映它们的成因来区分源头，可以用不同的方法进行实践操作。未来数字技术的应用，对于数字资产形成的固定费用是继续采取诸如作业成本法加以解决，还是形成某种新的方法。为此，管理会计学术研究应发挥价值引领的效果，加快工具方法的创新驱动，尽快解决企业实践中将面临的这一类难题。

第二节　研究内容

管理会计需要借助于学术活动发现存在的不足，寻找各种应对的路径与策略，进而不断地推进改革。要重视管理会计人员在企业中的作用，管理会计学术研究要抢抓机遇，利用丰富的实践资源来应对现在的、新出现的，以及未来可能出现的挑战。

一、管理会计学术的形成机制

从发展眼光看，管理会计的学术机制不仅是理论的机制，也是学科交叉及其制度演进的机制。管理会计学术的形成是各种因素相互影响的结果，一个国家对管理会计的重视程度可能会进一步促进管理会计理论与水平的提高，带来学科的繁荣与发展。管理会计应用的程度高低，会对制度体系产生直接的影响，进而促进管理会计的变迁及形成机制的丰富与完善。

（一）管理会计的理论发展

由于管理会计理论跟不上实践的发展步伐，加之管理会计不受会计准则等的约束，我国的管理会计学术表现出明显的理论滞后性。管理会计的理论发展需要借助于学术机制清晰地界定相关的概念及其含义，并通过管理会计工具方法与传统手段相联结，从而使理论研究的问题具有延续性和可比性。

1. 建立与健全管理会计的学术机制。"要么理论上有创新，要么实践中有用",否则管理会计研究价值就难以体现。从学术机制视角讨论管理会计研究价值,要有辩证的思维。不能仅观察其"增溢",即知识增量;还需要考虑不"减损",即维护管理会计知识的持续动态发展。实践中的一些管理会计现象或知识,尽管表面上看似乎没有产生增量的"知识",但它是对管理会计现有知识的"巩固"与"维护"。管理会计学科发展离不开多学科的交融与相衬,必须正确理解管理会计的边缘性特征,促进管理会计学科的可持续发展,提高管理会计研究价值的高质量。管理会计学术机制是有关管理会计理论研究系统化的理性认识,是对管理会计实践经验的客观反映和对管理会计实践者行为活动的本质体现,是管理会计理论研究内在规律的正确反映。建立与健全管理会计学术机制是区分理论学者与实务咨询者的基础性判断标准,学术界的重点在于寻求影响行为的本质性力量,建立理论框架以解释和预测什么样的公司将采用何种特定方法和信息去管理企业。实践需求和学科建设是影响管理会计学术形成的两个主要方面。面对管理会计"应用环境"的瞬息万变,管理会计学术从业者需要在理论与实践之间寻求一种平衡,既要解释哪些理论对实践具有指导意义,又要发挥自身的学术研究优势,将实践经验上升为理论体系。管理会计的实践需求,一方面推动着理论研究,另一方面拓展人才培养的知识内涵,使学术界与实务界有着不同的影响机制。

就实务界而言,实践离不开理论指导,管理会计学术成果能够为企业带来价值创造与价值增值的知识增量。20世纪中期的一段时间,管理会计研究偏向追求理论与形式上完美的决策模型,然而实践中对这些模型的价值没有得到印证,因而研究的主流又回到了密切关注实践的轨道之中。管理会计实践的创新进展缓慢,管理会计方法的增加基本上来自经济学、运筹学和管理学者的贡献。造成管理会计创新受阻的因素主要有成本、知识技能和组织的惰性以及对制度变迁的抵制。在当代制度理论分析中,制度被认为是用来解决实践中反复出现的集体行动问题。制度的作用在于避免集体行动"新兴效应"(emerging effect)的负面影响,约束行动者为达到共同的目标而协作,实现个体层面与集体层面理性相互协同的目的。换言之,企业的实践是丰富多彩的,不同的产业特征、企业规模等均会对管理会计理论需求产生不同的影响,这样就需要一种学术机制加以支撑。建设现代化产业体系,必须坚持创新驱动,提高产业附加值,升级生产方式,高效配置生产与管理要素的结构性动因。

　　管理会计学术研究要围绕"产业基础""产业链""产业集群""服务业""数字经济"等概念，推进现代化产业高质量发展。我国产业链供应链韧性体现在三个维度，即受冲击时产业链供应链的扭曲程度以及冲击后的恢复程度和恢复速度。管理会计"看似微观，实则宏观"，必须以更大范围、更宽领域、更深层次为主要内容和表现形式的高水平对外开放，进一步提升产业链供应链韧性和安全水平。要在强化链主地位作用的同时，拓展产业链供应链的"固链"效果，在深化开放层次中提升产业链供应链融合而不是"脱钩"。也即，管理会计要加强链主企业的引领作用，推动中小企业"专精特新"发展，通过政策支持等正式制度安排，提升链主企业环境适应能力和可持续发展能力。比如，以链主企业为核心，逐链梳理产业链拓展的可能项目，实施专项项目建设计划及项目清单管理。同时，围绕产业链链主企业，阶段性实施强链专项项目，支持链主企业向现有主营业务关联度较高环节拓展布局。通过产业协作机制，保证产业链对外配套，促进"一带一路"中产业链合作互补，提升产业链开放合作水平。培育具有国际竞争力的技术引领型、市场主导型产业链链主企业，构筑深度嵌入产业集群的重点产业园区、区域创新网络和公共服务体系（黄庆华和周密，2023）；拓展产业集群内部技术转移，提高产业集群共性技术共享水平，赋能产业集群的关键或薄弱环节，完善产业集群内部互促融合机制等。

　　2. 完善与发展管理会计的研究方法。就学术界来说，学术不仅是为了丰富管理会计理论，进而指导管理会计实践，学术界的理论创新与发展具有交叉性与超前性，其理论研究还可以进一步形成应用学术机制和基础学术机制，前者面向实践开展学术研究，后者则以概念为中心通过发展理论来形成学术成果。2014年10月，财政部发布的《关于全面推进管理会计体系建设的指导意见》，提出了构建中国特色理论、指引、人才、信息化加咨询服务的管理会计"4＋1"发展模式，体现出的就是以理论框架构建来拓展学术机制的创新路径。管理会计理论发展既不能工具主义的视学术活动为简单的理性行为，也不能行为主义的视学术活动为机械的概念提炼。经营环境和持续性成功往往被作为新的影响机制加以阐述，如何界定宽松的营商环境，怎样实现企业价值创造与价值增值的可持续性成功等会形成不同的理论流派，进而对学术形成机制产生影响。可以通过"技术""管理"

"政策"三个维度，聚焦管理会计学术研究存在的困境。管理会计学术研究的"技术"困境在于研究对象、研究方法和研究价值上的特殊性；"管理"的困境在于学术活动中由于信息不对称所导致的道德风险和逆向选择；"政策"困境在于政策制定、执行和评估环节上的"不完备性"。从"技术"困境看，管理会计落后于新经济时代的技术发展特征，特别是在数字化改革下企业面临的新的会计系统的功能匹配存在困难，难以支持企业生产与营销战略发生革命性的变化。有人质疑传统的会计系统能否取得、加工处理和传递那些高技术环境下作出的财务和经营决策所需的数据。从"管理"困境看，基于标准化生产中形成的会计管理模式已经不适应人工智能等的生产环境，这种智能化的管理环境，成功的关键要素是质量、灵活性和有效地使用人的智力资本等。从"政策"困境看，管理会计结构是由"规制性""规范性""文化认知性"等规则要素与"符号系统""关系系统""惯习系统""人工器物"等财务关系建构彼此嵌入、耦合而形成的复杂系统，管理会计学术机制缺乏能动性，其所形成的"学术主张"，并不足以构成判定知识可靠性的足够证据。

从研究方法来看，采用规范研究与实证研究也会使管理会计学术机制的内部结构产生变化，并在理论层面的表述以及指导实践的学术机制上形成不同的效果。从管理会计研究的发展历程来看，应该同时承认"经验研究"与"规范研究"的贡献。经验研究的主要目的是解释和预测管理会计现实。经验研究突出因果关系研究的可靠性，即能够通过可控实验获取验证和支持因果关系的数据，并且这些数据是可以重复的。基于这种手段所获得的科学知识能够更好地得到认可和传播，并能够有效地传承和延续下去。从研究范式上看，实证主义成为主流，即基于假设—推断型的科学研究模式在会计学科中被广泛推广。越来越多的研究采用问卷调查、企业调研和商业数据库等方式来收集数据，运用统计回归方法来检验变量间的关系，从而对管理会计学科的科学性演进起到了极大的推动作用。然而，规范研究的目的是，通过合乎逻辑的分析，为管理会计决策和控制实践提供新的更好的技术工具和方法。当前，管理会计面临的管理行为复杂性和外部环境的不确定性、多变性等，使各类经营中交互活动的因果关系难以客观计量与明确识别，模仿理工科等专业按照可控实验的方式来寻求因果关系变得不现实。加之，受限于难以直接获得有关财务活动中的相关方的真实数据等因素，使得研究的结论缺乏可靠的数据支撑，也无法将客观情景加以重复验证。这时，规范研究变得重要。总之，两种方法相互补充，共同推动管理会计理论和实践的发展。

（二）管理会计的学科交叉

创新需求是推动管理会计学科交叉的理论动因之一。借助于创新，能够建立一种新的管理会计价值函数，实现财务要素的重新组合。管理会计学术创新的主体是理论与实务工作者，外部环境的不确定性使管理会计学术研究不断调整"新组合"。在新经济的理论情境下，数字技术的应用与普及将成为管理会计学科交叉的一个关键因素。

1. 管理会计的学科交叉具有必然性。管理会计学科交叉有助于提高新概念的生成比率。通常，针对企业的生产经营，制造业企业应把利润当作反映市场需求的时间功能。这意味着，既然反映时间是所有存货本身的功能，那么，获利能力应该和系统中的存货水平呈反比例关系。或者说，有效利用资源从而使企业能够从单位时间里获取最大的利润。从方法层面看，同样的变量关系，从不同的理论视角出发能够得到完全相反的解释；所构建的理论缺乏统一性和可重复性，体现为研究成果的引用和借鉴完全取决于研究者本人的偏好和需要，而没有科学的共识和标准。有时候所开展的研究的确具有前瞻性，所以需要构建全新的概念。在这种情况下，就需要在与已有相关概念进行对比的基础上，再给出新的概念定义，并明确其与已有相关概念的差异。然而，管理会计学术研究更需要客观性，不能过于放大某种理论与工具的作用。比如，适时制作为日本最先采用的管理会计工具，学术界曾一度广泛传播并介绍这种方法，似乎日本的企业都在采用适时制进行管理会计的管理与控制。事实上，在日本，这种工具方法的传播范围比一般认为的要小很多，适时制主要集中于相当少的行业或产品生产活动之中，最鼎盛时期，日本所有行业中的应用适时制的比例大约为15%（田中，1993）。本质上讲，管理会计面临的竞争与市场变革、技术发展以及经济压力，同法律和政治因素一样，改革的步伐正在加大，企业不得不采用有效的管理来安排未来，并提前做好准备。影响管理会计制度的"应用环境"有战略、结构、系统与文化等关键因素，管理会计关注点和包含的范围正在发生变化，建立在传统会计确认、计量与报告基础的信息支持系统，需要扩展边界，容纳更多的内容和程序。

从管理会计学科交叉的知识形成机制考察，主要有三个来源：一是对现有领域的文献加以总结与回顾。即，从中寻求前人研究的主题及其特征，并且在前人的研究线索得到新的认识，找到与管理会计学科交叉的结合点，进而形成自身的新贡献。二是对相关领域的其他文献的阅读与思考。与管理会计相关的学科众多，比如经济学、历史学、组织行为学、心理学、信息系统学等，通过将这些相关学科的新理论与方法引入管理会计，从而形成对管理会计本质认识的发展，以及推动管理会计工具与方法的改进。三是对企业实践中现实问题的关注，尤其是管理者关心的问题展开研究。作为问题导向的研究，需要结合现实问题，收集相关数据或资料，比如借助于数据库、实务性报刊，以及通过自己或委托咨询公司等机构开展调查，总结和提炼现实中的关键性问题形成与发展的规律，从而寻找出对管理会计信息的新需求，或者对管理实践的新解释。教育投入和技术进步会影响管理会计学科交叉的程度或方式。从教育投入看，在中国式现代化新场景下，新文科建设任重道远。管理会计学科要适应这种时代精神的呼唤，推进管理会计知识体系与其他学科知识的交叉融合，通过文理相融、专业互补等提高学生的知识含量。换言之，教育投入有助于提升企业劳动者的劳动生产力、保障劳动者的健康和推动民主与公平，进而促进经济的增长。即，借助于经济增长中人力资本的作用，扩大物质资本的价值创造与价值增值能力。

2. 管理会计学科交叉促进知识逻辑的数理化。管理会计学术研究通常有两种模式：一种是文献导向的问题提出模式（literature driven）；另一种是现象驱动的问题提出模式（phenomenon driven）。两种模式的出发点不同，但是殊途同归。我们往往习惯于关注一些独特的、有趣的中国管理现象，但是，在构建研究问题时，还需要运用国际视野去提炼这一现象背后的理论问题，对接已有文献，明确理论上的不足，而提出有价值的研究问题（Wang et al.，2021）。管理会计知识欲能够为世界学术界作出中国的贡献、体现中国的智慧，学科交叉是一种比较好的现实选择。加快构建中国特色哲学社会科学，建构中国自主的知识体系，是党的十八大以来以习近平同志为核心的党中央提出的坚持和发展中国特色社会主义的一项重要任务。教育部的新时代新文科建设，体现出的是问题导向模式延展的新思维。"新文科"之新首先在于新科技发展与文科融合引致的文科新增长点和传统文科专业、课程以及人才培养模式的更新换代。因此，立足新时代，回应新需求，只有打破学科界限，整合多学科知识，促进学科融合、科技融合，才能更好地解决现实问题、有力支撑经济社会高质量发展。2023 年 2 月，"数字技术的伦理研究"项目在南京大学启动，体现了南京大学充分发挥多学科交叉融合的优势，符合教育部新文科建设的内在要求。从科技伦理研究的学科创新观察，其整合的幅度较大，包括哲学系中的伦理学与科技哲学这 2 个分支学科，还包括电子科学与工程、计算机科学与技术、环境、社会等多学科的研究力量，初步形成以科技伦理治理体系研究、人工智能理论伦理研究、环境伦理研究等为重要突破方向的研究体系，推动数字技术的伦理研究取得长足进步。

改革开放以来，文科尤其是社会科学领域专业点规模和招生数量激增，对满足社会的文科人才需求贡献良多，但也暴露出一些问题。要真正培养高质量创新型引领型人才，文科教育就要着力突破瓶颈，迈出新的改革步伐。必须深化对管理会计学科交叉发展的内涵与特征、管理会计创新结构性动因与执行性动因，以及管理会计学科交叉融合的必要性、实践路径等的规律性认识，形成适应新经济时代要求的管理会计理论与方法的重要理论成果。换言之，在数字化改革的大背景下，推动管理会计与数学等学科的进一步结合，有助于管理会计知识形成数理化的逻辑。数理逻辑是应用数学的方法来研究推理、证明等问题，并使知识表达形成符号化与精确化的逻辑表达过程。数理逻辑为计算机科学及其应用提供了理论基础和实现方法（周可真和王霞，2021）。数理逻辑使得推理规则和程序大大精细化了，将这些推理规则和推理程序数字化，以至于可以将这套规则系统编制成让人工模拟思维可以遵守执行的机械性规则和机械性程序，并利用电脑来实现这种人工模拟思维，这种思维因其规则和程序被数字化而达到了极精细和极精密的程度，因此其推理所得到的结论也是极其精确的，是传统逻辑无法比拟的。新文科背景下的管理会计学科交叉具有鲜明的中国特色，要结合数理逻辑打造新概念、新范畴、新表述、新理论，形成中国特色的管理会计学术体系，把当代中国经济发展的成功经验和企业价值管理中实践案例总结好、展示好，把中国智慧、中国知识阐释好。

3. 管理会计学科交叉促进制度的演化变迁。管理会计的学科交叉尚处于初级层次，制度的演化与变迁也难以相互融合。从制度演化看，管理会计通过影响企业管理当局的决策和财务制度形成促进价值增长的力量。管理会计制度主要通过规则优化、管理控制水平和信息支持系统的现代化水平等来描述。从制度变迁层面来看，管理会计制度变迁的动力不足，表现在：管理会计往往以顺应管理者的需求为主，而不是主动发挥领导变化的作用。在改革过程中，管理会计通常是抑制而不是鼓励生产制造业的变化。这与会计稳健性原则的长期熏陶有关。管理会计的制度变迁研究由问题驱动，以目标为导向，致力于理解和分析现实生活中持续存在的问题，并通过提出科学的、优化的行动方案以解决这些问题，从而推动实现可持续发展。与传统研究相同的是，管理会计学科交叉的目的是创造学科知识，但仅仅关注这一点却是不够的。制度变迁研究还要创造与社会相关的知识，直接地、有针对性地解决实际问题，整合不同类型的知识和研究方法，探索解决方案，弥补知识与实际的差距。这种需求体现了管理会计学科的内在属性。管理会计的制度变迁挑战企业管理中的知识形成、传播和实践的传统线性理解，即从整个系统的角度入手，通过识别系统内需要改变的结构和实践等，探索管理会计实际问题背后的根本原因。

管理会计的变迁研究在于概念化力量的支撑，即能提出新概念。概念可以影响人们的世界观，进而改变人们的行为。传统的管理会计信息支持系统在计量、激励和评价业绩方面存在一定的局限性，管理会计人员需要重新思考管理会计的功能作用。一种现象是，管理者在复杂的技术导向下，由于管理控制系统供给的不充分，使决策不够精准，难以满足数字技术环境下企业实践的需求。因此，有人反对管理会计变迁研究，他们遵循实证主义范式，即认为存在一个客观现实，而且可以经由科学研究揭示真相；他们认为，学者应该中立，研究的任务是追求真理，而且他们担心管理会计变迁研究将替代传统的基础研究。然而，管理会计变迁研究虽不如其他领域内直观可感，但亦有重要甚至根本性的影响力。即，管理会计变迁研究能够以其强大的破旧立新的能力，帮助学者承担起科学的新责任，为公正和可持续的未来贡献力量。

二、管理会计研究的路径选择

管理会计应当优先考虑企业的战略定位和全球化的竞争形势，并且以长期目标替代短期目标。当前，预期、供给等外部环境仍然面临高度的不确定性，管理会计需要有所作为，积极扩展管理控制与信息支持的功能作用，为企业高质量发展提供强有力的支撑。

（一）管理会计功能扩展的学术路径

学术的应用透过理论传导至实践，由于受外部环境和内部条件的影响，往往出现理论适用性的偏差，使学术价值无法体现或揭示矛盾，进而又延展出新的学科问题。如此往复，管理会计学术研究形成理论与实践互促的螺旋式上升现象。

1. 信息支持系统功能优化的学术路径。长期以来，管理会计被作为服务于财务会计的一种手段，管理会计信息系统偏重于可审核性，而对于管理者的决策需求有所偏颇。管理会计学术研究应当大量引入心理学、经济学和生命科学等的实验方法，丰富管理会计信息支持系统功能的优化研究。推动知识技术应用于生产实践之中是管理会计控制功能的一项基本手段，目的是提高组织的效力。管理会计信息支持系统要加强目标指导和决策指示中的信息引领，通过正式与非正式渠道增进组织成员之间的可理解性。从这个角度来讲，通过非正式的渠道传递管理会计信息的价值，需要高度重视。现阶段，学术界的研究偏好表现为通过收集沪深两市的上市公司数据、运用回归方法来检验先行提出的假设之间的相关性问题，由此得到的概念间的关系，因其来源于实际数据，故而能够比较好地概括出已知企业信息支持系统功能的作用规律。然而，这种具备外部有效性的研究方法最大的问题在于无法说明这一关系是因果关系，比如高管薪酬与企业绩效的关系等。传承这种研究思路，容易使管理会计研究出现内部有效性和外部有效性的分离，进而失去管理会计研究的信度与效度。合理平衡管理会计的内部有效性与外部有效性，是管理会计信息支持系统发挥功能作用的前提。优化管理会计信息支持系统的学术路径，可以从两个方面加以调整（贾明，2021）：一是采用客观数据与实验数据相结合的方式验证某一关系；二是采用现场实验方法开展研究，即在真实的环境中开展实验（Bloom et al.，2015）。换言之，必须处理好管理会计理论与实践的传导有效性，正确处理理论研究和管理实践的关系。亦即，既不能把学术研究过于理想化，缺乏与现实的紧密联系，也不束缚于企业的实践而忽视了学术研究的理论前瞻性和学术独立性。

随着数字化改革的全面推进，以及外部不确定性的供应链与产业链的冲击，管理会计主动适应市场的灵活性特征，个性化地定制具有竞争力的产品，成为管理会计信息支持系统必须强化的研究路径。企业数字化转型方案没有统一的标准，应寻求最适合企业本身的数字化转型方案。比如，这个方案是否能解决目前运作中的重点与难点，能否为企业带来价值创造与价值增值。通过数字化技术的辅助，使企业的长期战略在信息系统的支持下更加灵活权变，借助于局部和全球经济的变化主动地调整自身的发展战略。数字化转型期间，各个部门的角色定位仍然是追求业务战略目标的达成。不同的是，根据数字化成熟度的高低，各个部门利用数字化手段达成业务战略目标的深浅度不一。管理会计的信息支持系统功能作用非常重要。通过自上而下的推动与自下而上的共同努力，达成上下的共识。换言之，企业数字化转型的成功目标是降本增效。具体说来体现在三个层面：一是"降本增效的业务战略目标越来越有挑战性，倒逼业务部门寻求破局和改变"，而数字化就是现阶段能够看到的手段之一。二是结合企业"两化"经验，以技术为驱动要素进行小步快跑、轻量化的数字化实践，试点的业务部门在初步尝到数字化带来的降本增效的甜头后，愿意跟进并深度参与的兴趣度与意愿性随之增强。三是在推动具体的数字化实践项目落地实施的同时，强化数字化文化建设，从"有意识—有意愿—有能力—有行动—有结果"的层面激活员工、赋能员工，同时管理层给予了一定的自由度、信任度和试错空间，让"对"的创新型人才以及具备学习敏锐度的内驱型人才能够自主地寻找业务痛点和需求点进行数字化实践，共同推进未来企业的远景战略。

现实表明，一种深入的系统可能会被另一种同样变得根深蒂固的系统所替代。在一个组织中改变某种核算程序可能会提高企业的收益率，但是不能把它看成是恰当的决策标准，尤其是从短期来看，在条件不具备的情况下，采用还不成熟的数字技术实际上与近视没什么两样。管理会计信息支持系统应当提供与决定成功的关键因素紧密相连的信息，比如采用非财务与长期业绩计量的方法，改进现行的贴现现金流量的计量方法，将评价投资的长期收益与远期回报密切挂钩，将算法推荐等数字化技术与作业活动或成本动因相联系等。在绩效管理方面，财务指标以销售、增长率和收入为考核的重点，然而非财务指标，如市场份额、劳动生产率和售后服务也是至关重要的。一些企业增加了监测质量、发送货物、生产能力、废品、产量和机器工作效率的方法，同时还对卖主等级评定、产品开发能力、客户服务水平和机会成本等的非正式计量方法进行了尝试。要发挥管理会计信息支持系统的功能作用。关键用户作为这些数字化项目的利益相关方之一，为了保证关键用户的持续使用，关键是将数字化事项融入用户思维，基于关键用户各个阶段的使用反馈，定期进行复盘迭代。数字化是建立在海量的标准化数据基础之上的，如果没有海量的标准化数据，数字化就无从谈起了。从管理会计工具角度观察，将数字化技术嵌入产品生命周期会计之中，可以提高企业生产能力的灵活性与有效性，同时提高竞争力，强化生产的多样性，使产品能够很快地推入市场并且当一种新的产品出现时能够迅速地退出市场。面对产品生命周期缩短的现实，管理会计提供战略方面的信息支持就变得更加重要。基于数字技术的产品生命周期成本计算法，特别是其与公司数字化交易过程相关，已经被看成是提高获利能力的一个重要方法。

2. 管理控制系统功能强化的学术路径。决策的制定最重要部分是界定问题和确定是否需要加强管理与控制的问题。比如，建议是否被管理决策层正式接受，从管理会计控制系统的角度讲并非那么重要，关键在于管理会计参与了决策。它有助于管理会计人员消化并理解战略、信息，并且能够与整个组织的高管部门共同赞成假设的目标。管理会计控制系统的实践价值，在于能够确保各级管理部门步调一致，致力于公司战略规划和具有整体的意识。"简单是美好"的管理控制理念，体现出的价值理性，就是组织自强中的人文精神，它是中国文化源流中"独立自主，自力更生"原则的反映。比如，平等对待并关心员工，赋予工作团队对业务活动的管理控制权，充分调动员工的工作热情与操作能力，鼓励工作团队参与企业的经营决策，探寻激励的新方式或新手段，是企业创造价值的保证。对待员工的建议，采取的方式是尽可能地采纳。也许这些建议获得的回报甚少，但因其具有极高的采纳性，使企业"以人的价值最大化"宗旨得以体现，充分调动了员工的生产积极性。换言之，即便这些建议带来的收益可能只是边际效益，但它对树立企业文化价值观具有重要的促进作用。

在企业成长的不同阶段，管理会计的重要性往往会有不同的含义。比如，面对国际市场的变化，成本的压力使企业管理者提高了对管理会计信息支持系统功能的关注程度。管理会计的信息支持系统必须扩展边界，提供更加精准与全面的信息，不能只限于会计信息，其他经贸、政治等的相关信息也有必要加以提供。比如，在数字化转型中，人才建设就很重要。企业需要诸多新兴角色助力数字化变革的落地和推广。例如，为运营团队与数据分析团队搭建沟通桥梁的转译员，编辑和整理海量且多元化数据的数据工程师等。管理会计需要增强前瞻性功能，需要更有效地将企业战略与管理会计职能结合起来，而且需要面向外部的定位，以便更好地将生产活动与市场因素关联的信息系统结合在一起。要关注政府层面的行业和产业政策，借助于这类通用信息形成对问题和行业内将来可能的发展的共同理解。同时，加强与数字技术应用领先行业的合作，为市场和贸易导向的企业提供强有力的指导。面对企业数字化转型，大量的先进工业设备的引入，对企业发展带来的是压力也是促进。管理会计要对此作出合理反应，要促进制度变迁，减少企业转型升级的各种政策或制度的阻碍。

管理会计要提供战略性和外部的相关信息，并预见事物的发展趋势。对于处于新材料、半导体、精密化工、人工智能和大数据应用的企业而言，管理会计前瞻性理念已经得到明显的贯彻，比如已经采取了长期性的管理会计技术与实务操作方法，并在实践中嵌入了新技术应用的生产环境等。随着数字化改革的推进，需要考虑有关企业数字化转型的独特性与有效性，观察企业是否发生本质性的变化。在管理会计的信息支持系统与管理控制系统方面有没有摆脱对传统财务框架的过度依赖。否则，由于缺乏全公司范围内的战略指导，可能会使下属单位或部门技术应用与业务活动"两张皮"现象，并减少系统之间发挥协同作用的效果。管理会计管理控制系统的设计要满足"知识技能"概念需要，并与管理会计实务水平紧密结合，促进生产、技术与竞争战略之间实现更紧密的联系。比如，对质量、周转效率、顾客满意度等因素确定指引，培养对市场营销等问题和程序的理解，主动融入组织活动中的战略因素。股东财富最大化往往被视为是财务管理的基本目标，并以资本收益和股利作为良好的短期目标的依据。事实上，以市场增长为优先目标有时可能更重要。强调短期回报和快速获利并非会计的发明。从某种意义上讲，短期主义在激烈的全球化竞争环境下可能是一种适宜的行为，然而，强调战略地位的长期目标和充分的获利能力仍然具有优先权。事实上，企业分配投资时容易受主观因素影响，任何投资报酬率的产品数据资料的现实意义都不大。在大量进行先进设备投资的情况下，投资报酬率可能不反映有前途的产品的价值。对此，管理会计控制系统的前瞻性管理需要将该指标分解为销售利润率与销售杠杆这两个细分的指标进行评价或衡量。

（二）管理会计学术活动的社会化路径

在经济景气的时候，管理会计的学术活动可能并不为人们所重视；然而，在国家经济低迷期间，企业经营活动往往容易遭遇各种形式的困境。此时，管理会计的学术活动对于提振管理者信心、寻求社会化的解决路径就变得尤其重要。

1. 适应管理会计"应用环境"的社会化路径。管理会计学术活动既体现着生产力和生产关系的发展，也反映着"应用环境"变迁的结构逻辑。世界正在进入新的动荡变革期，国内改革发展稳定任务艰巨繁重。从管理会计的价值管理属性观察，社会财富的高度分化成为显著特征，构建中国式现代化，必须将"共同富裕"作为社会发展的重要路径选择。共同富裕是一个长远目标，需要一个过程，不可能一蹴而就，对其长期性、艰巨性、复杂性要有充分估计。要抓好共同富裕示范区建设，鼓励各地因地制宜探索有效路径，总结经验，逐步推开。共同富裕的观念主要源于人类社会发展中必然存在贫富差距的自然现实，源于人类社会不同于自然界的人性化共生本质。通过管理会计学术研究，挖掘共同富裕的科学理论，需要摒弃财富平均化的观念或思考。长期以来，管理会计对共同富裕的核算与监督主要局限在物质财富领域，对精神富裕缺乏理性认识，无法实现相关的确认、计量与报告。传统的会计社会化路径容易采取"用一种新的公平手段否定另一种公平"，表面上财富具有了平均化的趋势，实际上是一种倒退或学术空想。事实表明，宏观层面每一次对财富平均化的追求，都在一定程度上加深了社会财富的分化。党的二十大报告进一步强调，物质富足、精神富有是社会主义现代化的根本要求。改革开放和社会主义现代化建设新时期，促进共同富裕主要体现在大力解放和发展社会生产力，让一部分人、一部分地区先富起来。中国特色社会主义进入新时代，扎实推进共同富裕，要推动人民群众物质生活和精神生活都富裕（胡长栓，2023）。

精神生活共同富裕是以中国式现代化全面推进中华民族伟大复兴的实践要求。物质生活共同富裕和精神生活共同富裕是辩证统一的。高水平的共同富裕需要扎实推进人民群众物质生活和精神生活都富裕，这是中国式现代化的特色和本质要求，也是实践要求。物质生活的共同富裕和精神生活的共同富裕共同构成了共同富裕本质的双重内涵。没有物质生活的共同富裕就不可能实现共同富裕，而没有精神生活的共同富裕就不是彻底的共同富裕。在共同富裕的人类追求中，精神生活的共同富裕，才是共同富裕彻底实现的标志。只有精神生活需要的满足，才能最后实现其自由的有意识的本质。精神生活共同富裕离不开社会生产力的充分发展。人们精神生活的共同富裕，离不开物质生活的共同富裕，离不开劳动的自由和解放，这一切归根结底都离不开社会生产力的充分发展。物质生活的共同富裕是更基础的共同富裕，精神生活的共同富裕则是更高级的共同富裕。在这个整体结构的实现逻辑中，尽管不能把两者割裂开来，但由于矛盾发展的不平衡性，人们的认识和实践通常是从物质生活的共同富裕开始，逐步发展到精神生活的共同富裕。因此，对精神生活共同富裕的追求体现着物质生活共同富裕的发展，反映着经济社会的重要进步，是经济社会充分发展和物质生活共同富裕不断实现的产物。

　　当前，我国经济发展仍处于重要战略机遇期，但机遇和挑战都有新的发展变化。怎样保持战略定力？如何抓住战略机遇？这些问题不仅是宏观层面的话题，对于企业生存与发展同样重要，管理会计面对应用环境的变化，如何开辟新的学术活动空间，为企业实务操作及战略安排提供理论与方法指引，不仅紧迫而且十分重要。其中的一项战略选择是，借助于社会化的普遍对策，实施管理会计的供需路径配置，以减少各方矛盾，使企业轻装上阵。同时，加快产业转型政策的有效落实，以适应"双循环"下企业的高质量发展。我国经济发展面临"需求收缩、供给冲击、预期转弱"三重压力。企业家的"预期转弱"归纳起来有三方面（王东京，2022）：一是个人财产是否安全；二是营商环境是否有利于民营企业公平竞争；三是国家方针政策是否稳定。从字面上理解，"预期转弱"是指人们对经济前景的看法不如从前，信心有所减弱。可从两个角度观察：一是从消费者角度看，若消费者预感到自己未来的收入会下降，从现在起就可能缩减消费，导致消费需求萎缩；二是从企业家角度看，若企业家认为未来投资的风险加大，则会收缩投资，导致投资需求不足。经济学中预期概念，如适应性预期需以经验事实为依据，而理性预期对未来变化作逻辑推测，其实也不能脱离经验事实。当前要稳定企业家预期，同样要保护企业家。在打击企业不正当竞争的同时，应依法纠正冤假错案，为受到不公平对待的企业家撑腰，并通过典型案例，继续释放毫不动摇鼓励、支持、引导非公经济发展的强烈信号。

2. 管理会计"战略选择"的社会化路径。企业要借助于管理会计战略安排，妥善应对企业面对的各种挑战与风险，围绕经营活动中的阻力与矛盾，"致广大而尽精微"，善于借助于社会化手段主动应变，积极谋势图变，在保持现金流的前提下注重观察，不盲目冲动，借助于社会性矛盾的缓解与经济机会的把握，应势而动、顺势而为。针对不同区域、不同行业，企业应根据自身实际制定的管理会计战略，注意及时总结并评估管理会计工具的应用效果，对那些偏离企业战略的管理会计技术方法，要及时调整。

一是管理会计要适应宏观、中观层面应对经济发展的对策措施，及时调整并优化自身的社会化路径。今后一个时期，国家将加大"改革调结构"力度。这是因为，我国经济的内生动力还不强，需求不足难以短期消除，经济转型升级遭遇一些新的阻力，高质量发展面临困难与挑战。对此，通过科技自立自强、新能源汽车、人工智能等，加快建设现代化产业体系；坚持"两个毫不动摇"，即帮助企业恢复元气（民营企业）、鼓励头部平台企业探索创新；深化改革开放，进一步落实党和国家机构改革方案，吸引外商投资放在更加重要的位置；围绕强化就业优先导向、大兴调查研究之风等措施，切实保障和改善民生。宏观经济的总目标是：坚持稳中求进工作总基调，完整、准确、全面贯彻新发展理念，加快构建新发展格局；全面深化改革开放，把发挥政策效力和激发经营主体活力结合起来，形成推动高质量发展的强大动力。对于企业的管理会计战略而言，需要适应宏观政策、产业政策、社会政策等进行调整指导的窗口期变化，突出管理会计的宏观转向，把全面深化改革作为推进中国式现代化的根本动力。同时，强化企业内部控制与风险管理，谋求实现固定成本变动化，变动成本社会化。

二是管理会计要适应产业结构调整化解社会性矛盾。加快建设现代化产业体系的关键是科技自立自强。党的二十大报告指出，坚持面向世界科技前沿、面向经济主战场、面向国家重大需求、面向人民生命健康，加快实现高水平科技自立自强。具体而言，面向世界科技前沿，就是要发展人工智能、量子信息、集成电路、生命健康、脑科学、生物育种、空天科技、深地深海等新技术。面向经济主战场，就是加快数字经济、绿色经济等的新模式与新业态的发展。面向国家重大需求，注重的是关键元器件零部件、关键基础材料、油气勘探开发等科技任务。面向人民生命健康，就是要对新发突发传染病、生物安全、医药和医疗设备等加快创新、开发与应用。管理会计要适应科技自立自强的长期确定性机遇，优化产业结构与企业经营模式，主动化解社会性矛盾。管理会计能够为变革性研究作出贡献，主要表现在以下方面：第一，提供多样化事实依据。要实现可持续发展，管理会计学术研究需要从企业经营与文化价值观等方面提供可靠的事实依据。这种事实依据通常都是可以量化的内容，以统计数据或计算机模型的方式呈现。管理会计能够提供的依据形式更为多样，如结合管理学、应用经济等多学科的深入案例研究、深刻的访谈调查与思考。第二，反思与批判反映的是管理会计的局限性，在企业绩效管理与预算管理实践中容易存在内部不公平等问题，通过反思与批判寻求对存在的问题提出警示和建设性意见，有助于在管理会计变革中解决这些实际问题。第三，管理会计变革性研究。该研究不仅是知识生产过程，也与视角、情感、价值和社会经验有关，管理会计可以在这方面提供重要价值理念与方法支撑。管理会计可以帮助企业管理当局更好地理解并研究企业的目标与价值，并在分析导致系统出现问题的原因尤其是捕捉动态因素及各因素之间的复杂关系上发挥独特的作用。第四，管理会计变革性研究的综合决策。变革性研究产生的知识能让人们产生批判性动机，寻求更好的管理会计工具组合，以及各个因素之间的关联性，进而提升管理当局综合决策能力，包括应对重大变化的能力，这些都是"应用环境"变迁过程中企业管理当局需要具备的战略性素质。

第三节　研究目的与意义

管理会计是价值活动与价值关系的结合体，管理会计学术研究是价值关系形成与发展的内在需要。管理会计学术的形成机制既需要顺应时代的变化和要求，也要考虑传统管理会计理论与方法的实用性与有效性。

一、研究目的

管理会计学术高质量发展，需要厘清学术研究中存在的各种影响因素，寻求管理会计理论知识形成的客观规律，促进管理会计学术研究健康发展。

1. 研究的总体目标。从总体上看，管理会计学术研究的目标是"寻求管理会计理论与实践相融合的学术形成机制，以及合理选择管理会计学术研究的发展路径"。

从企业实践看，自20世纪管理会计学术界提出平衡计分卡和作业成本法以来，21世纪的管理会计学术界在理论贡献方面似乎停止了脚步。或者说，管理会计学术研究又一次与会计从业者和会计政策制定者的实际需要脱节了（第一次脱节是"管理会计相关性消失"著作为代表）。具体表现在：（1）在过去的几十年里，管理会计研究形成了多少个工具和方法；（2）实践中的企业管理者与管理会计学术研究者之间的交往不断减弱，管理者的实际需求与研究人员的研究成果高度脱节；（3）很难找到某一特定领域的管理会计知识或学术成果是领先于实践的，仅有的一些典型案例，也是对企业取得的成果按管理会计学术的要求进行的总结与提炼。它表明，管理会计学术研究要从社会发展的视角探索新的路径。

2. 研究的具体目标。通过严谨的方法来研究和解决管理会计实务所面临的急迫问题，比如更好地整合学术研究和实践或者向管理会计实务工作者介绍我们的成果或发现。

首先，管理会计学术发展离不开多学科的交融与相衬，应正确理解管理会计学术研究的边缘性特征，促进管理会计学科的可持续发展，提高管理会计研究价值的高质量。现实中，管理会计实务的变化发生得非常慢。或者说，会计的变化总是落后于企业组织、技术进步和环境变化的需要。这种慢并不一定是不对，从稳健性角度讲，它对于修正企业改革的不充分性等，可能是有帮助的。管理会计研究的目的之一，就在于丰富管理会计理论知识，促进企业的价值创造与价值增值。管理会计学术的形成机制是学科分化与交叉融合下的社会化产物。一般而言，学科分化是人类文明发展的最重要成果之一，没有学科分化，就没有现代科学，没有现代科学，就没有现代文明；学科交叉融合则是近百年来社会发展，尤其是大变局时代的现实要求。换言之，交叉融合是发展趋势，也是创新路径，是一个新兴学科与交叉学科不断涌现、为各专业提供新的理论视角与知识增长点的过程。

其次，管理会计学术路径选择有助于扩展管理会计学科体系，提升管理会计增量知识，促进管理会计理论指导实践的有效性与可操作性。当前的管理会计学术研究面临挑战，学术界主流的以实证研究的方式撰写论文，存在的困难是文章检验工具的选择（包括模型应用等）与变量的选择，比如，看见了现象，但检验不出来，它会影响文章的质量。规范研究的论文，则要强调文章的思想观念，或者学术观点的创新性，这是一篇文章的灵魂。其实，无论是实证研究还是规范研究，两者都是重要的，且相互融合，不仅各为其表，并相互映衬。管理会计学术高质量发展，需要创新研究方法，尤其在数字经济时代，这种需求更为迫切。亦即，定量研究必须和定性研究相结合，才能透过现象迷雾直抵事物本质。

二、研究意义

传统功利学术下的"数字崇拜"滋生出大量学术泡沫（季羡林，1997）。管理会计研究应及时转向，管理会计学术价值不仅体现在理论研究上，还要兼顾产业链、社会价值链的利益相关者，通过不断创新、开放生态、夯实学科基础，助力中国企业可持续性成长。因此，传统的"产出导向"下的管理会计学术研究向"服务国家重大需求"转变。对此，加强管理会计学术形成机制与路径创新的研究，具有十分重要的理论价值与现实意义。

1. 理论意义。从理论角度看，管理会计学术研究正面临"百年变局"的特殊时期，管理会计实践迫切需要学术研究的指引。从文化层面看，现阶段的大变局意味着各种文化的交流互鉴、不同思想的相互激荡，意味着管理会计学术研究面临着新的现实挑战和发展机遇。

首先，管理会计学术机制能够显著改善管理会计学缺乏价值逻辑和自身学科基础，以及学科体系尚不成熟的现状。目前，在管理会计及其价值判断逻辑机能方面的进展，为这一学术形式的形成提供了契机，从基础理论层面拓展到管理会计学实务应用的逻辑空间，将使管理会计学拥有面向未来研究的逻辑支撑，有助于管理会计学形成自身的学术话语体系。

其次，作为管理会计知识体系的学术机制是文化价值观的结构性基础。中国文化是本土的，也是世界的；中国学术是本土的，也是世界的。不立足本土研究中国问题，中国学术就没有根基、没有特色、没有主体性精神；不放眼世界，在世界学术的格局与趋势中观察中国、思索中国，中国学术就会孤立于世界学术主流之外，缺乏创新、缺乏活力、缺乏普遍性意义。

最后，优化管理会计学术路径是推进管理会计数字化的保障。数字技术的普及与推广，必须与管理会计学术的源头相结合，面向微观主体、面向企业主体，这样才能突破技术思维理解和把握企业管理现象与管理会计的本质。数字化改革背景下，我们应该做什么，以及可以期待怎样的结果，如果学术形成机制不清晰，相关的实践成果就难以落实。学术机制的探讨，把实践理性和认知理性统一于共同的理性框架中，将有助于形成各种管理研究面向管理实践的价值定位，提高企业的决策质量，提升业绩评价的合理性，对于实务界的业务改善具有积极的现实意义。

2. 实践意义。从企业实践角度观察，好的学科发展正如产业的发展，依靠的是分工。管理会计学术机制强调的就是分工与协作，管理会计分工合作带来收益的同时，也会促使以往借助于复杂手段进行收益核算的技术方法发生改变，管理会计的学术路径与数字化转型具有内在的关联性。

首先，通过管理会计学术研究促进数字技术在企业实践中的普及与应用。管理会计学术机制的形成，不仅有助于管理会计理论与制度的规范，也促进了管理会计的创新发展。数字技术嵌入管理会计工具与方法之间，需要学术研究与工具方法创新协同。比如，针对预算与标准成本法的数字化改造，一是需要考察这些传统方法最成功的部分是否还在企业中发挥积极作用；二是面对新的技术环境与组织条件，这些方法是否需要作出调整，如何加以数字化改造与创新。新技术有助于企业组织中管理会计重要性的呈现，并且能够增进组织对管理会计的依赖。从信息支持系统视角观察，传统的管理会计方法包括产品成本计算、定价、预算控制、标准成本计算、资本投资估价、技术变革的影响、部门绩效评估和转账结算价格等。将数字技术嵌入管理会计的信息支持系统功能之中，将会引起一系列的行为变化。管理会计学术研究的目的不是建立一个更为复杂的理论与实务系统，而是希望采取递进的步骤推动管理会计理论与实践的发展。以作业成本法为例，从传统的时间、人工等的分配动因到作业动因的转变是一个递增的过程，同样从结构性动因与执行性动因向以时间为基础的动因转变也是一个递增的过程。未来，从时间动因向数字孪生动因转变也将成为作业成本管理的一个新的动因。

其次，管理会计学术路径选择是组织文化对企业知识管理的追求。管理会计知识的变迁会因改革措施的非线性而影响企业的短期收益，并进而受到抵制。加强管理会计学术研究，提高人们对管理会计知识的理解与认识，不仅有助于自身学术形成机制与实施路径的选择，也具有规范管理会计学术知识并强化管理的现实意义。比如，通过企业文化建设，对管理会计学术的知识形成及其本质展开深入分析，借助于数字技术等先进技术的应用，投入一定的时间与精力，能够形成一种新管理会计功能类型或管理会计工具。要加快知识技能转化的平台建设，离不开学术机制的形成与发展。当前，加快发展职业教育，重塑就业的价值观，重视职业教育对提高我国经济高质量发展的积极意义，是管理会计文化价值观中的重要内容之一。工人的"知识技能"的培育与发展，能够灵活地处理日常遇到的各种新问题或新事项，适应不确定性环境下企业频繁地转换工作任务和采用新的技术的变化情境。从数字化改革来讲，赋予一线员工利用技术和数据进行创新的能力，帮助员工适应变化，培养其养成思考和创新的习惯，是管理会计学术研究的重要体现。要认识金融支持企业，尤其是产业集群区域企业发展的重要性，为集群区域企业提供长期和短期的资金。

最后，管理会计学术机制除了打造"学术精品"这一层面的价值外，还有激励社会贡献度的学术评价尺度。作为学术成果的"生产力"，管理会计学科的功能作用不同于其他人文社会学科，它具有很强的时代特征，受到技术进步影响的敏感性强。当前，企业正处于新经济的变革时代，出现了许多前所未有的新特征，比如国际性的经济合作与竞争、信息技术和网络的发展、越来越短的产品生命周期、知识和人才成为一种关键经济资源、组织结构与创新的演变等。这就需要研究者深入实践，广泛开展调查研究，深刻理解和认识新的环境、新的组织特征，以及新的任务、理念和方法，进而体现管理会计的学术价值。2022年2月，中央全面深化改革委员会第二十四次会议提出"加快建设世界一流企业"的指导意见，对完善与发展管理会计学术机制具有积极的引领意义。管理会计学术研究需要加强宏观层面的理论与实务研究，并为世界一流企业建设提供高质量的管理控制和信息支持的理论与工具手段。当前，在大变局的新时代，全球治理格局与产业结构持续深度调整，给中国企业带来的新的机遇与挑战，促进中国企业必须向世界一流企业转型，管理会计学术研究在自觉地遵循"双循环"新发展格局要求，为供应链优化、产业链重构升级等发挥着理论指导与实践创新的积极作用。

第四节　研究创新与不足

管理会计学术研究不同于财务会计，它具有时效性与对策性。管理会计知识的累积过程遵循的是潜移默化的渐进性改革路径，学术知识产生的理论价值需要在企业实践中体现或应用。或者说，通过对政策制度与企业实践中有关管理会计问题及其解决方案等的经验积累与充分提炼，逐步形成管理会计的学术体系。

一、研究创新

任何一门学问及其任何一个分支，都已经远远超过了个人的能力。在学术界生存，只需要在一个重要问题上知道得比其他学者多一点，学术界对学者的要求是"关于越来越少的东西知道得越来越多"（李连江，2022）。如果能够做到这一点，大概就可以算作是一位"学者"。然而，一种新的管理会计工具和方法，尽管在企业中的关键因素之一是要发挥人际关系的作用，但更重要的是能够在组织的分工与协作中发挥本身的自主性与灵活性。进入新经济时代，管理会计需要从信息化向数字化转型，管理会计学术研究必须面向实际。这是管理会计学科不同于其他人文与社会学科最明显的标志之一。

1. 明确管理会计学术研究的价值判断。管理会计中的"学术"，大概主要指以下两个方面：一个是"学"，另一个就是"术"。前者侧重功力，与占有材料的多少有关；后者就是看是否有见识、思想、洞察力，是否对管理会计知识见解深刻，是否能引导企业实现价值创造与价值增值等。简单地讲，一是学术观点要有新意。提出新观点，无疑是管理会计学术研究拥有价值的一个重要标准。二是学术研究要有辩证的思维。不能仅观察学术研究带来的"增溢",即知识增量,还需要考察没有"减损",即维护管理会计知识的持续动态变革与创新。三是突出学术的实质性研究。无论是规范研究还是实证研究,管理会计学术需要的是"实质性研究"。管理会计"富有价值"的学术目标可以达到概念有效性,能够使研究者有机会识别、构筑和计量所有影响研究的行为变量。管理会计的"富有价值"是通过深入认识组织和社会背景下的会计活动,保持信息的充分揭示。"丰富"不等于"详细",丰富的观点更不是组织生活中丰富的碎片,必须保持内容与实践的详细,同时对管理会计规则或工具路径等实施创新。

2. 从供给侧与需求侧管理观察管理会计学术研究的结构性动因与执行性动因。为什么政府强调始终要以供给侧结构性改革为抓手,这是因为供给侧结构性改革尚处于前进的初级阶段。从"共同富裕"目标看,为什么它具有长期性,这是与政治、经济和社会的结构性特征紧密相关的。不同的行业之间,其收益的获得的结构性是不同的,为什么劳动者不愿意选择制造业就业,原因就在于工资水平远远低于金融、证券等行业。从制造业利润结构考察,尽管工人无法获得与劳动付出相对应的工资报酬,但是投资者(资本所有者)可以通过减少工资等开支,顺利地完成原始积累。西方经济学认为,按照资本的逐利逻辑是对的,在资本比较稀缺时,资本密集行业收入高,劳动份额就要高,如果能解决资本稀缺和打破行业垄断,竞争的价格机制自然会平衡各行业收益,进而趋于一致。事实上,这只是一种美好的愿望。以国内的上市公司为例,公司的营业收入与净利润之间并非线性的关系,行业的代沟也不是短时间能够改善的。党的二十大报告提出中国式现代化,就是进一步扩大高水平开放,深化改革力度。当然,结构性视角的供给侧结构性改革必须要有需求侧的执行性改革相配合,否则,国家的改革措施虽能顺利推行,但效果会大打折扣。加强全国统一大市场建设,就是需求侧的执行性改革要求,它是供给侧结构性改革落到实处的保证。同样,管理会计的结构性改革,提出大量的"管理会计应用指引系列"中的工具方法之后,由于没有执行性改革的助力,管理会计工具方法的"落地"就难以实现。因此,结合宏观层面的供给侧与需求侧改革理解和认识管理会计的结构性动因与执行性动因,具有重要的现实意义。

二、研究不足

尽管开展管理会计学科相关的理论研究不仅耗时耗力，且不受高校或研究机构的重视，但是，不能借此类理由否定自己的写作不足。本书研究过程中存在的问题是明显的，归集起来看，主要有以下几点。

1. 未深入组织内部探究管理会计学术的研究需求。一是没有细化加工业、零售业、服务业、非营利组织及公共部门等的管理会计学术需求。当前，全球经济形势的不确定性，使企业如何核算价值链的不同阶段，特别是生产过程之前的阶段非常需要理论的指导。这一阶段的决策决定着生产成本的大部分、生产的质量水平以及生产产品的难易程度。非制造行业的服务业、零售业、非营利组织和公共部门的管理会计，特别是针对公关部门机构以及市场预测方面的管理控制需求，也是现阶段对学术要求最多的环节。即使是组织原有架构中的员工，也因数字化转型的到来而被赋予新的职责和技能要求，即从单一的机器操作升级为异常情况处理或者机器人程序编码工作，核心技术人才的数字化技能需要不断重塑管理会计工具方法的内部结构，以适应数字技术员工操作的变化。二是没有发挥对产品制造成本进行学术理论的指导。传统的产品生产分为前期与后期费用，人工智能在制造业的广泛应用使得现有的核算系统不如产品生命周期管理系统有效，如何完善与发展生命周期成本管理缺乏数字经济时代的新内容，比如，根据导入、成长、竞争激烈、成熟至衰退等描述一个完整的产品生命周期，通常在产品概念阶段，大量的资金被投入，同时在生产开始之前的费用有80%依赖于企业管理会计的决策。在技术能力的成本管理方面，企业往往既有外包的技术能力，也有内部培养的数字化能力和角色。如何寻求更好的人力资本组合、强化预算及薪酬管理等问题，缺乏管理会计学术的指导。比如，对于业务紧密性强的技术能力，如何在"内培＋外购"，如数字化转译员、数据科学家、数据专家以及外包借力之间寻求平衡。外包借力主要涉及的是纯技术相关的能力，如编程人员、软件工程师等。总之，对管理会计学术机制引导企业数字化转型的典型案例等的研究尚不充分，需要未来的研究加以强化。

2. 缺乏针对性的管理会计经验性学术成果。目前，管理会计学术研究还处在起步阶段，依据的理论基础主要是经济学、社会学、心理学和管理学等相关学科，倡导管理会计学科交叉研究，重点是与计量学、理学等其他学科的交叉融合。教育部推行的"新文科"建设，就是通过压缩传统文科的类别（数量）实现对文科的改造，这给管理会计学术研究提供了新的机遇。抓住重要的、简化的，与现实相近的问题开展学术研究，是管理会计经验研究所追求的目标。只有在理论上有所创新的研究才能对学术思潮的发展作出贡献。理论的创新来自对新现象的分析或对旧现象的新解释，管理会计经验研究是学术研究的重要方法，是本书需要强化的内容之一。同时，注重理论与实践的匹配性与有效性。不管是哪个名家的理论，只有他的理论的逻辑推论和我国的经验事实相一致，这个理论才是可以暂时被接受来解释我国的经济现象的理论。如果发现理论推论和我国的经济事实不一致，要坚持的不是现有的理论，而是进一步了解我国的经验现象，然后，根据经验现象构建一个可以解释这个现象的理论（林毅夫，2001）。加强经验性的学术研究，注重理论与实践的统一，将是对管理会计学术发挥贡献作用的绝好时机。

第五节　本书的结构安排

本书在保持管理会计学术自信与研究自主性的过程中，寻找管理会计学术研究的本土理论，向世界同行讲述中国管理会计学术的形成机制与研究路径，通过对管理会计中国经验的介绍与阐述，在中国特色、中国风格、中国气派等学术氛围中构建管理会计的理论体系和话语体系。本书的主要内容结构安排如下。

第一章，绪论。本章作为全书的引言，就研究背景、研究内容、研究目的与方法以及研究创新与不足等进行了较为充分的论述，提出了全书的研究方向。具体包括：一是介绍本书研究的"应用环境"，基础性研究与应用性研究相互融合的必要性，以及学术机制形成与发展的路径等。二是表明本书研究的重点，主要分两部分加以论述，即管理会计学术机制的形成特征以及管理会计学术研究的路径选择等。三是明确本书的研究目的以及研究的理论价值和现实意义。四是从学术研究的价值判断和供给侧与需求侧的管理会计相关性角度表明了本书的观点，突出了研究特色，并且对书中可能存在的问题作出了交代。五是阐述了本书的框架结构与内容安排。

第二章，管理会计学术边界与扩展机制。本章围绕管理会计的学术边界，首先，从管理会计学术研究的焦点、学术研究的开放性，突出管理会计学术研究宏观转向的可能性与必要性。即面对"双循环"的新发展格局，管理会计要在完善国内产业链，支持实体经济降成本等方面发挥积极的功能作用。通过大力改善营商环境，激励企业经营模式与业态的持续创新，促进全国统一大市场的建设，为构建中国式现代化的经济体系贡献管理会计学术的力量。其次，围绕管理会计学术的扩展机制，从组织与技术视角推动企业主动创新与发展，丰富与发展管理会计的理论与方法体系。

第三章，管理会计学术体系的形成机制。本章是对第二章管理会计学术问题的深入阐述。涉及的内容主要有：一是管理会计学术体系的构建。管理会计理论与实践的结合促进了学术繁荣与发展，党的二十大报告提出的"共同富裕"以及"三次分配"的框架体系等为管理会计学术体系构建提供了政策支持。二是管理会计理论研究的学术贡献。在推进管理会计学术进程中，管理会计理论作为其先导与基础，为管理会计学术机制形成提供了文化价值观基础、思想保障等的有力支持。三是管理会计学术研究的方法。主流的观点认为，管理会计学术研究包括实证研究和规范研究。在管理会计学术的路径选择上无论是规范还是实证，只要能够促进管理会计学科创新与发展的方法都是好方法。

第四章，管理会计学科交叉的形成机制。管理会计是一门边缘性学科，其发展呈现出的是动态交叉的学科融合性特征，不同学科之间交叉发展有时是渐进式，有时则是激进式，这种变革使管理会计学术回归预算与控制等的本性，即便是数字技术环境下的前瞻管理、算法推荐等技术功能应用，作业成本法、平衡计分卡等工具仍然是管理会计工具中的主流。管理会计学科交叉在融入其他学科特长及应用技术的同时，丰富与扩展了传统的管理会计理论与方法体系。

第五章，管理会计制度演进的形成机制。本章从管理会计的组织层面与技术层面阐述制度演进的形成机制和发展规律。管理会计的制度演进需要在创新的基础上寻求突破，并发挥制度文化内在的光芒。从管理会计的"应用环境"要素观察，由于企业面临环境不确定性与不稳定性，当时被普遍看好的制度体系可能已变得微不足道；相反的情况有时也会出现。对此，开展管理会计制度演进的学术评价具有一定的理论价值和现实意义。

第六章，管理会计研究的学术创新与实现路径。管理会计研究中的学术创新，需要对"业务、财务、价值创造、价值增值"等概念有一个重新的再认识。比如，结合中国式现代化构建符合共同富裕要求的企业绩效管理体系，通过优化管理控制系统功能，提高"三次分配"中初次分配的比重。亦即，围绕员工收入分配份额的提高等展开学术探讨。同时，本章围绕新时代管理会计研究的特征，通过加快公司治理与社会治理的协同，推动管理会计学术的现代化，促进全球管理会计体系的变革。即，打破西方管理会计话语体系的学术垄断，增强我国管理会计的话语权，积极贡献中国管理会计的智慧和学术思想。

第七章，管理会计学术的供给侧路径。本章从宏观的供给侧或供给侧结构性改革入手，讨论管理会计学术研究的课题来源。管理会计宏观、中观与微观的立体结构的形成过程，就是供给侧视角的创新设计。一方面，管理会计学术活动来源于供给侧实践。财政部颁布的《管理会计基本指引》与"管理会计应用指引系列"的制度供给就是一个典型事例，加强管理会计供给侧的结构性动因研究，有助于合理配置实践层面的管理会计真实需求，促进管理会计有效"落地"。另一方面，管理会计的供给侧实践进一步丰富了学术研究的内涵与外延，增强宏观层面管理会计学术的新视野，提高管理会计学术研究的自觉性和主动性。

第八章，管理会计学术的需求侧路径。管理会计学术从企业管理需求出发，主动承担制订计划、选择替代方案、评价与控制业绩等的研究重任。同时，需求导向是管理会计学术研究的基本遵循。一方面，企业实践推动管理会计学术需求的改变。管理会计学术研究应该更多地面向实践，从企业等微观主体中获取营养。比如，企业发展与共同富裕，通过构建更加完善的要素市场化体制机制，进一步激发市场活力，创新企业经营模式、提高员工的劳动收入份额等。另一方面，实务情境为管理会计的需求侧管理提供学术路径。现阶段，管理会计的学术研究明显滞后于企业实践。管理会计必须加快形成需求侧视角的学术研究机制，通过理论与实践的结合，突出具有实践性与可操作性的学术研究路径，并主动帮助企业管理人员应对组织结构与技术创新带来的各种挑战。

第九章，结论与展望。扩展管理会计学术边界，强化管理会计技术方法应用的路径选择，有助于引导企业获得更深远的发展。管理会计学术研究将随着应用环境的变迁而持续改变自身的研究方向，不可能固守于内部某一专门的研究定位。随着国家政治、经济与社会的不断发展，管理会计学术研究的宏观转向将更加清晰。正确选择管理会计学术的研究路径，是管理会计理论工作者值得深入思考的长远问题。

第二章 管理会计学术边界与扩展机制

长期以来，管理会计受企业财务报告系统的流程和循环机制驱动，学术研究的重点放在企业内部流程中的效率权量，而并非企业整体的利润管理。同时认为，只要管理会计的过程是具有效率的，那么在长期经营过程中就一定能够获得收益。这种观点限制了管理会计学术研究的边界，管理会计的控制系统功能无法发挥积极作用。随着人类进入数字经济时代，数字孪生、算法推荐等新技术正在与传统的管理会计工具，如作业成本法、平衡计分卡等相互融合，形成了许多崭新的且突破传统会计边界的研究主题，吸引了许多学者的注意力，并形成了许多研究成果。对此，正确理解管理会计的学术边界，主动扩展管理会计的学术形成机制，将成为管理会计学科发展的一种客观必然。它对于丰富和发展管理会计理论与方法体系，促进管理会计学术发展具有十分重要的理论价值和非常积极的现实意义。

第一节　管理会计的学术边界

作为一种边缘性学科，管理会计学术活动的边界一直存在着争议。因此，欲寻找管理会计的学术边界总是困难的。有些理论或方法在当时背景下是很重大的主题，事后则发现其微不足道（Hopper et al.，2001）。这是管理会计学术研究波澜不惊的缘由之一，也是人们经常会为管理会计研究的学术边界感到惊讶的出处所在。

一、管理会计研究的学术学派

从研究视角观察，管理会计的研究活动或行为可能是丰富多彩的某种现实场景，也可能是比较概念化的虚拟情境；研究中形成的思维或判断，往往是团队合作或竞争下的结果，容易为学术共同体所认可，进而形成不同的研究学者群体。管理会计学术思想的传承，国内学者对管理会计研究对象及其传播呈现的区域性特征，以及针对现实问题的不同认知等，会形成各自的管理会计学术研究范式，进而形成不同的学派。

1. 管理会计学术流派的形成动因。对于管理会计研究学派而言，无论采取何种研究形态或方式，只要符合国家政治、经济与社会发展需要，能够满足管理会计的功能拓展，实现对内的企业管理能力提升，对外的宏观经济的质量提升以及经济治理的协调促进等功能作用，便已经体现出管理会计不同学派的学术成功。管理会计学术研究是随着社会经济的外部环境变化以及企业内部管理的需要而不断调整并逐步拓展范围边界的。在管理会计研究中，学者们对理论与现实问题的认知，或者对各种行为规律开展总结的手段与方式的不同，会产生出不同的结果并呈现出各具特色的规律与特征（冯巧根，2019）。理解管理会计决策中的"信息支持系统"和"管理控制系统"的功能特征是管理会计研究学派求同的基础。学术界不同研究学派对管理会计研究的重点与方向，往往会有各自的体会与认知。换言之，虽然学术研究总是希望尽可能地寻找出客观的规律或有用的数据，但是学术研究的结论往往带有主观的色彩。对此，研究新时代管理会计研究学派对企业管理的客观需求，嵌入数字化改革等新元素，将极具理论价值且拥有积极的现实意义。管理会计作为一门年轻的学科，在学术研究中存在各自不同的认知或看法，且往往表现出一定的片面性。通常而言，管理会计具有规则维度与战略维度两个研究视角。规则维度的视角强调管理会计研究的制度控制属性，需要遵循制度规则及其相关的具体要求，比如建立与健全全面预算管理制度，突出成本管理的内部性控制功能属性。从企业经营视角考察，需要注重企业的经营权控制，不断提高企业管理会计活动的效率与效益。战略维度的视角则强调管理会计的前瞻性或权变性等决策属性。比如，从组织的权力结构、责任结构和业绩评价结构出发思考企业的战略与规划。从企业经营的角度考察，相对于经营权控制，管理会计更具有探索性的权变控制功能。比如，构建以"小利润中心""战略单元"等组织为代表的剩余权控制机制。对此，有学者将前者称为控制学派，后者称为决策学派。

改革开放40多年来，我国学者对管理会计理论与方法的引进，有的群体（留日学者为主）以日本的管理会计为主，有的群体（留美学者为主）则以美国的管理会计为主（冯巧根，2019），学术界有时简称前者为"日本学派"，即以日本管理会计为研究对象的学派，后者则简称为"美国学派"，即以美国管理会计为研究对象的学派等。改革开放以来，我国的管理会计学者结合企业的不同情境特征，围绕国家宏观经济形势的需求，以问题为导向开展研究，形成了一批学术共同体。比如，以管理会计理论基础或量化研究为对象，形成具有共同特征的学术风格等的研究团体。再如，从以"人本为主"的管理会计量化研究来看，心理学理论对学者的影响受到普遍重视，使相关联的心理学计量模型等得到学者们的高度认同，以及在管理会计研究中的广泛应用，进而促进了计量研究学派的形成与发展。以心理学理论中的"学习"概念及相关模型为例，"学习"有助于吸引学者关注组织的行为，促进组织学习并积极改善组织的运行机制，此类定量研究一度成为时尚的重要话题。同时，基于信息经济学和代理人理论，管理会计信息系统功能的基本目标被明确为促进学习和提高业绩，管理会计的作用及其管理人员对信息系统的接受和认知程度成为相关性的检验对象，并被学者们所重视。此外，管理会计信息系统受组织激励或员工绩效的多重因素影响，包括激励制度、公平感受、组织间关联、信息反馈制度环境以及认知困难程度等，需要借助于认知心理学展开研究。对此，学者们结合认知行为，主要针对认知者的因素和认知对象的因素这两类划分开展情境特征的基础理论研究。管理会计的研究及其对学术观点存有的认知偏向，使管理会计学术研究呈现出不同的情境特征，且体现出各自的行为表征。其中，有的比较容易采用计量的方式予以研究，有的行为概念比较抽象，计量的手段比较复杂等。为此，单纯的某一学派不容易完成研究任务。亦即，不同的学术共同体或者学派之间往往需要展开合作，并对管理会计行为实施创新。普遍认为"创新能力是组织的重要竞争优势"，但是，对影响"创新"的动机及其效果的研究往往会产生悖论。即，得出相互冲突的结论。因此，不能因为有了共同的认知，有了相关的研究共同体，便认为可以形成研究学派了。当然，吸引学者的注意力，产生或形成关联性的研究成果，对于逐步构建各自情境的风格特征进而形成不同的研究学派，具有重要的促进作用，也是管理会计研究学派形成与发展的内在动因。

2. 管理会计学派的类别。管理会计学术研究中的思想、文化及其价值观，往往会在变迁过程中形成不同的认知。在一个相对漫长的时空范围内，由于学术研究的结构性发生改变，有可能产生一种具有执行性的共同学术群体，即学术派别。当前，管理会计研究的学派可以归结如下。

（1）咨询研究学派。典型的咨询研究学派，总的研究风格是描述性和传播性的。他们的研究，对于其他研究者或学派的发展起着重要的促进作用，或者说基础作用。目前，国内存在的各种智库组织及其创办的期刊等，正在成为国内管理会计等学科研究的一种新时尚。高校智库建设的关键在于咨询服务，需要在理解"特色"和"政策"等内涵上，精准定位对策研究及其咨询主题（宋鹭，2022）。目前，大学中的管理会计智库数量众多，如管理会计研究中心、智慧管理会计研究院等，然而，学者们对其的重视度不高，且缺乏具有广泛影响力和国际知名度的高质量管理会计研究机构，研究成果的质量也有待提高。从高校总体的智库建设看，智库决策的咨询制度规划不明确，机构不健全、各类智库之间的研究课题存在明显的同质化倾向，进而导致学术资源配置不均衡，各种组织形式和管理方式无法统一，必须围绕高质量学术研究的要求进行创新驱动。换言之，虽然以管理会计为研究对象的咨询研究发展迅速，但要形成有影响力的咨询研究共同体组织，仍然任重道远。

咨询学派的研究方法具有非常突出的实用主义状态，经常是若干种方法结合起来进行研究，从呈现的成果形式上看，很难说这些"研究产品"是严谨的。现实中，一些咨询组织缺少对研究任务的阐述，或者对研究项目的应用领域或方式没有作出很好的描述，研究活动的事前或事后的理论价值不显著。从会计领域来看，许多成果局限于狭义的会计领域，不重视对政治、经济与社会关联性的研究，其成果对政府的政策参考意义不大。回过来说，咨询研究学派的研究方法本身还没有成型，学术界同仁之间也存在着不同的看法。比如，结合与实证研究的规则进行对照，咨询研究似乎无法得到科学证据的支持等。概括地讲，咨询研究学派的特征有两点：一是直接性。针对存在的问题开展广泛性的讨论，容易引起人们极强的关注。但是，其提出的普遍性结论过于应急，因而具有一定的草率性。二是强劲性。为了表明自己的观点，倾向于消除对方的有效性与相关性，强化自己的观点，话语体系比较重，发表载体往往是《人民日报》《光明日报》以及地方性报刊，出版（发表）速度极快。

（2）基础研究学派。基础研究学派偏向于事后的追溯性研究，即分析在被检验的事件或现象已经出现构建之后的情境。该学派的研究活动，往往保持中性的立场。尽管学者们可能隐含对某种工具或方法的正面态度，但是不表现出明显的支持，也不倾向于批评。基础研究学派进一步划分为四种子流派，即概念研究、数字建模、统计分析及案例研究。

基础研究学派的特征：一是谨慎性。基础研究学者对有关问题的主张往往持谨慎态度。该学派回避直接的观点冲突，借助于理论或方法加以阐释，或者说采取的是一种"不言自明"的研究态度。二是包容性。由于基础研究受到理论与方法选择应用的影响较大，因此学者们在采用多种相异的方法进行研究分析时，会出现各种不同性质，及至不同结论的学术成果。这种现象，对于该学派来说已经属于一种"常态"。比如，基于数学模型研究得出的观点、案例分析得出的成果等，往往都会产生不尽相同的结论。这是因为，管理会计研究对象的量化指标选择困难，对事物的观察具有不稳定性。为了提高相关性，管理会计研究人员需要在缺少广泛系统性证据作为论断的情况下，通过增加变量的相容性，以避免作出草率的论断和普遍化的结论。

（3）批评研究学派。批评研究学派往往体现为一种针对咨询研究过程中常见的"唱赞歌"式态度的逆反性研究（张朝宓和熊焰韧，2006），或者说是管理会计学术界对各种研究方法进行平衡的一种学术组织团体。这种学派的学术研究形态往往容易体现出诸如"聚焦—判断—批评"等的阶段性特征。面对某一课题，批评研究学派往往采取针对性的问题聚焦方式，表现出很强的价值理性感和责任心意识。批评研究学派自觉地将管理会计与政治、经济与社会现象进行勾连，结合所聚焦的问题作出自我的理性判断，批评的重点较多地存在于问题导向式的"动态性"论点把控上。比如，认为现有的研究成果过于将管理会计现象静态化了。客观地讲，批评研究也是一种学术对话，而不能视为简单的价值诊断。它是一种学术思想的碰撞而不是唱赞歌式的拥抱，是对管理会计行为的感知而不是理论的堆砌，是一种再度创作而不是跟风评价（高瑞泉，2020）。批评研究学派从事的是一种创新性活动，通过聚焦新观点、新材料或新方法，进行学术的自我建构或判断。即，是围绕批评性研究开展的学术再生产，它借助于拥有批评观点的学术共同体开展创新活动，释放出批评研究的力量和该学派的思想。

批评研究学派的特点：一是偏激性强。采取具有强烈且非建设性的抽象概念等对既有的某个或某类管理会计问题展开批评，发表一些预见性的结论。二是知识贡献弱。它们试图以科学的方式描述和解释现象，由于采取较为激进式的批评，其结论往往表现为非建设性。加之，各种研究方法的代表性学者日渐分化，这种分化致使理论与实践两方面的知识发展缓慢。或者说，对任何一类引人注目的会计现实问题均难以产生出具体的增量知识贡献。

上述三大学派的内在联系如表 2 – 1 所示。

表 2 – 1　　　　　　　　　管理会计的研究学派及其特征

管理会计学派	表现特征
咨询研究学派	直接性、强劲性等
基础研究学派	谨慎性、包容性等
批评研究学派	偏激性、弱知识性等

从表 2 – 1 可见，基于三大研究学派的特征分析，基础研究学派可以视同为一种现实中"圈养式"的学院派团体，它与深入企业组织进行"散养式"的社会实践（咨询研究学派与批评研究学派有此意味）相比，主观性偏强，学者容易通过变量的调整以达到自身设计的目标。从这个意义上讲，咨询研究学派与批评研究学派的客观立场比较突出，但文字表述或观点呈现中的主观性有时还强于基础研究学派，这与政策性与应时性等的研究特征相关。换言之，基础研究学派是传授知识的主流学派，随着国家大批量扩招研究生，若不采取"圈养式"研究，可能难以形成规模与效率。当前，通过学院派的"圈养式"研究培训，可以很快涌现出指数级上升的研究队伍（如大量的硕士与博士毕业研究生等）。亦即，通过学院派的规范体系，可以尽早使学生们掌握学术研究的基本知识和研究方法，早出成果、多出人才。因此，基础研究学派及其学术研究得出的各种结论应该说是有价值的，也是各种称号学者涌现的高地（当然，需要注重将论文写在中国的大

地上）。它表明，这种主流的研究范式能够产生实际的应用价值，比如"生产"出大批量的高学历毕业生。然而，实务界似乎更欣赏咨询研究学派及批评研究学派作出的具有对策性的研究成果（尽管有时针对性或观点偏激等）。原因在于：后者可以提出简便易行且符合成本效益原则的对策或方案，更有助于实践中的有效应用。客观地说，基础研究学派属于传统学派，大部分高校教师及其博士研究生们还需要借此"谋生"或"发展"。

二、管理会计学术研究的焦点

客观地说，管理会计是中国会计学科体系中最重要的教育与研究科目，在管理会计的学术内容中，其涉及的范围有时比财政等问题还"宏观"，有时又比财务会计还具体。对此，合理确定管理会计的研究焦点，有效规范管理会计的学术活动，已经成为管理会计研究的焦点议题。

1. 管理会计学术流派的研究价值。纵观国内的管理会计研究，一个重大的缺憾是"离现实世界越来越远"（周文彰，2021）。当前，针对管理会计基础研究学派的批评声音正在增加。主要的观点有：某些学者满足于关在"象牙塔"内查找"文献"，从中寻找选题、发现创新点，而不是去走向社会、步入实践，从实践中寻找选题和创新点（王大鹏，2021）。"咨询研究学派"的代表性特征是服务社会，并结合企业需要进行有关项目的咨询与探讨等的学术活动。这一学派，不仅国内高度重视，且国外也有获得赞赏的趋势。比如，以美国哈佛大学为例，一些教授如波特教授等就是这一学派的典型代表。国外在这方面的研究有许多支持的学术载体（如《哈佛商业评论》等杂志）。"批评研究学派"针对当前时弊和学术现象进行评价与讨论，提出带有主观性的观点，对学术研究具有一定的启示。比如，北大中文系钱理群教授提出的大学生"精致利己主义者"的批评观点等。批评研究学派在一定程度上需要基础研究学派与咨询研究学派作为评论的支撑，或者说，是建立在这两个学派的基础之上的研究学派。管理会计的研究成果，越来越多地表现出超越描述，进入理论探索和假设检验层面的特征。同时，定性与定量结合的特征明显，比如，使用定性资料定量分析技术、直接运用调查获取的档案资料开展统计分析，通过问卷将定性概念量化，以及采用多种方法结合进行研究等。"探索新事物的规律"既是管理会计研究价值的体现，也是研究者选择学术目标的依据。总之，无论是什么学派，均需要学术组织在新的技术进步与国际竞争背景下发现会计新技术和管理新动向。首先，权变地思考管理会计问题。应该建立对管理者行为或企业情境的再认识与重新理解，比如从实践发展的纵向角度进行观察和比较，而不是像过去那样来源于规范经济学理论基础上的"应该如何行为"的学术观点。其次，集中在一些创新性的主题上，如数字价值的计量与管理、智能互联工具的价值特征等，具有一定的探索性，"要么理论上有创新，要么实践中有用"，否则管理会计学术的研究价值就难以体现。从学理性思维的角度讨论管理会计学术价值，应当具备辩证的思维。不能仅观察其"增溢"，即知识增量；还需要考虑不"减损"，即维护管理会计知识的持续动态发展。实践中的一些管理会计现象或知识，尽管表面上看似乎没有产生增量的"知识"，但它是对管理会计现有知识的"巩固"与"维护"。管理会计学科发展离不开多学科的交融与相衬，正确理解管理会计的边缘性特征，促进管理会计学科的可持续发展，是提高管理会计研究高质量的基础或保证。管理会计的实践表明，通过巩固与维护现有的管理会计知识，进而提高了管理会计的有用性与可操作性，无疑也是一种管理会计学术研究价值的体现。坚持创新思维，维护并牢固管理会计研究的学科优势，不断释放创新动力，积极尝试学科之间的融合，这是管理会计学科发展的基本要求。判别一项学术成果到底是否"有价值"，或是"学术垃圾"，也应当以这些方面是否有"新意"为基本的标准依据。比如，近期，张维迎提出的一个观点：企业家精神无法被大数据和人工智能代替。企业家精神的本质是不变的，但在不同的时代、不同的产业中所展现的具体形态或形式可能不一样。换言之，不变的是企业家那种敢于冒险、不守常规的创新精神。企业家是不安于现状的那一批人，他会去主动寻找机会。亦即，面临的挑战越大，企业家精神就变得越重要。这时候，怎样才能让企业家更好发挥作用？张维迎提出：给企业家们更多的选择空间，更多的自由，其中包括经商的自由、创业的自由、创新的自由，这样才能发挥出企业家的才能。

2. 管理会计学术研究的共同焦点。管理会计研究学派的形成，是我国管理会计学者在欧美国家管理会计学术范式基础上，结合中国实际情况逐步成长与发展起来的。总结并提炼中国管理会计学派的理论与方法特征，对于构建具有中国特色的学术范式，具有十分重要的理论价值和积极的现实意义。

（1）工具理性与价值理性融合的管理会计研究。管理会计研究范式是管理会计学派理论思想的概括与总结，是理论内容与技术方法的客观体现。管理会计研究学派所展现的学术信念与学术共同体规范体系，是顺应应用环境变迁的学术研究产物。换言之，管理会计学术的理论扩展路径与实践提炼路径，作为管理会计三大学派的共同认识，可以理解为一种研究范式的共同叙事表达（冯圆，2019）。韦伯（2002）提出的工具理性与价值理性与管理会计研究的两大路径具有内在逻辑上的高度一致性。亦即，工具理性体现的是一种催生于实践视角的管理会计成果提炼；价值理性倾向于概念扩展的管理会计发展内涵。单纯就工具理性而言，其具有一套实施或评价的标准，只要满足目标需求的手段就是最优的选择。这对于咨询研究学派来说往往特征明显，无论是"人类中心主义的转变"还是"个人主义的转变"，其对工具理性的认识需要从过度偏重向中性目标转变。然而，对于基础研究学派而言，价值理性则会更加显著。与工具理性不同，价值理性没有公认的标准，是多元化的，所以学院派的研究成果往往不受政府与企业实践部门所重视，其循环的圈子是固定的，目标是以批量出成果或培养学生等为导向。批判研究学派需要在权变性理论指导下，权衡工具理性与价值理性的天平，使管理会计理论与方法更好地服务于企业实践。从这个意义上讲，不同学派的存在是有意义的。亦即，围绕我国企业实践，为不同的管理会计学派提供研究路径，尤其是在课题经费等的配置上，多提供一些非竞争性的课题，以满足不同学派研究的需求是重要的，它也是管理会计范式扩展的客观需要。

无论是咨询研究学派、基础研究学派，还是批评研究学派，均可以从以下几个方面思考未来管理会计的研究方向：一是面向中国式现代化的宏观管理会计研究。中国式现代化具有深刻的内涵，围绕财政部于2021年11月颁布的《会计改革与发展"十四五"规划纲要》精神，中国会计现代化需要"切实加快会计审计数字化转型步伐，为会计事业发展提供新引擎、构筑新优势"。亦即，需要强化管理会计研究的宏观转向，构建宏观管理会计运行的功能结构体系。对此，必须深刻认识"中国式现代化"的内涵与外延。二是面向产业集群或行业的中观管理会计研究。以产业集群组织为代表的中观管理会计研究，是产业数字化与数字化产业发展的重要载体。

经济活动需要各种生产要素组合在生产、分配、流通、消费等各环节的有机衔接，进而实现良性的循环流转。加强产业链（集群或行业）的中观管理会计研究，有助于提升产业链供应链的韧性，给国内大循环为主体、国内国际双循环相互促进的新发展格局提供信息支持和管理控制的功能需求。三是面向企业组织的微观管理会计研究。围绕"管理会计应用指引系列"中的工具方法，拓展智能互联类新产品的应用范围，通过管理会计功能扩展提升企业价值，强化数字经济新时代的组织间资本共享等管理会计工具的整合与创新，并且，从共同富裕视角思考绩效管理等工具开发的新路径。此外，要增强管理会计的理论自信与学术自信，必须自觉以中国特色经济学理论为指导，拓展管理会计在经济与管理学科体系中的地位与作用。当前，微观管理会计的一项重要工作是对具有中国特色且世界领先的管理会计技术与方法加以弘扬与推广。比如，海尔集团于 2005 年提出的"人单合一"管理工具。即，通过直接度量每位员工创造的用户价值情况，确定员工收入，促使每位员工直面市场需求，并通过为用户创造价值来实现企业价值及其自身价值。目前，该工具已被欧洲管理发展基金会纳入国际标准认证体系之中。亦即，2021 年 9 月 17 日，张瑞敏和欧洲管理发展基金会主席埃里克·科尼埃尔联合签署首张人单合一管理创新体系国际认证证书，开创了中国企业从接受国际标准认证到输出的新时代。它表明，2014 年财政部提出的 5 ~ 10 年形成国际领先的管理会计经验与方法已经兑现。今后，随着国内领先公司更多管理会计成果出现在国际标准体系之中，我国管理会计在国际上的地位大幅提升，将是一件确定性的大概率事件。

（2）从学术研究包容性出发拓展管理会计研究。无论是管理会计中的哪个学派，开展学术研究必须充分考虑管理会计的合理性和有效性，充分体现获得性与理论性等的科学性因素。从获得性因素思考，管理会计学派在具体的研究活动中必须坚持包容性原则，通过学术活动传递能够影响和决定竞争优势的管理会计因素，如价值创造、激励与约束的相融机制，以及企业或产业组织整体利益最大化等内在要求等。从理论性因素着眼，管理会计研究需要有一个共同的合作框架，构建相互协调的可操作体系，并且，能够为各学派形成的管理会计知识技能、制度创新等的普及与推广提供有效的平台或优化的运作机制。与自然科学相比，管理会计作为人文社会学科，一个明显的现象是推崇案例分析与教学，也是哈佛商学院的教学特色，并影响着全世界。对此，有人质疑，这种研究方式具有"科学先进"吗？这也是基础研究学派与其他两大学派争议较大的地方。研究成果是否科学，可以借牛顿的"苹果落地"来阐述道理。"苹果落地"作为一种客观现象，遵循万有引力定律，其研究成果具有延展性，是科学的（汪一凡，2013）。比如，借用这一理论可以统一地预见和解释"香蕉落地""梨子落地"等诸多此类现象，当管理会计学术研究能够"以不变应万变"时，不同的学派之间便形成了统一范式。与自然科学的"科学思维"方式相对应，人文、社会科学所采用的是所谓"艺术思维"的研究方法。这就需要管理会计的不同研究学派，共同遵循权变性的原则要求。此外，管理会计的权变性与包容性是不矛盾的，随着政策制度的变化，管理会计也需要不断地调整或转换自我目标。当前，加快建设全国统一大市场，促进区域协调一体化发展，是中国式现代化的必然选择，也是管理会计学术研究路径与发展战略的重要选择，是实现包容性经济增长的客观需要。通过数字技术构建产业集群生态体系使投资者、产业链上下游、供应商、经销商、消费者、学校、科研机构、中介机构等利益相关者汇聚到数字化生态系统的平台中，能够降低企业间的信息沟通成本等各种交易成本，从而获得知识、技术、人才、资本的成本溢出效应。

（3）理论基础优化下的管理会计研究。无论是哪种研究学派，针对管理会计现象开展解释或论证，都需要寻求一定的理论基础作为支撑。管理会计理论可以分为基础层理论与专业层理论，前者是共性理论，比如，主要有经济学、管理学、心理学、社会学、环境学等理论。后者属于特性理论，包括权变理论、经济组织理论与价值管理理论。当前，在坚定不移推动经济全球化以及人类命运共同体理念的经济组织观念下，以内循环重塑外循环，内需与外需协调发展，实施内需驱动的出口型发展模式，并通过高水平的外循环经济打造中国与世界的新纽带，已经成为宏观管理会计研究的重要课题。管理会计作为中国式现代化经济体系建设的重要内容，管理会计各学派需要通过理论基础优化来推进共同研究方向的选择。围绕中国式现代化的广泛深入，管理会计理论基础正在以"3 + X"的趋势推进。即在传统权变理论、组织经济理论与价值管理理论的基础上，结合我国情境特征进行增补（冯巧根，2019）。目前来看，重点需要增加数字经济理论。数字经济理论表明，凡是直接或间接利用数据来引导资源发挥作用，并推动生产力发展的经济形态都可以纳入数字经济的范畴。数字经济的发展给包括竞争战略、组织结构和文化在内的管理实践带来了巨大的冲击。将数字经济理论嵌入管理会计研究之中，有助于管理会计理论与方法创新，促进产业集群或企业主动实施数字化转型，形成管理会计学派共同的学术追求和研究范式体系。

优化理论基础是管理会计研究学派的共同目标。亦即，单一理论基础的应用对管理会计研究的引导效用正在降低，并且可能对理论的贡献产生负面作用。以组织经济学中的新制度经济理论为例，该理论作为批评研究学派的看家工具。然而，近年来这一理论正面临理论研究学派或咨询学派中的部分学者质疑。这些学者认为，新制度经济学理论为基础的管理会计研究，容易对学科发展产生退化效应。尽管，在过去的 40 多年时间里，以组织经济行为优化为基础的新制度经济学，逐渐成为管理会计研究的重要学术思想或主要理论依据。但是，也引起许多学者的担忧，焦点集中在管理会计增量知识的贡献不足或存在滥用的情况。即，由于盲目使用该理论，一些研究可能更多地关注重新包装制度论点，而没有为经济组织行为的理论优化提供实质且有新意的观点或解释。这样，就有了"单一理论基础对管理会计的指导价值是退化了，还是仍然起着促进作用"的争议。事实上，上述讨论中的"退化趋势"有可能被人为放大了。这是因为，权变性始终是管理会计理论基础的重要内容，当前，结合党的二十大报告提出的中国式现代化目标要求，充分调动各学派管理会计研究的积极性。即，从宏观、中观与微观结合的视角开展协同研究，畅通各学派之间的理论基础，及时提供管理会计的信息支持，实现不同学派在宏观、中观与微观研究中的动态融合，必然会对理论基础的动态优化提出新的要求。或者说，学术观点的融合或相互适应是相互间精诚合作的内在要求。目前，基础研究学派的管理会计研究成果较为侧重事项驱动的研究，重点对某项交易、业务等进行事后分析，以证伪所提出的相关命题。相较而言，咨询研究学派和批评研究学派往往以行为驱动为特征，实现事前、事中与事后的全流程分析。前者以提供解决方案为重点，后者以发表意见，供相关组织（企业）进行决策为参考目的。

第二节　管理会计学术的扩展机制

扩展管理会计研究学派的科学研究及开展有效学术活动的运作机制，不仅有助于合理配置学术资源，也能够为学术生态的健康发展提供助力，营造富有活力与创新力的管理会计学术文化。管理会计学术活动必须敢于创新，勇于实践，积极扩展学术研究的内涵及其外部边界。

一、管理会计实践对学术研究的需求

改革开放 40 多年来的管理会计实践表明，企业历经成长、成熟等生命周期，有能力开发与创新管理会计理论与工具方法，并主动应对周期性、突发性的业务与财务危机。可以说，加强管理会计学术研究正适逢其时。

（一）管理会计实践带来的学术研究机遇

管理会计学术研究，既要服务于现实的需求，体现时代的特征，也要具有一定的超前性，能够积极主动地面向未来。从这个意义上讲，管理会计实践是推动学术研究的动力，也是理论应用于实践的载体。

1. 环境变化对管理会计学术研究的推动。结合企业应用环境的变化，密切联系企业实际，深入总结和提炼管理会计理论指导与技术方法应用的可行性与有效性，是管理会计学术研究面临的机遇。管理会计学者可选择某个领域，结合企业的情境特征开展对管理会计理论应用与工具方法操作的有效性研究。在研究过程中，要注意理论与方法在不同企业的适用性与差异性，以及企业应用某一管理会计理论或工具方法的原因。比如，是受外部环境的驱动，还是不同文化的使然，或者企业领导者的性格特征所决定的。管理会计的学术基础相对薄弱，面对新的应用环境，包括研究内容与研究方法，学者需要具备经济学、社会学、心理学和管理学等的不同知识储备。大学应鼓励研究生，尤其是博士研究生多选修一些非会计基础的理论学科，或多读一些非会计学科的研究论文。要重视中国特色经济学对管理会计学术研究的指导，立足微观视角，讨论宏观问题对管理会计可能产生的影响。比如，遵循党的二十大报告提出的中国式现代化的理论特征，在中国特色的经济学指引下，强化宏观经济制度及中观产业制度等情境下的管理会计学术研究，提高管理会计理论指导实践的针对性与有效性。中国特色的经济学表明，我国的基本经济制度具有显著的优势（洪银兴，2020）。其中的学术概念涉及"所有制、分配制度、经济体制"等，管理会计学术研究需要围绕上述概念进行认真的思考。

首先，明确"所有制"特征对管理会计学术研究的影响。高水平制度型开放，充分调动多种不同所有制经济主体充分合作与竞争，必须发挥所有权的优势功效。或者，围绕不同的资本构成，如国有资本、集体资本、非公有资产等，通过相互的交叉持股、相互融合的混合经济形态，发挥各种不同资本功能中的优势属性，以促进宏观经济调控与自由经济的有机匹配，并保持公有制主体地位和国有经济主导地位。从适应社会生产力发展水平的角度讲，管理会计工具的开发与应用需要适应所有制特征的变化情境，提高企业的管理水平与满足企业对效率的追求。否则，管理会计工具的"落地"就会很难。这也是现阶段《管理会计基本指引》和"应用指引系列"难以在我国企业广泛应用的内在原因。

其次，"分配制度"完善对管理会计学术研究的影响。管理会计涉及企业的内部分配，并在绩效管理、劳动收入分配等方面具有控制与决策的权限。根据我国的"所有制"特征，坚持多劳多得、勤劳致富等必然是我国分配制度的核心内容。党的二十大报告提出，实现全体人民共同富裕是中国式现代化的重要特征，也是中国式现代化的本质要求。对此，可以结合所有制特征优化微观的分配制度，通过管理会计的结构性动因对绩效与分配制度进行改革与创新。目前具有共识的相关观点有：一是在分配体系中向劳动者收入份额提升的方向转变，特别是对一线劳动者的劳动报酬要逐步提高。即，在初次分配中提高工资性收入比重。二是将所有要素的活力迸发出来，共同创新财富。丰富和完善按贡献决定报酬的机制，将劳动、资本、土地、知识、技术、管理、数据等生产要素的作用充分发挥出来，通过企业的绩效管理制度，逐步提高企业员工的工资性收入水平。

最后，"经济体制"改革对管理会计学术研究的影响。深化经济体制改革，以新发展理念引领中国经济由大到强转变，实现高质量发展，不仅是宏观层面的客观需求，也是中观与微观经济的基础或保障。作为中观产业或行业管理部门，也需要配合经济体制改革，强化对企业的引导。以国资委为例，2022 年 3 月颁布了《关于中央企业加快建设世界一流财务管理体系的指导意见》，为管理会计的学术研究提供了新的机遇。建设一流财务，就是通过政府与市场的关系，发挥市场配置资源的决定性作用。借助于政府的正式制度安排，以及市场的非正式制度安排，展现激励与约束机制的功效，使各种资源要素发挥最大的效率与效益。管理会计的管理控制系统可以在经济体制改革理论的指导下，围绕"一流财务"建设，适度强化集权式管理，尤其是在企业成长阶段集中力量投入资源的过程中，需要管理控制系统功能发挥积极的作用。同样，管理会计的信息支持系统则围绕新发展理念，强化现代化产业结构的优势，推动管理会计学术研究为企业巩固核心竞争力提供理论支撑。

2. 情境特征对管理会计学术研究提出的要求。中国特色经济学是以整体性作为学科研究的学术标准呈现在学术之林的。"双循环""共同富裕"等情境特征需要发挥中国特色经济学的理论优势，丰富与发展管理会计的学术场景。

（1）"双循环"下的管理会计学术需求。"双循环"是我国经济社会发展到一定阶段的客观必然，也是供给侧结构性改革在经济实践中的具体展现。以国内大循环为主体、国内国际双循环相互促进的新发展格局，是我国政府面对外部环境不确定性与不稳定性情境下采取的主动应对，也是"制度型开放"背景下的一种战略配置。从宏观层面看，"双循环"是依法治国、构建人类命运共同体的必然要求；从微观层面考察，"双循环"借助于产业集群这一载体重塑供应链体系，吸纳回归的中国跨国企业，强化集群区域的生产效率以及企业个体传导出的管理会计立体控制思维。"双循环"增进了管理会计的权变性，为管理会计制度优化、边界博弈的认知和产业集群自主治理的完善与发展，以及管理会计广度与深度的拓展提供了新契机。管理会计能够在"双循环"新发展格局下辅助企业管理当局明智决策，通过区域间、集群企业之间的动态竞争，进一步吸引外资与稳定外贸。"双循环"将促进产业集群优化升级，与传统的"双嵌入"模式下的产业集群相比（刘志彪和吴福象，2019），"双循环"的内向化特征为管理会计增强产业集群内部的管理控制功能提供了发展契机。"双嵌入"是改革开放初期沿海地区企业嵌入全球价值链的一种外在表现，即企业既嵌入国内主导的产业链，同时也嵌入全球跨国公司、发达国家主导的产业链。在

"双嵌入"背景下，管理会计的发展是以西方的生产组织革新和科技进步为背景的，从这个层面上看，管理会计学术的形成机制，需要从当时西方社会发展的情境特征手段加以认识与理解，这对推动那个时期的经济全球化情境的下管理会计知识贡献是有积极意义的。

以国内大循环为主体，需要进一步挖掘内部市场潜力，发挥管理会计规划、控制、决策与评价功能的积极作用。亦即，从管理控制系统视角寻求未来发展的新机遇，从信息支持系统视角强化和巩固互联网生态与智能生态平台的市场潜能。同时，引导国际产业链回归中的跨国企业尽快适应国内市场，锁定发展目标，并在"走出去"的新征途中重新布局，努力向全球价值链高端攀升。一方面，要保护产权，提高开放水平，消除市场壁垒，促进投资便利化，发挥资本促进发展的积极作用，保障资本参与社会分配获得增值发展。另一方面，要规范和引导资本发展。完善市场准入制度，为资本设立"红绿灯"，加强反垄断和反不正当竞争，切实防止资本垄断和无序扩张可能带来的投机加剧、引发经济脱实向虚，财富分配两极化、阻碍创新等问题，引导资本主体履行社会责任，规范和引导资本健康发展。从理论上讲，以内循环为主并非排斥外循环，而是资源聚焦效应在特定时期的内向变迁过程。通过"双循环"的战略配置与优化，可以为管理会计决策与控制系统提供更有效的理论支撑。"双循环"下传统产业集群的组织间管理会计的内涵与外延将发生改变，并在竞争强度及其范围上影响管理会计的功能系统，进而对产业集群成本管理、风险控制等带来挑战，使管理会计理论与方法体系的构建面临新的契机。

（2）"共同富裕"下的管理会计学术需求。党的二十大报告提出，实现全体人民共同富裕是中国式现代化的重要特征，也是中国式现代化的本质要求。管理会计要结合党的二十大报告中的共同富裕内涵及其精神实质，转变观念、主动创新。共同富裕具有长期性、奋斗性和差别性的情境特征，管理会计学术研究必须以人为本，体现收入分配的合理与公平原则，正确处理效率和公平之间的关系。共同富裕有助于纠正传统分配方式存在的市场失灵现象，管理会计的分配理念不是"杀富济贫"，而是更加重视初次分配制度的有效性，体现效率优先与机会公平的协调性。亦即，共同富裕驱动的管理会计学术创新，需要"不断完善初次分配、再分配和三次分配协调配套的基础性制度安排"，以及"效率优先、兼顾公平"与"公平优先、兼顾效率"之间的博弈机制，形成微观分配（以初次分配为主）、中观分配（以再分配为主）和宏观分配（以社会慈善捐赠为主）相互匹配的管理会计分配框架。微观企业的效率与效益是共存的，中观产业的效率优先则以实现经济高质量发展为保证，宏观层面的社会慈善等行为主要由公平原则加以体现，突出的是共同富裕驱动下延展的对困难群体或社会组织与机构的关爱。为此，既要防止社会慈善等宏观分配落入"福利主义"陷阱，又要兼顾初次分配、再分配和三次分配推进过程中的协调平衡，引导慈善事业健康发展。

实现共同富裕的逻辑核心是理顺公平与效率的关系，"公平与效率"经历了"兼顾效率与公平""效率优先、兼顾公平""更加注重社会公平""更有效率、更加公平"四个发展阶段。当前，面对偏好公平的社会环境，突出机会公平、降低贫富差距，是实现共同富裕的第一关。管理会计要围绕共同富裕驱动下的物质财富与精神生活实现平衡与统一。企业绩效管理与收入实现是实现全体员工物质与精神富裕的重要保障。不同企业效率之间存在差距是客观的，物质生活和精神生活在不同企业或区域员工之间存在不一致现象也是正常的。共同富裕视角的管理会计学术研究，需要强调公平效率博弈中"奋斗"杠杆的价值。倡导"奋斗"的企业文化价值观，从企业内部薪酬差距的视角考察其对生产效率的影响，以观察公平与效率的相关性。管理会计学术研究要为构建效率和共享包容的共同富裕价值体系提供助力。分好"蛋糕"的前提是做大蛋糕，要优化产业或工业布局，促进先发地区的企业为后发展地区的企业提供现代化要素，实现先发展地区企业与民众的先富和后发展地区企业的跨越式发展的包容，使管理会计的管理控制系统发挥最佳的效果。共同富裕不是新的吃"大锅饭"，需要适当的薪酬差距体现"勤劳致富"的奋斗理念，进而反过来为新形势的"允许一部分人先富起来"强化制度保障。此外，要积极寻求共同富裕与社会慈善捐赠等分配制度的创新。管理会计分配机制向微观领域移动，其效率原则最强；相反，向宏观分配方向移动，则公平原则最为明显。共同富裕驱动下的社会慈善捐赠机制，重点在于规范社会帮扶等的制度边界。

除了"双循环""共同富裕"等管理会计学术场景外，"双碳"目标等情境下的管理会计学术研究也是现阶段的重要课题。2020年9月，习近平总书记在第七十五届联合国大会一般性辩论上宣布了中国实现碳达峰碳中和的"30·60"目标。[①] 这是中国基于推动构建人类命运共同体的责任担当和实现可持续发展的内在要求作出的重大战略决策。从"两山"理论到"双碳"目标，是习近平生态文明思想的重要体现。"双碳"目标下管理会计学术研究要注重"碳账户"的"范围维度"，强化"碳减排"的"义务维度"和"碳吸收"的"约束维度"等的探讨。

（二）管理会计功能扩展带来的学术研究机遇

为了实现经济的可持续性发展，需要增加面向未来的管理控制手段，比如开发与应用前瞻性的管理会计工具。即面对突发性的事件，管理会计要配置相应的工具方法，以提高应对不确定性的能力。

1. 拓展管理会计学术研究的广度与深度。管理会计学术研究不再局限于单一企业的管理控制与信息支持功能，而是通过"双循环""共同富裕"等情境特征不断形成新的经营模式和商业生态，使管理会计控制系统和信息支持系统不断向两端延伸，进一步拓展管理会计的广度与深度，如图 2 - 1 所示。

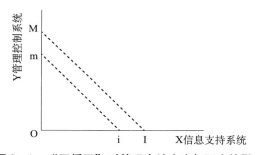

图 2 - 1　"双循环"对管理会计广度与深度的影响

图 2 - 1 表明，通过扩大管理会计的管理控制系统或信息支持系统的边界（可以不同步），如由原来的 ΔOmi 扩大到 ΔOMI，使管理会计功能作用的面积增大，从而实现扩展管理会计广度与深度的目的。从管理会计的广度来看，配合学术研究的新机遇，管理会计功能将不断向外延伸，比如适应国内大循环为主体的要求，沿着党的十九大指明的方向"促进我国产业

① 积极稳妥推进碳达峰碳中和 ［EB/OL］. ［2023 - 04 - 06］. https：//www. gov. cn/govweb/yaowen/2023 - 04/06/content_ 5750183. htm.

迈向全球价值链中高端，培育若干世界级先进制造业集群"。① 积极探索"一带一路"沿线的管理会计工具方法创新，主动配合"双循环""共同富裕"等新形势的需要，加强税收、贸易规则等行为活动中的管理会计战略安排等。当前，面对全球供应链的中断风险，"一带一路"建设也受到一定影响。管理会计要通过制度设计缓解经济与政治压力，实现民生巩固、社会稳定。亦即，管理会计是提供战略信息的重要手段，帮助企业明智决策，能够在创造价值的同时实现价值增值，保持企业可持续性成功。从管理会计的角度来看，积极开拓国内外市场，通过国内大市场稳定就业，保证全球产业链遇阻回归的跨国企业有去处，优化产业集群的规模并实施结构调整，通过产业集群的自主治理引导回归企业重返产业链的既定轨道，获取经济效益。与此同时，积极总结和提炼具有制度性特征的价值管理理论和技术方法，以替代传统的经济学收益递减等不合时宜的理论方法。深入开展单一企业向企业集体转变的管理会计学术研究，将嵌入"互联网＋"和"智能＋"的产业集群与管理会计工具的创新驱动相联结，培育和壮大以商业生态与智能技术平台为支撑的云产业集群，通过精细化的供应链网络推动产业链的健康发展。同时，通过价值理性和工具理性的统一，使员工创造价值和传递价值有机结合，并且在知识交流、学科交叉、产业融合等多种路径配置下，提高产业集群的创新效率，营造积极向上的创新环境。客观地说，"广度"与"深度"往往是相互交融的，比如，跨境电子商务作为推动经济一体化和全球化的重要技术手段，极大地推进了本土企业进入国际市场的速度。管理会计学术研究要结合跨境电子商务综合试验区，自由贸易试验等改革开放的新举措，推进管理战略向广度与深度迈进。

2. 构建多维度的管理会计功能结构体系。理论不仅来自传统学科，也来自现实。管理会计要从传统的着眼于微观视角研究企业和工具方法的应用，转变为从产业集群整体的视角考虑管理会计及其理论与方法体系的构建。管理会计正处于制度建设的关键期，要拓展管理会计学科领域，从多

① 先进制造业集群是指基于先进技术、工艺和产业领域，由若干地理相邻的企业、机构集聚，通过相互合作与交流共生形成的产业网络。它在满足产业集群的各要素的基础上，在技术、工艺、制造模式、产品质量、要素和组织形态上都处于领先水平。

维度视角强化管理会计的功能作用。即，以立体思维构建管理会计的学科体系。围绕宏观、中观与微观的立体层面入手打通各种开发区、高新区与自贸区的联结通道，促进区域经济与全国经济的统一与协调发展。从宏观、中观与微观的管理会计政策来看，宏观与中观层面的管理会计理论与方法一部分来源于国务院，以及财政部、国资委等的政策制度，属于专门性的规范。比如，财政部颁布的《管理会计基本指引》和"管理会计应用指引系列"等；另一部分属于综合性的政策制度，主要散见于公司法、证券法、税法以及证券交易法等的相关法律、法规之中，比如有关购并重组、上市公司融资等方面的管理会计理论与方法。微观企业的管理会计政策主要是指企业根据自身实践总结、提炼，或者借鉴使用而形成的管理会计政策方针。近年来，宏观管理会计政策最具代表性的是 2016 年 8 月国务院发布的《降低实体经济企业成本工作方案》（以下简称"方案"）。对比该"方案"，当前应对突发事件所采取的减税降费、资金扶持等政策也均属于宏观层面管理会计理论与方法的内涵（李旭红，2020），应主动将其纳入管理会计学术研究的范畴中来，并成为管理会计学科建设的一项重要组成部分。

多维度的管理会计学科建设需要坚持战略性原则、适应性原则、融合性原则，以及成本效益原则，主动服务于产业政策，通过因业制宜、因企制宜，按照权变性特征的要求推进管理会计学术的创新驱动。比如，基于"双循环""共同富裕"壮大的产业集群，开发领跑型产业相关的管理会计工具，加强对数字资产管理、新兴消费计量等工具方法创新。当前，数据资产已事实上成为企业重要的经济资源（舍恩伯格，2012）。结合 2018 年 3 月国际会计准则理事会（IASB）新修订的财务报告概念框架，其资产定义也能够包容"数据资产"的内涵与外延，即"资产是指企业由过去的事项形成的、企业可以控制的一项现时经济资源，其中经济资源是指一项具有产生经济利益潜力的权利"。这一概念定义适应了新经济环境下，包括数据资产在内的许多新情境。即数据资产结合消费者特征，在发现价值与创造价值的同时，实现企业价值的增值。因此，可以在现有的管理会计工具方法体系基础上，加强管理会计学术创新驱动，构建不同类别的管理会计创新工具，如表 2 - 2 所示。

表 2 – 2 管理会计工具的创新驱动

	新增工具	整合工具
超前型工具	前景展望、数字型资产管理、组织间资本共享、智能产品组合、技术嵌入与边界管理、社会成本等	财务增加值、情境与应急规划、关系成本等
应用型工具	现金韧性、环境经营、组织间成本管理等	零成本管理、决策成本法等
普适型工具	"互联网＋""智能＋"等	环境成本、时间管理等

　　表 2 – 2 是针对管理会计应用指引系列中的现有工具进行的创新驱动，即可以考虑增设新工具或结合现有工具进行整合创新，前者如数字型资产管理，后者如财务增加值。财务增加值是对经济增加值进行的工具拆分，事实上，我国一些学者已经认识到经济增加值的局限性，如王化成等（2011）在构建财务管理理论结构时就提出增加"薪息税前利润"指标的设想。作为管理会计工具可以更直接一些，即将薪酬、税金、利息等财务增加值直接作为工具加以评价与考核，以体现企业管理者的经营能力，这也是"共同富裕"对管理会计结构性动因的内在要求。管理会计学科拓展可以首先由管理会计对数据资产的规范入手，再通过管理会计工具方法探索与应用，依据工具理性与价值理性的关系，逐步形成管理会计的学术创新机制。

二、管理会计学科发展对学术研究的需求

　　管理会计学科发展是企业管理现代化的内在要求，也是现代化经济体系建设的客观需要。管理会计学术应当从产业集群区域的管理会计数字化转型，宏观、中观与微观结合的包容性研究等视角入手，优化管理控制系统和信息支持系统，通过探索有组织科研的管理会计学派及其共同研究方向，促进管理会计学科与研究学派的学术统一。

（一）管理会计学科发展对组织变迁的影响

　　从组织层面考察，管理会计功能系统需要强化对管理层和员工的激励，并且在优化管理层决策机制上发挥关键性的作用。即，本着调动广大员工的积极性，将员工的注意力和精力吸引到公司整体的利益上来，并据此协调企业与员工之间的利益关系。

1. 提高管理会计学科的"学术定位"。新经济对管理会计知识体系提出了严峻的挑战，消除不同学科之间的隔阂，提高知识生产的学术规范，是学科文化的客观需求。所谓的"学术定位"，就是引导不同管理会计学派的研究方向，强化学科与学术之间的协调性与知识的整合性与创造性。目前，教育部倡导"新文科"建设，目的是引导学科之间相互跨越，互相交叉，通过知识互补与方法融合等实现学科的创新与发展。然而，作为学术研究的组织变迁，这一项工作将不会是一帆风顺的，"学科边界"等传统观念及发展阻力会始终存在，这种矛盾现象值得管理会计学术流派及学术组织者思考。近年来，随着管理会计指引体系的颁布与实施，中国管理会计掀起了一波学术研究的新高潮。学者们本着学术自信与理论自信的高度自觉，结合自身的特长开展了广泛的管理会计理论与方法的研究与探讨，形成了一批高质量的成果，丰富并发展了管理会计的学科体系。在这一研究过程中，由于理论构建与方法重塑的视角或维度不同，使学者之间产生了不同的思维及其学术观点，进而形成不同的范式结构或学者流派。客观地说，管理会计的不同研究学派对于管理会计学科体系的建设是有利的。即便管理会计学术派别之间因关注重点不同，并呈现出不同的特征，但在面对企业实践，解决现实问题方面则往往表现出高度的一致性。亦即，在理论与实践结合、构建本土化概念、体系与方法，以及彰显中国式现代化管理会计的情境特征等方面具有共同的研究方向。

从组织层面强化不同研究学派的"学术定位"，鼓励对不同研究主体或对象的学术追求等是管理会计学术机制扩展的内在特征。为了使管理会计各学派共同发展，必须改变现行的单纯强调竞争性课题研究的倾向，政府层面要通过经费制度改革，研究增加非竞争性课题的路径，使管理会计学术研究体现出中国式现代化"以人为本"的精神内涵，进而调动广大的管理会计工作者从过去争科研经费转向重视学术研究，摆脱急功近利倾向，为以人民为中心的共同富裕提供良好的学术环境。规范并引导管理会计研究学派从事科学与有效的学术活动，不仅有助于合理配置学术资源，也能够为学术生态的健康发展提供助力，营造富有活力与创新力的管理会计学术文化。这是党的二十大构建"中国式现代化"提出的管理会计改革命题。换言之，要扩展管理会计应用的领域，使经贸管理会计成为中国本土高水平研究的重要成果之一。管理会计学术研究要密切关注经贸活动的新动向，党的二十大报告提出的高水平开放，应该是开放与创新的深度融合，且从要素流动型开放转向制度型开放。要利用重大开放平台，积极探索构建更高水平开放型经济新体制，更大力度促进国内外市场规则和标准的深度融合，提高对资金、信息、技术、人才等要素配置的全球影响力，打造走向国际循环的重要通道和有力支点。

2. 培养组织性科研的管理会计学术机制。2022 年 8 月，教育部宣布将在下一个十年着力加强"有组织科研"。管理会计学术研究要适应这一新趋势，在知识结构与方法应用中发挥组织性科研的地位与作用，为管理会计学术活动的国际话语权提供强有力的支撑和保障。倡导有组织科研，是提高中国经济高质量发展，实现中国式现代化的客观需要。构建高水平的管理会计理论与方法体系是现代化经济建设的内在要求（叶康涛，2022）。党的二十大报告明确新时代新征程，强调高质量发展是全面建设社会主义现代化国家的首要任务。要求增强经济竞争力、创新力、抗风险能力，使我国经济迈上更高质量、更有效率、更加公平、更可持续、更为安全的发展之路。实践充分证明，我国经济韧性强、潜力足、回旋余地广，长期向好的基本面不会改变，有条件有能力推动经济高质量发展取得新突破。有组织科研机制的构建，需要凝聚管理会计学派的力量，积极转变学术观念，在组织和管理方式上进行变革。亦即，在管理会计有组织科研的生态系统上，注重发挥微观企业管理会计创新的同时，向宏观经济与社会服务方向转变。有组织科研的实质在于通过科研组织方式的提升，加强管理会计服务于国家与企业急需、技术创新迫切性强的项目，提升管理会计的信息支持系统与管理控制系统的功能作用。通过"有组织科研"提高管理会计工具应用的自觉性与主动性，增强数字推荐、大数据预算等工具在企业层面应用的效率与效益。

以组织科研为导向，管理会计要提升并关注工具应用的系统性与全面性，优化企业责权利效统一的决策控制权，不断激发企业管理工作者的创新欲望和聪明才智。同时，通过有组织科研，促进价值管理平台的有序创新，使管理会计为市场资源配置提供强有力的支撑，尤其是注重对中小企业创新发展的支持功能与效果，保障"专精特新"企业资金链的运行通畅，以及供应链、价值链等管理行为的优化，主动防范各种内外部风险，引导区域经济寻求新的跃升空间。当前，我国已经通过反垄断、反不正当竞争等的法规制度体系，加强对资本无序扩张等数字化改革中存在问题的整顿与治理，促进了平台企业的技术成本明显下降，管理能力获得显著提升。党的二十大报告提出，加强企业主导的产学研深度融合，企业与大学合作是创新体系中两个关键主体的互动，校企合作是企业研发的重要环节。这既是对高校有组织科研的明确要求，也是管理会计学术创新的基本指引（毛军发，2022）。管理会计学者要在前瞻性研究方面加强与企业协作，通过各学派的共同努力，克服校企合作的障碍，提高管理会计工具与方法研究的针对性与有效性。比如，围绕产业集群中的成本管理应用场景和智能互联产品开发问题，提炼出更适宜官产学研相互理解的共性话题。推进有组织科研，涉及从管理控制系统和信息支持系统功能等多元目标入手，加大对管理会计工具的整合与创新。比如，如何将管理会计范式扩展理念转变为有组织科研的运行机制或具体行动，需要开拓管理会计创新的时空边界，促进数字化技术在企业的深度应用与发展。对此，从中国特色的管理会计建设视角观察、思考、研究如何高水平推进高校的有组织科研，不失为会计学界贡献于新文科建设取得的一项重要成果。

（二）管理会计学科发展对技术创新的影响

当前，通过数字技术助力产业集群内企业的经营优化，实现企业的技术创新与协同合作，是管理会计学科发展的实践映射。管理会计学术研究要围绕数据资产等工具手段实现交易方式的模式转型，激活数据要素的价值潜力，并将数据要素红利渗透至企业的竞争优势之中。

1. 技术创新与管理会计学术研究的相关性。随着创新驱动发展战略的不断推进以及经济发展的突飞猛进，我国的技术创新能力得以持续提升，产业结构调整不断推进，促进企业与发达国家企业的技术势差逐步地缩小。管理会计学术研究要引导企业自主创新，突出技术的原始性，在价值链环节中，由低端向高端，不断地进行延续价值链高端的攀升。广义的自主创新，是指包括原始创新、集成创新以及引进消化吸收再创新在内的创新，这一界定明显地包含了模仿性创新；而狭义的自主创新，是指创造了自主知识产权的创新。换言之，企业的自主创新也并非意味着完全取缔技术引进，而是要在引进技术的基础上，更加注重对先进技术的消化吸收与再创新。管理会计学术研究要理解技术创新与发展的关系，传统以资源换资本、以市场换技术的方式，已不再适合当前的发展实践；可以通过技术引进的方式，实现创新驱动的内涵型经济增长。与此同时，随着创新资源在世界范围内的加快流动，在自主创新的过程中，也要秉持开放协作的理念，合理、充分地利用全球创新资源，从而在开放创新中实现更高层次的自主创新。

从微观角度讲，企业转向技术先进的、更具获利能力的领域，能够让自身竞争力得到充分的提升，完成产业升级的目标。比如，从代工生产（OEM）到原始设计生产（ODM）再到自有品牌生产（OBM）的演进过程，就是产业升级。企业从生产低价值产品向生产资本或者技术密集型的高价值产品进行演进转变的过程，也是一种产业升级的具体表现。从管理会计学术视角看技术创新，企业只要能够持续提高自身在价值链内的相对竞争位置，就是产业升级。围绕全国统一大市场建设，管理会计学术要注重数据要素及其市场份额等相关问题的研究。数据要素市场本身就是统一大市场的重要组成部分，管理会计学术研究要强化数据要素转化为数据资产的制度规范。通过数据的高效流动，加快产业优化升级，壮大产业发展新动能，培育更多新的经济增长点。或者，通过更大范围的数据开放共享，引领企业实现数字化转型。要支持规模以上企业特别是龙头骨干企业进行数字化改造，降低中小微企业数字化转型成本，推动企业纵向与横向集成，鼓励和引导互联网平台企业加大科技赋能，参与建设和运营数字基础设施，在工业生产、商品流通等领域提供更加数字化、智能化的软硬件服务，实现全产业链在物流、资金流、信息流等方面的高效流转和良性循环；同时，发挥平台在链接双边或多边主体、提高市场供求匹配效率等方面的积极作用，为企业分享技术外溢的转化效果，发挥管理会计学术的积极作用。

2. 优化数字技术组合的管理会计学术研究。数字技术的应用可以提高人工操作的效率，节省人工成本，并且在相同的技术水平下生产不同类型的产品和保持不同产量水平的能力、反应迅速的客户能力等，它对于产品质量、生产计划次数、机器使用、低存货水平、占用的空间、生产信息的通畅等都有明显的好处。要鼓励管理会计学术研究从沪深两市数据检验向生产与服务实践有效转变，从理论知识向技术方法、从智能互联产品向组织间数字资本共享为载体的产业数字化发展方向转变。应当辩证地看待数字技术与管理会计效率与效益的相关性，通过有组织科研，聚焦数字技术高效组合的研究目标与学术方向。比如，针对人工智能技术强化预算管理，制定数字孪生的资金形成及其收益分配的映射方式。同时，把企业联结起来，通过大数据技术将设计、购买、生产计划与控制、机器、流水线、检查、市场营销与会计等放在一个平台上共同经营与管理。制造业数字化转型的关键是提升企业应对市场变化的能力，产品研发作为决定产品能否满足市场需要的关键环节，可成为制造业数字化转型的重要突破口。同时，还应深入挖掘数据要素价值，实现数据要素在上下游企业间的流转，进而带动更多的企业参与到数字化转型中来。通过数字孪生模拟产品、工艺和资源及其相互作用，预测真实世界。将预测结果与实际值进行比较，可以有效支持产品持续改进。世界经济论坛（WEF）发布的《第四次工业革命对供应链的影响》白皮书数据显示，数字化转型使制造企业成本降低17.6%、营收增加22.6%。

随着数字化的深入和数据量的不断积累，数字化转型会逐渐从销售端向渠道端、生产端乃至研发端渗透。目前，大量传统制造企业对于数字化转型的认识仍停留在信息化阶段，协同办公、客户服务等非生产环节的信息化相对成熟，相关工具也已成为多数企业运营的"必选项目"，而同质化的数字化应用已很难为企业提供差异化竞争性优势。数字化转型真正取得大的效益，需要深入挖掘数据要素价值，通过产业链各环节协同，实现数据要素在上下游企业间的流转，当越来越多的企业利用数据要素创造出了财富，数据要素的价值才能得到更好的体现，进而带动更多的企业参与到数字化转型中来。企业数字化转型并非单纯的数字技术选择，还会带来工作模式、组织模式、竞争逻辑等一系列变化，是企业战略决策的核心。一项研究表明，60%~85%的数字化转型企业资金链断裂，企业陷入"不转型等死，转型赴死"的数字化转型悖论（陈冬梅等，2020）。因此，加强数字技术组合方式的学术研究，可以避免人们对数字化转型的盲目自信。现有研究表明，智能制造无法消除成本黏性，高管过度自信可能会对企业数字化转型及其技术工具的应用带来负面影响（权小峰，2022）。要抓住数字化技术应用的关键环节，合理组织相关的数字技术。比如，对于一家企业而言，产品研发过程中的需求和设计是出现问题最大的环节，一般的概率要占到全流程的70%和20%，且随着研发流程的不断推进，纠错成本会持续增加。数字技术应用要提高设计的准确性和可靠性，缩短研发流程，进而大幅降低研发和试错成本。

第三节 本章小结

在管理会计研究中，对理论与方法的构建与扩展，或者对学术观点存有的认知偏向等，会逐步演化为各种不同的学术共同体，进而形成相关的学派。管理会计研究学派主要有咨询研究学派、基础研究学派和批评研究学派等不同学术群体。围绕管理会计研究学派形成的动因及其研究特征，权变式地调整各学派的范式结构，已成为不同学派之间凝聚力量的源泉或焦点。党的二十大报告指出，继续推进实践基础上的理论创新，必须坚持人民至上，坚持自信自立，坚持守正创新，坚持问题导向，坚持系统观念，坚持胸怀天下。管理会计研究必须自觉服从国家的政治、经济与社会需求，不同学派在开展管理会计研究的过程中需要权变式地调整相应的范式结构，突出中国特色管理会计的文化自信与理论自信。

从组织层面考察，管理会计功能系统需要强化对管理层和员工的激励，并且在优化管理层决策机制上发挥关键性的作用。即，本着调动广大员工的积极性，将员工的注意力和精力吸引到公司整体的利益上来，并据此协调企业与员工之间的利益关系。从社会层面考虑，管理会计要通过公司治理主动服务于国家经济治理，实现经济的高质量发展。我国经济实现质的有效提升和量的合理增长，需要中观产业提高效率以及微观企业提高效益，通过竞争力、创新力、抗风险能力等的合理配置，使企业主体实现明智决策与健康发展。当前，开展有组织的管理会计科研，合理配置不同学派之间的非竞争性管理会计研究课题，是增强管理会计学者研究积极性，以及各学派学术自信与理论自信等的客观需要。建设中国式现代化，需要主动提升管理会计的对内对外功能，突出管理会计研究学派学术研究的宏观转向。管理会计"看似微观，实则宏观"，管理会计是现代化经济体系建设的重要内容或组成部分。应当从产业集群区域的企业管理会计数字化转型，宏观、中观与微观结合的包容性研究等视角入手，优化管理控制系统和信息支持系统，积极探索有组织科研的管理会计学派及其共同研究方向，实现管理会计创新与研究学派发展的协调统一。

第三章 管理会计学术体系的形成机制

管理会计学术体系形成有其自身规律。从管理会计研究视角观察，新概念或新思想已经对本学科及相关领域产生明显影响，并从理论与方法等研究层面发生深刻变化。从管理会计实践角度看，学术成果及其思想观念已经在中国广阔的土地上扎根，为数众多的企业和会计人员对管理会计有了感性与理性上的体会与认知。管理会计学术体系是管理会计理论发展的内在体现，是管理会计工具方法在实践中的客观应用。基于管理会计学术体系所构建的理论与方法结构，具有动态变化的情境特征。当前，企业数字化转型及其对管理会计功能的影响等成为学术研究的主攻方向。事实上，在企业层面提出智能化等数字技术应用之前，学术界已经在可扩展商业报告语言（XBRL）等的数字应用、会计报告的改革，以及会计准则的完善与发展等方面进行了大胆尝试。因此，如何处理好传统与现代，信息化、数字化与智能化等的学术与实践变革，为企业的环境不确定性与不稳定性发挥管理控制与信息支持系统的功能作用，值得深入研究。

第一节　管理会计学术体系的构建

管理会计在提供信息支持的同时，必须强化管理控制的功能作用，这种观点已经成为管理会计学术共同体的一种基本认知。管理会计学术体系建设对于增加企业效率与效益、减少管理失误、增进理论与实践的学习与交流等具有十分重要的作用。

一、管理会计实践为学术研究提供理论源泉

管理会计实践中的实时化、共享化、数字化需求催生智能化管理会计学术的发展。从信息支持系统功能观察，管理会计已经在业财融合和信息无缝对接等方面表现出实时与共享的特征，管理会计的管理控制系统功能则借助于数字化支持智能化情境的应用，推动企业业务流程的不断优化，通过明智决策保证企业的可持续性成功。

（一）管理会计实践推动理论发展

为了使中国学术突破国外概念、理论、方法、话语等的藩篱，增强其自觉性与自主性，要善于发掘中国本身就有的珍贵理论资源。习近平总书记在哲学社会科学工作座谈会上指出，哲学社会科学的特色、风格、气派，是发展到一定阶段的产物，是成熟的标志，是实力的象征，也是自信的体现。管理会计学术体系建设，必须以哲学社会科学的发展为指导，主动服务于企业实践，并在全球管理会计知识体系中贡献自己的力量。

1. 管理会计理论与实践结合促进学术繁荣。管理会计作为一门应用性学科，学术界与实务界对管理会计定义的理解与认识一直以来都有很大的分歧或差异。从学术界角度看，管理会计究竟属于"会计学"还是"管理科学"，一直以来争论不休。就管理会计学科本身而言，由于管理会计与财务管理、成本管理之间存在较大的重叠或交叉，有人质疑管理会计是否有单独存在的必要。随着20世纪末战略管理与管理会计融合的趋势增强，有人提出了战略管理会计的概念与方法，进而认为管理会计将融入管理学从而在会计领域中逐渐消亡。虽然这些观点都有一定道理，但却不乏片面之词。人类进入数字经济新时代，管理会计要用新的概念、术语等范畴来强化学科间的交流与沟通，通过研讨推动中国式管理会计现代化建设，围绕中国特色管理会计话语体系的构建，在理论与实践结合的基础上，为管理会计学界提供了一种典型范例与借鉴思路。在结合产业政策拓展管理会计的宏观与中观理论方面，首先需要对现有产业集群进行调查摸底，管理会计学术界要积极配合，并对产业集群形成的结构性价值动因与执行性价值动因进行深入剖析，以寻求未来中国产业集群发展的方向。国家宏观层面的战略规划是在粤港澳大湾区、京津冀、长三角、成渝地区重点打造一批

空间上高度集聚、上下游紧密协同、供应链集约高效、规模达几千亿元到上万亿元的战略新兴产业链集群，从而为"内循环与外循环"的双向互动奠定基础。其次，要从成本管理视角总结"双嵌入"的成功经验，对目前的嵌入方式及其与产业集群的关联性进行理论指引。主流的观点认为，要积极实施好四大战略：一是"引资紧链"。为外资提供上下游配套的"溢出"效应。二是"技术补链"。通过找差距与补短板，寻找集群自身缺失的关键技术与关键环节。三是"市场强链"。以"进"促"出"是当前比较现实的一种方式或手段，一方面通过扩大内需市场逐步替代过去单纯的出口导向，另一方面改变"走出去"的方式或路径，将国内互动与国际联动紧密嵌套在一起，比如东部沿海地区与内地，以及东北地区的经济互动与循环等，促进内部大循环的有效运转。四是"组织固链"。从纵横两个层面进行交叉固定，使组织机制更具弹性（刘志彪，2020）。此外，管理会计要发挥在价值链方面的学术研究专长，认真总结与提炼"链长制"的创新经验，结合"双循环"新发展格局的需要，通过国内"链长"与国外"链长"的沟通交流，提高我国产业链在全球产业链中的地位，增强中国产业集群在全球价值链中的话语权。

从实务界视角看学术研究，20世纪60～70年代理论界追求管理会计的精致性，重点放在对模型与工具的研究上，但是研究人员并不重视与实际工作者的互相沟通与联系。并且，其对管理问题的认识也不是来自实际公司的管理活动和决策需要，研发了许多没有应用价值的模型工具，存在明显的理论与实践脱节现象。我们要从历史维度和现实视角，对影响管理会计的要素及其变迁进行合理阐释和学术研究，寻找管理会计学术形成与发展的历史渊源，确立管理会计研究的概念特征、逻辑关系、工具应用等。从"共同富裕"政策给管理会计学术研究带来的影响及其客观机遇观察，理论指导实践、积极构建学术话语体系具有重要的现实意义。2022年6月，《会计研究》主编、博士生导师周守华教授在腾讯网络会议室做了主题为"财富计量、会计发展与共同富裕"的讲座。他从历史和哲学角度深入剖析了财富计量、会计发展与共同富裕三者之间的关系，强调企业要从传统的股东"财富"的狭义中跳出来，全面考虑社会财富和自然财富等内容，以符合习近平总书记提到的"计天下利"的希望和要求。首先，从财富形态演进及其计量需求、财富计量尺度和货币形态演进两个角度探讨财富计量对推动会计进步的作用；其次，从会计计量财富的范围、目的、立场、特性、内容和报告等方面阐释了基于财富计量观的会计理论框架；最后，全面分析会计发展促进共同富裕的作用机理，并提出在共同富裕道路上会计需要解决的问题。周守华教授的讲座涉及财富计量的核算简化到新时期分配制度的复杂化，再到会计发展面临共同富裕政策与方法的应用不足，进而进行反思，并在数字化背景下开展成本效益分析，优化共同富裕的行为对策等内容。亦即，符合"简化—复杂化—缺少应用—反思—成本效益分析—行为研究"这一管理会计学术研究的演进趋势，是管理会计学术追求理论与实践结合思想的体现，即"理论指导实践，解释和预测实践"的学术理想（张朝宓和熊焰韧，2006）。因此，管理会计研究聚焦于实践关注的问题，是管理会计学术在理论与实务工作中发挥作用的必要条件，也是研究者理解和解释管理会计行为规律，从而推动管理会计理论研究的客观基础。

2. 管理会计理论研究注重实践情境。当前，世界正经历百年未有之大变局。在世界多极化、经济全球化、文化多样化、社会信息化的深入发展和持续推进下，新一轮科技革命和产业革命促进各国联系更加密切，人类更加相互依存、命运与共。社会学科的学术研究要围绕我国和世界发展面临的重大问题，着力提出能够体现中国立场、中国智慧、中国价值的理念、主张、方案。党的二十大报告指出，中国式现代化的本质要求是，坚持中国共产党领导，坚持中国特色社会主义，实现高质量发展，发展全过程人民民主，丰富人民精神世界，实现全体人民共同富裕，促进人与自然和谐共生，推动构建人类命运共同体，创造人类文明新形态。作为管理会计学术情境的中国式现代化，需要借助于改革开放加快建设现代化经济体系。管理会计作为现代化经济体系中的重要组成部分，是微观主体稳定健康发展的制度保证。管理会计创新有助于提升经济主体的自主性、可持续性和韧性。在现代化经济体系中，以企业为代表的实体经济是我国经济高质量发展的重要载体与实施主体。中国式现代化必须充分发挥企业管理会计的功能作用，努力扩展管理会计的管理控制系统和信息支持系统功能。中国式现代化视角下的管理会计，必须从宏观、中观与微观融合的视角推进改革创新，促进宏观的管理中性、中观的管理韧性与微观的管理弹性；必须以中国式现代化为理论情境开展管理会计学术研究，积极拓展管理会计学术的时空边界，强化产业或集群区域企业的创新发展，助力企业提高效率与效益。管理会计的结构性动因与执行性动因映射出宏观经济变化所延展的经济内涵，是产业经济转型升级与企业增强活动的重要体现或理论发展。围绕中国式现代化打造具有中国特色的管理会计理论与方法体系，是丰富或扩展现代化经济体系的内在需要，也是增强我国管理会计自觉、自信的客观追求。从现实角度讲，管理会计创新由中国式现代化的理论抽象延展至现代化经济体系的实践具象，体现的是"实践—理论—再实践"的产业内涵扩展路径下企业发展的客观规律。中国式现代化下的管理会计创新有助于重新梳理现代化经济体系中的逻辑框架，丰富企业实践中的预期内涵，尤其是"共同富裕""数字中国"等背景下的商业模式与智能互联等数字产品业态整合后的多维度企业管理模式（张文魁，2022）。由高质量发展推动的中国式现代化，需要企业主动学习和借鉴国内外企业的成功经验，使先进的管理会计理念及其指引系列中的工具方法有机匹配，不断充实管理会计实践的深刻内涵，促进管理控制系统与信息支持系统功能的丰富与发展。

2019 年 3 月 4 日习近平总书记看望参加全国政协十三届二次会议的文化艺术界、社会科学界委员并参加联组会时说，"哲学社会科学工作者要多到实地调查研究，了解百姓生活状况、把握群众思想脉搏，着眼群众需要解疑释惑、阐明道理，把学问写进群众心坎里"。① 面对近年来，中国学者在国际上涌现的大量论文，科斯（2023）提出建议，即中国经济学者要从黑板经济学回到真实世界。他说："我相信经济增长的秘诀是分工，而研究分工就必须考察真实世界。过去半个世纪以来，我一直在呼吁我的同行们从黑板经济学回到真实世界。但并没有什么效果，我的同行们似乎不大愿意听我的劝告。中国有那么多优秀的年轻人，那么多优秀的经济学者，哪怕只有一小部分人去关心真实世界，去研究分工和生产的制度结构，就一定会改变经济学。我始终对中国寄予厚望！"调查研究是谋事之基、成事之道，是我们做好各项工作的基本功。哲学社会科学作为观察分析研究社会现象、探讨经济社会发展规律的工具，只有深入现实生活调查研究，方能

---

① 哲学社会科学工作者要多到实地调查研究 ［EB/OL］. ［2023 – 05 – 08］. https：//baijiahao. baidu. com/s？ id = 1765330546345789745&wfr = spider&for = pc.

把握社会发展方向、感知时代脉搏（李晓阳，2023）。在管理会计学术体系方面，我们要紧密结合中国企业的具体实际，在中国特色经济学和管理学等理论指引下大兴调查研究之风，加强多学科交叉研究，响应教育部"新文科"建设号召，深化管理会计知识结构的升级与换代，将理论研究与企业实践有机结合起来。在管理会计学术话语方面，要围绕宏观经济政策，夯实微观企业主体实践，发现新概念、开拓新边界，诠释新表述，结合供给侧结构性改革与需求侧管理，加强管理会计的结构性动因与执行性动因研究，使管理会计学术研究不仅在国内外学术界引发高度关注，也融入企业实务工作者日常工作及实践感受之中。

（二）管理会计实践丰富学术研究思想

从管理会计的整体发展视角考察，面对新经济时代的组织发展，财务会计中的会计准则或相关规范相对于实践出现了滞后迹象。传统以财务会计为主的学术体系难以满足数字经济背景下的核算与监督管理需要，无法全面、客观、系统地反映企业真实的价值创造与价值增值需求，尤其是受经济学范式变迁与管理学文化演进的影响，财务会计面临转型的客观需求。

1. 管理会计功能体系的丰富与发展。财务会计转型的重要方向之一就是向管理型会计靠拢，这对管理会计功能体系的创新发展提出了新要求。

（1）管理会计信息支持系统的范围扩大。以人工智能为代表的数字技术在管理会计中的应用，不仅促进了信息支持系统不断丰富与发展，也使智能管理的控制手段有效地替代了部分人工和组织间的协同流程。从学术角度总结，嵌入数字技术的管理会计将促使管理会计实现以下几个方面的转型升级：一是智能化制造的升级。比如，通过智能工厂等实现机器的集成和精确的库存管理，以消除库存缓冲和猜测。通过优化制造过程中的物资用量、提高存货周转率，即从车间去除多余的材料，帮助减少库存和浪费。并且，还可以针对自动存储和检索系统设置用于补充物料的看板规则。此外，通过制造过程中的可视化，跟踪车间所用物料的使用情况，将物料补给所需的时间几乎降至零。二是智能化管理的升级。在业务层面，利用实时数据和洞察，提高响应能力、质量和准确性，开发智能工作流程，通过重新塑造工作方式，将 AI 和自动化技术融入日常任务并在集成更多流程和任务的过程中，为员工和客户创造更大的价值。同时，助力企业轻松实现业财融合与业财一体化，亦即利用智能工作流程转变管理会计职能，实现财务数字化转型与智能财务共享。三是组织制度的升级。通过智能化的扁平结构以及柔性的组织管理，无缝地构思、构建、评估、迭代和扩展解决方案。通过构建伙伴关系组织，在业务、设计和技术方面集思广益，发挥制度的优势，快速组织团队，实现价值并采用突破性技术。总之，大数据与人工智能等技术是相互贯穿的，从信息支持系统的角度讲，智能化的管理控制需要借助于数据挖掘、网络爬虫、自然语言处理、可视化分析以及深度学习等数字技术，以提高企业组织的管理效率，强化风险管理，增强预测和规划企业的管理会计功能。数字技术应用带来的技术成本和管理成本的降低，为管理会计学术体系的"落地生根"发挥积极的推进作用。

（2）管理会计管理控制系统的边界拓展。企业数字化转型将拓展管理会计的控制系统功能，使传统业财融合向大数据管理转变。宏观与中观层面的数据作为一种生产要素，在企业实践中往往以数字资产的形式发挥其价值创造与价值增值的作用。大数据的管理会计功能系统基于生产要素的创新发展，积极构建以数字资产为代表的管理会计的智能化工具，增强企业自主治理的基本技能。管理会计学术体系需要在信息支持系统功能的基础上，增强管理控制系统的自我迭代能力以及感知环境、智能决策和风险控制的能力。管理会计控制系统边界的扩展是由大数据、人工智能、物联网、5G移动技术，以及区块链构成新的以数据为基础的智能控制框架。基于大数据的智能化管理控制系统为管理会计学术体系的完善与发展提供了物质基础，扩展包括算法、感知、认知的智能化控制边界。管理会计的价值创造与价值增值，在时间与空间，产业与行业的分布结构中增进了社会价值理性的理念，管理会计的决策体系依托"大数据＋云计算"增强了管理者的感性体验。随着智能互联产品为代表的价值链延伸，供应链与产业链之间的成本效益生态圈将促进管理会计工具的智能化认知能力，比如提升管理会计控制系统的资源配置能力、决策技术支持能力以及数据转化能力和数据可视化等价值发现能力。与此同时，现在强调共同富裕，实施"三次分配"等具体措施，管理会计的实证研究必须注重实践情境。即，通过信息支持系统功能帮助利益相关方从全局上来理解公平与效率的关系，不同的收入阶层共同适应和助力一个制度和政策优化过程，共同来促进共同富裕是管理会计面向实践的内在体现。初次分配、再分配和第三次分配，是合成一个复杂的系统工程，是三种原则的统一，即效率原则、公平原则、道德原则，不是打富济贫，更不是搞平均主义。初次分配要注重保护产权、公平竞争，使生产要素充分流动，调动统一大市场的活力与潜力，通过让市场发挥决定性作用，使供给侧生产要素的各种潜能充分发挥，生产力不断发展，经济活力不断增长，从而在源头上解决好如何"做大蛋糕"的问题。在初次分配基础上的二次分配，更多考虑怎样"提低、扩中、限高"，体现在使分配结果适当的均平化，这是一种对效率激励和防止收入差距过大两个维度的权衡。第三次分配由非政府主体自愿地在道德伦理驱动下，以捐赠和资助等无偿方式做公益慈善，帮助低收入阶层和受灾民众。政府也需要以制度安排和政策引导、调动非政府主体从事公益慈善的积极性，以发展公益慈善事业的形式，进一步扶助弱势群体，促进整个社会和谐发展。

2. 管理会计学术的实践有效性。管理会计学术研究要引导企业正确理解国家的政策措施。从共同富裕政策看，当企业的价值创造与价值增值能够使国家的经济发展实现增长，分配更加合理，人民生活更有保障，就体现了学术研究的动态平衡特性。党的二十大报告对"共同富裕"高度关注，改变分配体制是学术研究的焦点。为了实现共同富裕，突出分配结果的平均特性，而忽视奋斗的富裕本质，这相当于一种新的大锅饭模式，并会丧失发展活力；如果分配过于悬殊，虽然能调动个体积极性，并支持微观效率，但必然会导致一些社会弱势群体的不满，影响社会安定，这种情况下的公平与效率将是一种"坏"的制度安排。要加强管理会计学术研究，从动态平衡角度积极予以化解，"要坚持按劳分配为主体、多种分配方式并存，构建初次分配、再分配、第三次分配协调配套的制度体系""努力提高居民收入在国民收入分配中的比重，提高劳动报酬在初次分配中的比重。坚持多劳多得，鼓励勤劳致富，促进机会公平，增加低收入者收入，扩大中等收入群体""当前财富积累速度很快，但财富差距在扩大，在推动共同富裕的背景下，就需要规范财富积累机制，增强财富分配公平性，缩小财富分配差距"，以防止出现"富者累巨万，而贫者食糟糠"的现象。"必须规范收入分配秩序，规范财富积累机制，保护合法收入，调节过高收入，取缔非法收入"。"共同富裕"作为社会主义的本质要求，是中国式现代化的重要特征，管理会计创新需要引导理论研究，尤其是管理会计的定量研究主动实施宏观转向。即，服务于宏观经济的新发展格局，实现中国经济的高质量发展。当前,"共同富裕"下的社会责任成本等管理会计工具"供给"相对不足,加快管理会计的创新与整合,从宏观经济的"双循环"需求出发,设计并开发企业内部管理会计的工具方法,需要主动作为、有机协调。比如,将前景展望、未来管理等纳入企业发展战略的框架之中。

构建中国管理会计的学科话语体系,需要把握时代脉搏,紧跟全球技术进步的新趋势。近年来,我国网络购物、移动支付、共享经济等数字经济新业态新模式蓬勃发展,走在了世界前列。随着信息技术和人类生产生活交汇融合,互联网快速普及,全球数据呈现爆发增长、海量集聚的特点,蕴藏着巨大的经济社会价值,亦即,数据要素是数字经济深入发展的核心引擎。大型企业在发挥竞争优势的同时,需要主动承担科技创新责任,尊重中小企业的数据资产权利,克服盲目无序的资本扩张。国家宏观层面开展的"防止资本无序扩张"并不是要打击资本,而是要正确维护资本的属性。一方面,资本是一种逐利的经济范畴,它要追求利润,谋求利益;另一方面,资本在追逐利润的过程中,有可能和国家的宏观政策相偏离。管理会计学术研究要以这些内容为假设,开展具有针对性的实证检验,以增强企业家们的信心,提高投资与消费的积极性。判断资本是有序运行还是无序扩张的主要指标,是以"国家的宏观经济政策是否协调"为判断标准的,任何企业在逐利过程中都要注意维护国家的宏观政策,加强主动沟通与协调的积极性。管理会计学术研究要为扩大内需提供信息支持,吸引跨国企业、外国资本、国际人才的积极参与,在制度型开放的"双循环"战略下引入外资"共谋发展"。管理会计要通过结构性动因与执行动因的相互配合,引导学术研究的正确方向,使企业在市场竞争中巩固自身的有利地位,更好地适应外部环境的变化。长期以来,我国制造业主要以满足低端、低质量、低价格需求为主,存在"低端锁定"的风险。同时,供给结构与需求新变化不匹配,一定程度上导致供给不足。加之,国内制造业企业自主创新能力弱,存在大而不强以及核心技术受"卡"等现象。中国需要的是硬科技的突破,而非无序资本扩张形成的模式创新甚至监管套利。当前,面对"双循环"新发展格局,通过需求侧管理,引导传统的"双嵌入"①

---

① "双嵌入"是改革开放初期沿海地区企业嵌入全球价值链的一种外在表现,即企业既嵌入国内主导的产业链,同时也嵌入全球跨国公司、发达国家主导的产业链。

与"双循环"有机融合（刘志彪和吴福象，2018），借助于"双循环"下的管理会计执行性动因研究，使进口的需求端发挥引导作用，并以此作为风向标引领国内企业展开"需求侧"的研发与创新，依法规范和引导我国资本市场健康发展，通过资本结构优化等手段大幅提升制造业企业的财务管理效率与效益。

二、管理会计时空维度为学术研究提供理论框架

管理会计强调时空价值，且在学术研究中占有重要地位。通常认为，时间是管理会计中的计量动因，时间管理是实施成本管理战略的重要工具。空间管理则注重管理的韧性，通过动态的视角寻求时间与空间融合的管理思想和工具方法。"应用环境"作为管理会计的首位要素，倡导的就是注重实际，时空关联的价值创造与价值增值。

（一）管理会计学术研究的时空维度

无论是财务会计还是管理会计，时间维度与空间维度的思考都是重要的。相对来讲，时间是最公平的，优化管理会计决策中的时间维度，并结合空间维度加以创新管理，往往具有较高的研究价值。

1. 时间导向理论下的管理会计。社会心理学中的"时间导向理论"（time orientation）及其构建的理论模型，深受管理学研究人士的欢迎，也常常被管理会计学者用来研究长期或短期的经济效应问题。基于"时间导向理论"，管理会计视角对企业的时间认知、体验以及行为，受管理者或决策群体的影响，存在一定的不确定性，对此，可以采用诸如"时间洞察力"（time perspective）等新的概念加以配合。从管理会计角度讲，以"时间导向理论"为依据，企业对过去、现在和未来的主观偏好将成为管理者作出科学决策的制约因素或条件。管理者自身的"时间洞察力"会对战略作出不同的选择，进而对企业的目标、行为、结果产生进一步的影响。与"时间导向理论"相关的一对概念是"管理者短视"（managerial myopia）和"短期主义"（short-termism）。尽管这两个概念都被用来描述企业因追求短期收益而牺牲长期战略的行为特征，然而，两者的区别还是很明显的。即，"管理者短视"是指企业管理者有关战略决策的表现特征，主要是对短期回报的过度追求。"短期主义"则是指管理者忽视长期稳定发展的重要性，过

于考虑自身的时间因素（任职期限等），从而形成相关的偏好及其可能的结果。从时间导向上看，面对资本市场的压力，"管理者短视"会影响企业对创新等财务活动的投入。而"短期主义"则属于组织系统的内生问题。或者说，是组织内部的系统性问题（Laverty，2004）。

"时间"作为一个自然变量，在管理会计研究中的应用是较为普遍的，如时间作业驱动中的 ABC/ABCM 工具等。"时间"的一个基本特征在于客观存在与行为变化之间具有密不可分的性质。对待时间的态度归纳起来大体上有两种：一种是"牛顿时间"，即认为时间是可逆的或对称的；另一种是不可逆时间（Dopter，1988；Radzicki，1990）。管理会计中的时间具有"牛顿时间"的属性，如生产流程的循环往复；又有动态的时间理念，即时间具有不可逆性（冯巧根，2021）。管理会计作为一个信息支持系统，在某一时间期间内（季度、年度），如果不能实现企业的目标，可能再也没有这种机会了。从这个角度讲，时间具有不可逆性。安达信（2000）提出了表示时间的利益概念，即"利益速度"（profit velocity）。具体地讲，利益速度就是指单位时间（如每分钟）能够产生的收益情况。它的基本思路是，在企业实践中，对于妨碍车间整体生产数量及现金流提升的"瓶颈"，可能导致时间的损失，进而对产品及车间设施产生的收益带来重大影响。可以借助于获取利益的速度来观察这一"瓶颈"，比如，采用每分钟收益的时间分析方法。换言之，"利益速度"概念的提出为发现这种"瓶颈"产生了重要的启示，并且在企业实践起到了关键作用。即，借助于与此相关的有用数据，可以为管理者选择最具收益力的高性能产品组合提供决策依据。重视"时间导向理论"下的价值协调，实现企业的可持续性成功是管理会计的基本原则之一。企业中时间管理应用得比较成熟的典型企业，还有京瓷的"利速链理论"。该理论是在安达信利益速度的基础上，强化"链条"的系统功能作用。即，一味地节省，只能产生生产能力的剩余，对于整个"链条"并没有产生收益。京瓷的贡献在于，重视减少时间管理中存在的机会损失。比如，利用岗位上精简下来的员工改善企业的工作流程或方法，即改善工程、开拓产品新的用途、开发出新的产品等，进而提高整个"链条"的效率与效益。"利速链理论"围绕共同的愿望和高水平的目标，积极消化制造部门产生的剩余生产能力。或者说，该理论是一个由某组织的提速引发其他组织连锁提速的利益链机制。相反，如果某一组织跟不上这一运行机制，则必须退出该"链条"。

2. 空间视角下的时间管理会计。长期以来，基于动态视角对时间价值进行管理的研究，深受经济学的关注。经济学研究中出现的时间成本（time costing）一般指的就是时空观上的价值管理，管理会计限于"规则维度"的制约，这方面的研究相较于经济学有所滞后。马克思的时间观就具有综合性的内涵，如在他撰写的《政治经济学批判（1857 - 1858 年草稿)》一书中指出："真正的节约（经济）＝节约劳动时间＝发展生产力"。如果说马克思的时间观过于宽泛，那么，加里·贝克尔（Gary S. Becker）的时间成本就较为直接和具体。贝克尔于 2004 年获得诺贝尔经济学奖，他是最早将时间成本概念引入家庭经济行为分析的学者。并且，认为时间是有价值的，是一种机会成本。管理会计中的时间成本有其自身的特点，比较注重在费用分配中的应用。比如，前面提到的时间作业成本管理，就是一种时间成本应用的延展。时间成本管理是将领先时间作为成本驱动因素进行间接费用的分配，通过构建领先时间的基准分配率，来体现管理会计中价值创造的动态性。该方法的目的体现在两个方面：一是适应领先时间的要求，有助于寻求降低产品成本的计算方式；二是成本的降低便于在瞬间得到明确。与安达信的"利益速度"相对应，时间驱动下的管理会计有"货币流速"（money velocity）这一对应的概念。亦即，"货币流速"是时间驱动成本管理中的核心概念，它着眼于公司（或者利润中心）内外部货币流动的速度，具体包括货币流入流出速度、固定的产出流、变动的产出流等。其目的是克服传统成本计算方法中存在的缺陷，比如，当销售比率随时间变化时，那些具有单位最大收益的产品或服务，往往难以体现出单位时间的最大收益。管理会计的这种"时间"概念，从根本上排除了在实验基础上得出一般性结论的可能性。客观地讲，任何事物都是其他事物的原因，万事均在变。即，必须从动态视角考察管理会计。换言之，在社会系统中，一切事物都相互依存，根本不存在什么一般均衡。或者说，即便存在所谓均衡，也是一种相互博弈的"螺旋式均衡"，即动态变化下的基于空间视角的时间价值平衡。

当前，"生态"与"体验"正在成为管理会计创新实践中的新概念。从生态视角权衡管理会计创造顾客价值的程度，需要对时间价值的计量进行划分，比如分为价值获得（gain）和价值失去（loss）两个部分。相应地，对时间价值的感知划分为无差异区域、边际效用递增和边际效用递减（Festjens & Janiszewski，2015）。比如，退休在家人员可能会对时间价值存在无差别的感知等。体验经济中的"时间流"（timeflow）概念是管理会计中常用的典范。"时间流"是指从行为体验的空间维度来定义时间，是个体在当前的某项管理会计活动中所感知其行为体验的时间过程。影响个体"时间流"的主要因素包括感知因素和情绪因素。对时间的感知是人类最基本的能力，时间知觉能力几乎会影响所有认知过程的演化（Gerstner，2012）。比如，每个人都只有一次 20 岁、30 岁、40 岁等。情绪影响个体对时间的感知和判断（Wittmann，2009）。有的实证检验论文提出，学者投稿需要关注时间窗口。即，该学者研究结论认为，周二投稿被采用的概率最高，因为这一天编辑情绪最好。"时间流"除了日常的经营行为体验外，还会对跨期摊派等成本费用行为产生影响。这除了情绪因素外，还与经营者对未来创造价值的感知紧密相关。在"时间流"的管理过程中，经营活动的情境因素以及企业拥有的未来收益能力是企业制定跨期摊派等会计政策决策的主要因素（Lempert and Phelps，2016）。

近年来，随着"大智物移云区"等数字技术的发展，人类进入了数字智能化的时代。时间驱动的战略管理使管理会计向空间维度延伸。比如，将大数据中的非结构性数字转化为结构性数字，使数字资产转变为数字资本等。空间视角的时间驱动管理会计不仅需要重构经济社会的规则体系，还需要将静态的数字资产规则化。否则，在数字资本推动下会呈现出价值管理的诸多空间属性，管理会计创造价值的时空界限也难以得到维护。客观地讲，数字资本使管理会计的价值创造与价值增值有了对空间维度拓展的功能冲动。现实中，随着数字资本逐渐从产业资本相对稳定的价值结构中分离出来，传统资本控制的方式需要更新，必须寻找一种新的价值创造方式加以支撑，恰好管理会计提供了这种可能性。即，"资本的空间价值集聚和空间增殖形态"使"资本空间化"转向了"空间资本化"。可以预见，数字资本将替代产业资本成为当代资本发展的新形式（白刚，2021）。从管理会计的价值创造功能观察，数字资本可以不受到空间地域经济的影响，凭借数字逻辑和经营权力便可以在遥远的任何一方操纵企业或组织，使企业价值增值变得更加复杂，会计的确认、计量、记录与报告面临新的挑战。在数字资本的人工智能等控制下，虚拟空间的运作成为比传统实体空间运作模式更加隐蔽，收入的多次确认，使企业之间的利益平衡被不断打破。基于数字资本的空间管理会计，一方面打破了价值实现的空间界限，另一方面扩大时间价值的空间范围，迫切需要管理会计理论创新并开发出适应时空维度的管理工具与方法。

（二）管理会计学术研究的理论体系

数字时代，智能化在企业中的应用越来越普遍。管理会计学术研究必须强化智能化的功能作用，管理会计人员需要不断提高自身能力。管理会计工具的智能化是学术机制形成的一个重要标志，它借助于一定规则实施交互运作来模拟和执行既定的业务活动或流程，能够代替或者协助人类在计算机、手机等数字化设备中完成重复性工作与任务。构建管理会计学术研究的理论体系，必须注重数字化转型，强化智能化的应用情境。

1. 基于管理会计要素扩展的理论框架构建。近年来，企业发展面临的外部环境可以说是"瞬息万变"，管理会计实践中的重要性受到人们的质疑。从历史的角度来看管理会计学术发展，这些变化只是管理会计成长与发展中的一个节点。对于我国企业来说，不能因为广大的中小企业还在手工记账，就认为数字技术离中小企业会计活动很远，数字化趋势是不可阻挡的。学术研究必须在技术手段上积极且主动地创新与发展。要将数据资产作为管理会计理论体系中的重要组成部分。当前，数据成为新型生产要素。数据要素具有降低成本的作用。数据要素本身就是生产要素的重要组成部分，数据要素市场能够实现各市场主体的高水平协同，有效提高数据要素在生产、分配、流通等各环节配置资源的效率，提升社会生产力，这是支撑全国统一大市场由大到强的关键。再者，数据要素市场具有天然的统一属性，可促进数据要素跨区域、跨行业高效联通，降低企业获取生产要素和开展创新活动的成本，促进政府、企业及个人等数据资源对接和共享，提高市场运行效率，这是支撑全国统一大市场降本增效的关键。再次，数据要素赋能劳动力、资本、信息等其他要素，打破市场主体间存在的各种壁垒，更好实现资源供需的动态均衡，减少资源错配、浪费，这是支撑全国统一大市场内优化资源配置的关键。这三个"关键"能打通全国统一大市场建设中许多"堵点"。生产力发展是人类社会发展的决定力量。党的十九届四中全会《中共中央关于坚持和完善中国特色社会主义制度、推进国家治理体系和治理能力现代化若干重大问题的决定》增列"数据"作为生产要素，反映了随着经济活动数字化转型加快，数据对提高生产效率的作用日益凸显。数据作为新型生产要素，对生产方式变革具有重大影响。比如，以数据为关键要素推进数字产业化和产业数字化，推动数字技术与实体经济深度融合。需要大力推进数据资源化、要素化、市场化发展，充分发挥市场在资源配置中的决定性作用，更好发挥政府作用，确保数据资源优化配置到生产实践中。促进数字技术和实体经济深度融合，赋能传统产业转型升级，催生新产业新业态新模式，充分利用海量数据要素，大力发展数字产品制造业、数字产品服务业、数字技术应用业、数字要素驱动业等，能够为经济发展培育新的增长点；适应不同类型数据特点，以实际应用需求为导向，探索建立多样化的数据开发利用机制。鼓励市场力量挖掘商业数据价值，推动数据价值产品化、服务化，大力发展专业化、个性化数据服务，促进数据、技术、场景深度融合，满足各领域数据需求。将数据要素与其他生产要素有机结合，能够提升其他生产要素的匹配效率、激发其他生产要素的创新活力，进而提高生产质量和效益。

数字技术可以有效解析多元异构数据，挖掘数据价值，重构业务流程，创造数据价值。习近平总书记指出："要构建以数据为关键要素的数字经济""做大做强数字经济，拓展经济发展新空间"。[①] 在现行的《管理会计基本指引》的前提下，主动将数字技术嵌入"管理会计应用指引系列"的工具方法之中，加强数字经济和管理会计的深度融合，加快推动企业数字化转型和产品业态的创新。作为市场主体的企业，其管理会计数字化是企业数字化转型的一个重要组成部分。比如，借助于人工智能技术，利用自动化的信息识别和作业流程，处理大规模重复和规则的操作业务，并利用认知智能自主优化操作型业务，以代替人工流程。人工智能是实现智能制造与智能管理的应用科学，包括感知智能、运算智能和认知智能。感知智能包括图像识别、语音识别、指纹识别、人脸识别以及其他生物特征识别技术。运算智能包括机器人流程自动化、机器学习、深度学习、自动稽核、自动分析等技术。认知智能主要是模拟人的思考、识别、分析和判断能力等，包括知识图谱、自然语言处理以及深度学习等。认知智能逐步向场景

---

① 构建以数据为关键要素的数字经济 [EB/OL]. [2022 – 06 – 23]. https：//baijiahao. baidu. com/s？id = 1736395386678415941&wfr = spider&for = pc.

化、贯通化、数据化和智能化方向发展。数字技术的实时化和动态化特性，使企业管理控制的手段发生改变。通过广泛整合数字技术的应用联盟及其网络平台主导企业，加强生产商、供应商和代理商之间的广泛协作，使它们形成利益共同体。借助于智能制造与智能管理拓展管理会计的功能边界，发挥企业组织在产业链和价值链的应有作用。同时，政府通过数字化改革，引导广大中小企业主动嵌入大智物移云区等数字技术，使主导平台发展的大企业加快实现业务驱动财务、管理规范业务、数据驱动管理的管理会计目标，围绕平台应用的自主化、数字化、去中心化、共享化、协同化和智能化向前推进，使管理会计的边界不断延伸，并且，在政府的各项政策引导下，数字技术平台的各项应用成本持续地呈现下降的态势。

2. 将"能力"嵌入管理会计的学术评价体系。评价管理会计研究的发展趋势是困难的。从管理会计的"应用环境"要素来考察，由于企业面临的环境因素变化存在不确定性与不稳定性，当时被普遍看好的重大问题，回过头来看可能变得微不足道；相反的情况有时也会出现。对此，开展管理会计的历史评价具有一定的学术价值。通过整理和回顾管理会计研究的学术脉络，厘清管理会计概念的内涵与外延，不仅符合管理会计学科发展与理论建设的需要，也是突出管理会计地位与作用的内在要求。管理会计首先是"人"，即管理会计工作者，包括理论与实务人员。从会计执业资格考试来看，也分为 CPA 与 CMA。前者是注册会计师，是组织外部相对独立的为社会公众服务的会计人员；后者是注册管理会计师，是组织内部为管理者服务的会计人员。

管理会计具有两大功能系统，一是信息支持系统；二是管理控制系统。组织内的会计人员就是管理会计师，是否需要通过 CMA 认证，目前尚未作出明确规范。然而，管理会计为企业组织的管理当局提供信息作为其一项基本功能，能够提高管理会计人员在企业组织中的作用与地位。尤其是2014 年以来，我国全面推进管理会计体系建设，管理会计人员在承担提供信息支持作用的同时，还担负着管理控制的重任。它表明，无论是否有CMA 证书，只要为企业组织开展信息支持服务与管理控制行为的会计人员，都是管理会计师。当然，从提高管理会计人员的素质角度讲，制定相应的人才培养制度是十分重要的。管理会计在企业管理中的重要性将成为组织观念中的"新常态"。2014 年 10 月，时任财政部部长楼继伟表示，如果说打造中国经济的"升级版"的关键在于推动经济转型，那么，打造中国会计工作"升级版"的重点就在于大力培育和发展管理会计。相应地，美国管理会计师协会于 2016 年 11 月颁布了《管理会计能力素质框架》。美国管理会计师协会（IMA）在新发布的《IMA 管理会计能力框架》中，总结了五类、共计 28 项具体能力的管理和职业发展指南。第一类是规划与报告能力，包含 9 项具体能力要求；第二类是制定决策能力，包含 6 项具体能力要求；第三类是技术能力，包含 2 项具体能力要求；第四类是运营能力，包含 4 项具体能力要求；第五类是领导能力，包含 7 项具体能力要求。在聚焦五类能力的同时，《IMA 管理会计能力框架》还在确定了的 28 个管理会计核心胜任能力内，按能力程度的高低，把管理会计师的能力分为了入门级、初级、中级、高级和专家级五个级别，并针对每个级别给出了具体而详细的能力规定。

为了给公众提供高质量的服务，促进会计行业的稳健发展，人们提出了"会计人才能力框架"的概念。会计人才能力框架是从事会计工作或履行会计相关岗位职责应具备的能力和要求的组合，包括知识、技能、价值观等。自 20 世纪 60 年代起，美国注册会计师协会（AICPA）、国际会计师联合会（IFAC）、澳大利亚特许会计师协会（ICAA）联合注册会计师协会（ASCPA）与新西兰特许会计师协会（ICANZ）、英国特许会计师协会（ACCA）、加拿大注册会计师协会（CGA）、国际会计师联合会（IFAC）、管理会计师协会（IMA）与美国会计协会（AAA）管理会计部门（MAS）组成的工作小组均先后各自发布了不同版本的会计人才能力框架。这些能力框架几乎涵盖了各个层次会计人才能力需求，从专业角度强调了能力理论中的道德、知识、技能等个人特性等（何瑛等，2019），也为我国的会计人才能力框架的构建提供了有益启示。我国的会计人才能力框架的建立则起步较晚。《会计改革与发展"十四五"规划纲要》指出要开展会计人才能力框架研究工作，《会计行业人才发展规划（2021—2025 年）》提出要构建会计人才能力框架，显示出新时代背景下会计人才能力结构的复杂性和多样性。

三、管理会计研究完善学术体系的结构性特征

管理会计理论是构成完整体系的一组可以在实践中应用的概念和技术，包括用于财务决策问题的各种数学和统计的技术。管理会计学术研究的形

成机制涉及学术研究的结构组合及其运行规律。

（一）管理会计研究对学术体系的贡献

要探索管理会计学术研究的发展规律，既要客观反映管理会计的学科特征，也要兼收并蓄其他学科中对管理会计有用的成果，严谨对待管理会计的创新与发展，加强管理会计边界的变迁管理。

1. 管理会计理论研究对学术体系的影响。管理会计学术机制可以从内生机制与外生机制以及综合机制入手加以探讨。从内生机制来看，强化管理会计理论研究的自觉与自信，提高学术研究的质量，是研究者内生的驱动力。然而，仅依靠研究者的内生机制，往往达不到理想的研究目标，比如发表高档次（期刊级别等）的论文要求等。从内生机制来看，强化管理会计理论研究的自觉与自信，提高学术研究的质量，这是研究者内生的驱动力。由此逐渐形成的研究范式及其运行规律就会构成内生机制。

无论何种学术机制环境下，时间的投入都是十分重要的。管理会计与其他学科体系建设一样，要想拥有真正的国际竞争力，以及价值的原创精神，就必须很好地回答"钱学森之问"，要有"使命感"并且要经得起历史的检验。"钱学森之问"是关乎中国教育科技事业发展的一道艰深命题，需要整个教育科技界乃至社会各界共同破解。近年来，各国管理会计的规范化速度提高，英美与中国的管理会计机构纷纷发布"应用指引系列"。它表明，从共性（价值理性）的层面开展国际管理会计比较具有可行性。中国学者应带头总结与提炼符合中国情境特征的创新成果，管理会计也必然如此。否则，很难使理论思想或观念传播至同行业学术界。

2. 管理会计实践研究对学术发展的作用。管理会计实践研究对学术界的贡献可以从以下两个概念中加以体现，一是组织间资本共享；二是智能互联产品。"组织间资本共享"是产业互联网发展的一项载体，或者说是互联网生态下管理会计的一种工具。早期的组织间资本共享主要停留在共享经济的"剩余"视角，即认为：组织间资本共享是通过互联网生态提供的交易平台，将多余的人力、机器设备、厂房建筑和无形资产等资源的使用权进行让渡，并从中获取收益。当前，组织间资本共享正借助于产业互联网使生态系统不断扩展边界，形成一种动态权变的互联网生态新模式。以组织间资本共享为代表的产业互联网的发展，将使"互联网＋"变成"互联网×"，其互联网生态的效应将发生革命性的变化。"智能互联产品"是由硬件、传感器、数据储存装置、微处理器和软件等为载体，通过不同的方式加以组合而成的一类产品。智能互联产品包含 3 个核心元素：物理部件、智能部件和连接部件。智能部件能加强物理部件的功能和价值，而连接部件进一步强化智能部件的功能和价值，这就使得产品价值提升形成了良性循环。借助计算能力和装置迷你化技术的重大突破，这些"智能互联产品"将开启一个企业竞争的新时代。智能互联产品将改变现有的产业结构和竞争本质，在带来新机遇的同时，也将企业暴露在新的威胁之下。未来是产品之间竞争，或者说是模式与模式之间的竞争？可能都不对了。就像我们进入博士生学习阶段，现在我们还看谁读书"认真"？读书只是一种手段，你要学会利用它，并创新或组合它。光会读书、只会勤奋是没有用的！智能互联产品将迫使很多公司自问一个最基本的问题："我们从事的业务到底是什么？"物联网时代要求企业不应再局限于技术本身，而应聚焦于竞争本质的变化。智能互联产品对管理会计功能的影响："智能"和"互联"将赋予产品一系列新的功能，主要分为四类，即监测、控制、优化和自动。即，通过传感器和外部数据源，智能互联产品能对产品的状态、运行和外部环境进行全面监测。人们可以通过产品内置或产品云中的命令和算法进行远程控制。算法可以让产品对条件和环境的特定变化作出反应。有了丰富的监测数据流和控制产品运行的能力，公司就可以用多种方法优化产品，过去这些方法大多无法实现。将检测、控制和优化功能融合到一起，产品就能实现前所未有的自动化程度。此外，自动化产品还能和其他产品或系统配合。这些功能促进了管理会计功能的优化与升级。随着越来越多的产品实现互联，这些功能的价值将呈指数级增长。我们可以对实时数据或历史记录进行分析，植入算法，从而大幅提高产品的产出比、利用率和生产效率。

尽管我们可以将与物理世界中的物理智能对象的交互视为与虚拟仿真世界中的虚拟智能对象的交互不同，但是它们之间可以相互关联。人类使用位于物理世界中的智能对象模型来增强人类与物理世界之间的互动；位于物理世界中的智能物理对象可以为人类交互建模，从而减少人与物理世界交互的需求；通过对物理世界对象和人类作为对象进行建模，虚拟智能对象及其后续交互可以形成一个主要的智能虚拟对象环境。智能互联产品已经成为主角。2020 年中国国际服务贸易交易会（以下简称服贸会）展览展示活动 9 月 5 日拉开帷幕。开展首日，有近十万人次进场。参展企业表示，服贸会不仅为企业提供了重要合作平台，也为全球经济发展提供动能。参展企业展出了大量的智能互联产品，未来如何制定战略变得非常重要。比如，在不同价值诉求的多元文化中，如何寻找共同点。2019 年 8 月 19 日，181 家美国公司首席执行官在华盛顿召开的美国商业组织"商业圆桌会议"（Business Roundtable）上联合签署了《公司宗旨宣言书》。宣言重新定义了公司运营的宗旨，宣称：股东利益不再是一个公司最重要的目标，公司的首要任务是创造一个更美好的社会。CEO 们集体发声：一个美好的社会比股东利益更重要。成立于 1972 年的"商业圆桌会议"，对商业发展有着前瞻性引领作用。自 1978 年以来定期发布有关公司治理原则的声明。1997 年起，该组织发布的每份声明文件都赞同"股东至上"的原则，凸显公司的首要任务就是让股东受益，并实现利润最大化。然而，在最新发布的这份宣言中，商界领袖们转而强调，作为一个具有社会责任意识的企业，公司领导团队应该致力于达成以下的几个目标：向客户传递企业价值；通过雇佣不同群体并提供公平的待遇来投资员工；与供应商交易时遵守商业道德；积极投身社会事业；注重可持续发展，为股东创造长期价值。管理会计研究要由"股东至上"向创造"美"转化。股东利益依然很重要，但是，对于什么是正在变化中的股东利益应当有更为系统、长远和动态的认知；企业必须认真回答其在社会进步中的相关性以及所扮演的角色、所起的作用；企业战略决策的落脚点正在发生着变化，由经典企业战略向包含非市场战略和可持续发展在内多重组合因素的战略转移；以控制论的"总体性、系统性、动态性"全面把握新的"商业—社会可持续生态"中的企业社会责任实践新范式。

（二）管理会计学术研究的动态平衡性

管理会计研究中的理论与实践相关性，对学术体系的形成有重要的影响。对于管理会计学界来说，寻求理论与实践的动态平衡是管理会计学术体系形成的客观需要。

1. 基于理论与实践统一的管理会计学术机制。管理会计研究中一个普遍公认的事实是，理论与实践之间存在明显的差距，主要是指管理会计的概念和技术的实践情况与学术界的预期存在相当程度的不一致。管理会计信息不受公认会计准则的约束，在提供的信息范围与内容上具有决策相关基础上的灵活性。亦即，管理会计不仅需要过去的信息，更需要控制当前、规划未来的信息。管理会计服务于企业组织的决策需要，往往以项目管理的方式出现，其报告期间与报告内容因事因企而不同。或者说，它不受固定期限的影响，可以按月、旬、周、小时等进行反映，可以定期也可以不定期，对于规划未来的信息报告，可以是几年或几十年的情境表述。管理会计学术研究的形成机制可以从内生与外生，以及综合视角加以讨论。内生机制是以管理会计发展为内在驱动力的需求及其运作机理，管理会计学术研究需要用好内在的、自发的力量。一方面，需要以问题导向展开理论研究。通过详细分析管理会计的传统技术方法，发现其与现代管理需求不相符合之处，并提出改进的方法建议。典型的改进对策是增强管理会计技术方法的包容性，寻找"最好的工具"。即通过扩展传统的管理会计技术方法体系的边界来包容不断变化的外部市场竞争的环境及其制造技术的最新发展。另一方面，通过打破传统理论与方法的局限性入手，实施创新驱动。即，通过对企业的管理会计实践进行调查，在更宽泛的组织领域或者社会背景下评价和认识管理会计理论与方法的应用效果。或者，希望从总体的层面去处理管理会计理论与实践之间的关系，通过对管理会计发展的形成机制与规律入手展开研究。比如，以时间为线索，分析管理会计研究的已有文献，进而从中寻求规律。管理会计研究是一个不断放宽边界、简化知识体系的一个过程。亦即，注重管理会计的实用性，不拘泥于理论的高深，以及学科的"纯洁性"，而是偏向于实用主义精神。此外，管理会计学术研究需要站在历史的高度，采取更多批评性、争论性的方式对管理会计学科发展及其运行轨迹提出自身的看法，比如，提出对某一管理会计问题的彻底的改革，或者作出重大的修正。

以现代的眼光评价过去的事实，或者以现代的企业实践来评价传统的管理会计技术方法，这种视角是不符合历史研究方法的要求的。当然，提出的看法和建议可能基于未获得仔细鉴定的资料，或者是学者的个人所见；再者，受当初管理会计实践的背景局限，应用管理会计技术方法的效果也许是符合当时特定情境下的成本与效益原则的。当然，发现并了解丰富的历史传统对于现代管理会计研究是有价值的，如何促进创新探究其内在动因是什么还需要经过认真地比较研究。新制度主义理论认为，所有的实践活动都是高风险行为，在一个新兴行业中尤其如此。对于一个新兴行业，面临着两种合法性的不足：一是认知合法性不足，也就是说关于行业内的运作、生产商品与服务的知识并不普及；消费者对其商品或服务抱有怀疑与不信任的态度，投资者也不确定投资的风险，创业者也不知道如何运作企业、培训员工等。二是政策合法性不足，即法律制度与社会政策不一定认可该行业，创业者必须依靠他们的个人声誉，以及与其他重要企业或知名人物的联系，来增加自己创业活动的合法性。随着行业的发展与成熟，其合法性不断得到巩固，直到被社会广泛认可，此时新创企业在招募雇员、获取资源、拓展销售等方面都将更加容易，创业与企业成长对于创业者的要求变得更低了。

　　2. 基于"实践—理论—再实践"的管理会计学术研究外生机制。长期以来，我国的对外开放较为活跃，对内开放相对不足，一定程度上阻碍了国内大市场的形成及其规模优势的发挥，约束了经济主体"成本/效益"原则的灵活应用和自主治理。随着管理会计对外功能的不断扩展，以"实践—理论—再实践"为循环的学术研究需要面向外部不断完善外生机制。当前，面对外部市场环境对经济组织成本或收益的冲击，政府应从宏观层面加快建设全国统一大市场，制定相关的配套政策与措施，优化企业等经济组织的成本管理。2022 年 4 月 10 日，中共中央、国务院颁布了《关于加快建设全国统一大市场的意见》（以下简称《意见》），要求从全局和战略高度出发，加快建设全国统一大市场。"统一大市场"（integrated market）是经济全球化演进的产物，有助于促进市场功能的发挥（Williamson，1996）。我国早在党的十四大报告中就提出，要加快市场体系培育，尽快形成全国统一的开放市场体系。当前，面对"百年变局"，我国的海外市场面临严峻的挑战。亦即，世界格局的深刻变化使我们必须重视国内大市场的建设。事实上，"双循环"的关键点也在于"内循环"，这是中国经济稳定发展的基本前提。从高质量对内开放入手，加快建设全国性的"统一大市场"，积极推动产业转型升级，提高市场主体的效率与效益，是我国提升国际竞争力的客观需要。"统一大市场"下的统一制度、统一技术或标准，以及产业与集群区域组织的有机协调，可以为企业等经济主体提供更加宽松的营商环境，降低企业等经济组织实践中的流通成本、制度性成本等各项制约供应链与产业链畅通的不利因素，提高企业等经济组织的成本管理效率与经济效益。

要提高国家竞争政策、规则、措施等的有效性，加强经济体制改革，进一步推进高质量的改革开放。以互联网金融领域为例，管理控制系统要防止资本变相地利用科技，不能把金融利用科技说成是金融科技（魏杰，2022）。比如，把所谓的高利贷包装成普惠金融，导致企业融资成本不断上升，消费者融资费用不断上升。要充分应用管理会计工具方法正确引导企业的投资行为，未来有投资空间的产业包括战略性新兴产业、现代制造业、服务业和消费业。管理会计学术研究要围绕"双循环"加强供应链与产业链的管理，为企业管理与控制活动提供理论支撑。近几年，逆全球化风潮日盛，美国推动制造业回流以及东南亚等国际经贸形势冲击着中国的供给体系，我国在芯片、高端发动机、新材料、数控机床等方面存在短板。管理会计控制系统要在技术创新的人才激励、资金预算等方面加强支撑力度，管理会计要注重理论与实践中的重点问题，采用企业具有共识的、一般的或者简化的知识或工具开展学术活动。理论与实践本身就是一种动态的平衡理念，即在保持适当距离的同时又不至于偏离现实太远。对此，管理会计工作者需要在理论与实践两方面下苦功，既要深入企业实践，总结和提炼实务发展中遇到的新问题等，也要注重理论修养，多读些经典或有代表性的论著。亦即，倡导崇尚学术。崇尚学术是指同行评价的心理标准是学术性的而非行政或社会标准。营造崇尚学术的环境对于管理会计学术人才的成长是有益的，它有助于学者养成学术精神，追求管理会计理论从实践中来，再到实践中去的客观真理。要认真领会前人的观察体会，并且理解前人对企业存在问题的认知，问题提出的初衷，以及选择的各种既定条件或方法。在崇尚学术的过程中加强理论学习，在理解观点和深入实践的管理会计现象中舍粗取精，进一步增强学者的学术毅力。换言之，在崇尚学术的环境里，学术竞争为学者带来学术研究的乐趣，学术声誉激励学者进一步创新。只有将时间和精力用于学术研究和学术交流，才能提高管理会计学术创新的概率和质量。要基于"实践—理论—再实践"营造管理会计的学术环境，为学界同仁开展研究提供宽松的环境或有利的条件。

营造良好的管理会计学术研究氛围，为管理会计学术体系的形成创造有利的"实践—理论—再实践"的客观环境，促进管理会计人才的成长。然而，环境只为会利用环境的人提供成才的机会，而不能决定个体是否成才。不同的地理环境适于不同类型植物的成长，但相同植物在相同环境下却成长得不一样（阎学通，2022）。改革开放 40 多年来，我国已经成长为世界第二大经济体，塑造国际管理会计界认同的理论需求不断增强，与此相伴随的财政部"管理会计指引体系"所展现的国际协同的管理会计工具方法开始广泛推行，一些来自企业实践中的行之有效的管理会计理论与方法已经得到国际学界的关注。比如，海尔于 2005 年提出"人单合一"的管理会计工具就是典型代表。2021 年 9 月 17 日，张瑞敏和欧洲管理发展基金会主席埃里克·科尼埃尔联合签署首张人单合一管理创新体系国际认证证书，开创了中国企业从接受国际标准认证到输出的新时代。然而，从客观现状看，我国管理会计学术界能创造出成体系理论的学者必然是少数而不可能是多数。管理会计的学术研究和哲学社会学科的其他学科一样，具有基础研究的性质，没有经过系统专业训练的非专业人士很难懂得其研究成果的真谛。因此，构建"实践—理论—再实践"的管理会计学术研究社会环境，变得十分迫切与重要。

第二节　管理会计学术研究的基础与方法

在推进管理会计学术研究的进程中，基础学科的理论支撑十分重要。管理会计学术研究具有不同的目标与视角，其研究方法也展现出不同的思维特征。

一、管理会计学术研究对基础学科的影响

理论基础作为管理会计学术研究的思想源泉和先导观念，为管理会计学术的创新发展提供了文化价值观基础与思想保障等有力支撑。

1. 管理会计理论基础变迁的学术价值。管理会计学术体系的形成初期，深受影响的学科主要是管理科学、组织理论、行为科学，其中经济学特别是新古典经济学的边际分析原理对管理会计传统体系具有支配性的影响。我国仍处于并将长期处于社会主义初级阶段，仍是世界上最大的发展中国家。我国发展一方面具备难得的机遇和有利条件，但另一方面面临不少风险和挑战，发展不平衡、不充分、不协调等问题依然突出，发展仍是解决我国所有问题的关键。当前，新发展理念是我国经济发展的指导原则，是

由新发展理念的理论属性及其在实践中的重要作用决定的。发展理念是管全局、管根本、管方向、管长远的东西，具有很强的战略性、纲领性、引领性，是发展思路、发展方向、发展着力点的集中体现。发展理念搞对了，目标任务就好定了，政策举措跟着也就好定了。新发展理念是在深刻总结国内外发展经验教训的基础上形成的，也是在深刻分析国内外发展大势的基础上形成的，集中反映了我们党对经济社会发展规律认识的深化，也是针对我国发展中的突出矛盾和问题提出来的。新发展理念是发展理论的一场革命，完整、准确、全面贯彻新发展理念，涉及一系列思维方式、行为方式、工作方式的变革，涉及一系列工作关系、社会关系、利益关系的调整，是关系我国发展全局的一场深刻变革。在管理会计决策模型中，利润最大化用增加企业所有者的利润来表述。其内在学术理解是"股东目标与企业具有一致性"。早期的管理会计对这种一致性的理解是模糊的，当明确目标一致性后，若股东不参与企业决策，此时的管理会计就需要依赖于工具方法加以体现，比如以责任会计技术来实现目标的一致性等。经济学作为管理会计的理论基础，它以结构性与执行性相关的假定为前提，比如假设管理会计研究的是完全结构化的决策问题，或者决策者可以无成本和确定的方式得到所有需要获取的信息，并且运用边际分析的方法达到一个利润最大化的确定解，等等。显然，这种简单的经济学假定与现实世界存在明显的不一致性。客观地讲，管理会计理论研究的贡献之一就是，不断地努力放宽这些不符合实际的假定，探求管理会计实践的规律，演化对管理会计本质的认识。

开放发展理念丰富发展了马克思主义政治经济学的世界市场理论和中国特色社会主义政治经济学的对外开放理论。开放发展理念立足新的世界形势和新时代中国特色社会主义发展的内在要求，提出必须主动顺应经济全球化潮流，坚持对外开放，积极参与全球经济治理体系改革，推动构建人类命运共同体，为解决发展内外联动问题提供重要思路。政府从减少对企业过度干预的视角出发，需要借助于管理会计贯彻和执行相关的方针政策，以满足政府政策影响的预期目标。企业是有路径依赖的，传统的工具方法的改变，需要时间与空间的替换，是一个非常复杂的过程，面临许多的阻力和困难。改革开放40多年来，随着中国经济的迅速发展，研究"中国的管理会计问题"已经成为一种学术潮流。我国学者在这方面具有近水楼台之便，我们必须扩展研究视野，改进研究方法，认真总结中国经济与管理发展的进程和规律，特别是研究我国企业应用管理会计理论与方法的状况和规律。同时，主动融入国际同行的学术交流圈，进而展示我们的学术见解和智慧，并对世界经济学与管理学的发展，作出我们应有的贡献。中国的社会、政治与文化与欧美国家存在一定差异，管理会计学术研究要主动研究中国的现象，思考中国的问题，并致力于为国际管理会计同行树立中国的模板或标准。只有进一步深入贯彻开放发展理念，坚持实施更大范围、更宽领域、更深层次对外开放，推动共建"一带一路"高质量发展，积极参与全球经济治理体系改革，才能进一步利用好国内国际两个市场两种资源，不断开拓合作共赢新局面。党的二十大报告指出，"必须完整、准确、全面贯彻新发展理念""贯彻新发展理念是新时代我国发展壮大的必由之路"。在全面建设社会主义现代化国家新征程上，必须坚持以习近平新时代中国特色社会主义思想为指导，进一步深刻认识新发展理念在习近平经济思想中的重要地位，深入把握新发展理念对经济社会发展的指导意义。创新发展理念丰富发展了马克思主义政治经济学关于生产力发展理论和中国特色社会主义政治经济学关于科技是第一生产力的理论。马克思主义政治经济学从生产力和生产关系、经济基础和上层建筑的矛盾运动出发揭示了现代社会的经济运动规律，指明了社会生产力水平及其发展在其中具有基础地位。中国特色社会主义政治经济学指出科技是第一生产力，突出强调了科学技术在现代经济社会发展中的重要地位。创新发展理念赋予创新丰富内涵，并突出强调创新在经济社会发展中的第一驱动力地位，提出必须把创新摆在国家发展全局的核心位置，让创新贯穿党和国家的一切工作，以创新驱动推动经济转型发展，从而创造性地揭示了当代生产力和社会发展的驱动力和新机制。

2. 管理会计案例研究对基础学科的促进作用。实践表明，管理会计学术的普及与应用具有很强的内部性和局限性。财政部于 2017～2018 年陆续颁布的"管理会计应用指引系列"，目前仍然面临难以深入落地的困境。其中的一个重要方面是技术进步与组织结构的变化迅猛，"管理会计工具的相关性"有缺失的嫌疑，使得许多企业（尤其是平台企业）不愿意对企业整体全面嵌入"应用指引系列"中的某些管理会计工具或方法。或者，对于采用的新工具和新方法实施内部小范围的试点。目前，一个企业的会计系统完全被一种新的管理会计工具替代的情境尚未出现过，或者说，没有看到这方面的记载。同样，这种形式的实践，其利弊得失也很少有合适的样本基础，其变量的选择也存在一定的困难。当前，越来越多的学者认识到案例研究在解释本土管理现象、解决重大社会问题中的重要性，对案例研究的重视也逐渐成为国内外学术界的共识。这点在当前中国社会环境下尤其重要，由于制度和文化环境的差异性，中国企业的很多管理问题并不是现有理论能够解释的，而这正是案例研究最适合的场景。当然，学习和掌握案例研究方法也是具有挑战性的，我们需要深入理解不同范式和方法背后的根本属性和主张才能实现当前案例研究从"形似"阶段到"神似"阶段的跨越，进而更好地实现理论构建和研究方法上的创新。案例研究作为一种定性研究方法，其目的在于通过研究者在真实情境中的体验和想象来提升人们对某些现象和事物本质或意义的认识。访谈、观察等一手资料的获取在定性研究中变得格外重要，这是研究者从局外人向局内人角色转换的保证，这样他们才能进入案例"此地此时"情境中的体验过程。此时，研究目的并不是预测或控制客观现实，而是在人我之间、个体与环境之间、过去与现在之间建构起理解的桥梁。自此，理解和体验在案例研究中的价值日益凸显，与之相应的"主体间性"关系（研究者与研究对象之间互为主体）成为诠释主义案例研究的认识论基础。广义地讲，管理会计案例研究所展示的成功范例，也是一种实证证据。狭义地讲，实证研究作为一种广泛应用的研究方法，有其自身的学术研究流程和认知范式。当然，案例研究与实证研究也是可以交叉应用的。从国家和实证的角度评价管理会计工具的有效性，揭示国家或区域之间工具应用的差异性，对于提高管理会计工具应用的合理性与可操作性具有重要的现实意义。

强化案例研究的重要性，还在于学术研究方法本身存在的局限性。李晓霞（2022）结合国外文献提出，科学研究存在着特定的不确定性。换言之，即便采用相同的数据资料进行研究，学者们也会得出不同的研究结果。为了更好地理解为何科学研究结论无法被复制和重现（replicate），以及科学研究是否固有地存在特定的差异，一篇被美国国家科学院院刊（PNAS）接收的文章《许多研究人员使用相同的数据观察并揭示一个隐藏的不确定性宇宙的假设》邀请了来自 73 个科研团队的 161 位学者使用同一套跨国的问卷数据来检验同一个研究假说：移民越多，政府部门通过社会政策提供的公共支持是否会越少？作者发现，即使使用相同的数据资料来验证同一个实证假设，各个学者的研究结论也会大相径庭，有的发现了移民增加了政府提供的公共支持，也有的发现了移民减少了政府提供的公共支持，没有学者得到完全相同的研究结果。学者们的专业能力、前置信念和预期均不能很好地解释研究结论的差异性，造成研究结论差异性的原因有待寻找和解释。因此，作者认为社会科学量化研究的其中一个基本特征是特定的不确定性。要缓解科学研究特定的不确定性，仅将研究结论复制和重现是不够的，还需要同一研究领域的独立学者通过大量的研究来得到相似的研究结论。它带给我们的启示是，不同学者研究同一个问题甚至是同一个学者在不同时间研究同一个问题所得到的研究结论都有可能天差地别，作者呼吁学者们在报告研究结果时要清晰明了并保持谦逊。同时，尽可能仔细认真地记录研究过程，因为一个微小的研究设计选择都会导致截然不同的研究结论。另外，尊重和欣赏那些在同一领域内已达到一致结论的研究发现，因为一致的研究结论来之不易。

二、实证研究方法嵌入管理会计的学术研究

从哲学的方法论层面，可以将管理会计学术研究区分为实证研究和规范研究。规范研究相对容易理解，而实证研究则有不同的认识。从具体的研究视角讲，数理分析、档案法、实验法、问卷调查、实地研究等方法是不能算在实证研究里的，它们只是围绕规范研究与实证研究实施的具体方法而已。

1. 实证证据是管理会计有效性的重要支撑。无论是规范研究还是实证研究，实证证据是学术的基础，它要求以严谨的科学精神和规范的经验研究程序理解与解释管理会计现象，进而为揭示其发展规律作出贡献。实证主义范式借助类似实验设计的思想推断自变量与因变量之间的因果关系，其优点体现在：第一，研究过程比较规范，有清晰的操作流程和评价标准，相对易于掌握和学习，是目前主导性的研究范式。第二，通过多案例数据收集和分析，同一现象或事件的结果可以在不同案例间复现和拓展，提升研究发现的理论普适性。第三，采用客观视角收集数据并对关键概念进行准确定义和度量，增强分析结果的可靠性。第四，研究过程结合归纳和演绎两种思维，更容易在定性研究与定量研究之间建立沟通的桥梁。在社会

学领域，无论是定性研究还是定量研究的最初发端都受到自然科学领域实证方法（如实验、验证等）的影响。在认识论上，经典实证主义主张社会现象必须被经验所感知，研究过程应强调研究对象的客观性，研究者应秉持"价值中立"原则避免个人思想或偏好对研究过程的干扰。管理会计实证检验在研究样本、研究方法和理论基础等方面容易表现出分散性的特征，这使得管理会计研究很难形成普遍一致的结论。造成分散性的原因很多，概括起来看：一是研究过程中涉及的组织或个体所提供信息和使用信息的行为特征；二是管理控制和决策活动的动机与效果的分析与预测。由于管理会计研究对象的多样性，企业在决策和控制活动中的环境背景存在差异性与不稳定性，这会影响到管理会计的本质，出现组织或个体研究的多样性。毕竟实证研究也属于行为研究，是一种证伪活动，这在许多行为研究领域同样都是存在的。

经验研究过程和结果的分散性是随着经验研究的积累而显现出来的。在管理会计研究逐渐扩展和演化的过程中，出现研究方法和结果的分散性是很正常的，随着研究的不断积累，人们可能逐渐从中聚合出更为本质和规律性的认识。在这个过程中，学术界的沟通和经验证据的积累是十分重要的，我国学者应该更好地学习国外同行的研究成果与经验，积极参与管理会计研究的国际合作。实证研究的计量估计一般有三种方法，即简化式估计、结构式估计和模式化估计。简化式估计就是回归式之间没有内在联系。其优点是简单直接，看平均意义上的效果，对数据的要求也不高。简化式估计的缺点是容易出现内生性的问题，无法研究太复杂的机制。结构式估计是多条有内在关系的回归式。优点是可以用来讨论较为复杂的机制，缺点是对数据的要求较高。做结构式估计意味着必须得有理论模型，从模型里推导出回归，这个回归就非常复杂。还有一种做法是模式化估计，即用模型做估计。其优点是可以解决内生性问题，可以用来做反事实检验。你可以先想好一个模型，然后用数据校准模型。接下来就可以用这个模型来做政策分析、反事实分析。这种方法对数据要求没那么高，对模型的要求高一些。缺点是容易陷入"套路逻辑"，结论高度依赖于这个模型的设计。所谓"套路逻辑"，就是为了得到结论而修改模型，自己解释自己。

2. 实证研究对管理会计理论模式的影响。作为经济学研究中常用的一种方法，"离开了实证，理论就容易成为断了线的风筝"。经济学关注社会与人之间的财富相关性，要求面向现实开展经济学研究。其中，采用实证研究方法加以研究已经成为主流。借助于实证研究中的逻辑关系验证社会中存在的规律性，特别是通过数理逻辑来加以证伪。同样地，实证研究在管理会计理论模式构建中也具有重要作用。

　　首先，实证研究的因果关系需要考虑企业的实际情况。管理会计与财务会计经验研究的一个重要差别在于，经验研究者几乎不可能获得公开的共同样本进行研究，研究者必须进行可能产生各研究之间差异的问卷调查，或者从第三方（如咨询公司）获取数据，或者从某个研究场所的具体公司采集档案资料。这类来源广泛的数据，可能使管理会计研究受制于一定时期的信息发布而视角狭窄，但是样本的异质性使得研究成果的发现很难比较，不能建立在前人的研究之上，也无法评估结果的普遍性（Ittnner and Larcker，2001）。对此，就会推理出"实证研究就是应用性的，应用性的就不够学术，没什么价值"，其实这是一种误解。在现实中管理会计学术观点或理论方法是否正确，对于企业是否重要，需要探寻理论与实践之间的因果关系，借助于实证研究是解决这一问题的一个重要手段。在具体的管理会计问题研究时，有时得到的结论是 x 和 y 是正相关关系的时候，感觉现实生活似乎并非如此。出现这种现象的原因，有可能是理论没有正确地捕捉现实中的这种关系，或者说没有捕捉到 x 和 y 的关系中更重要的方面（陆铭，2022）。关于变量和变量之间的关系有不同的认知，有的理论认为 x 和 y 正相关，有的理论认为它们负相关。不同的理论得到的方向完全可能是相反的，由于理论基础或实施的政策机制的差异，可能在这个理论或机制下获得的是变量之间正相关，在另外的理论与机制下有可能是负相关。管理会计学术研究的使命之一就是要揭示 x 和 y 的关系的不同机制，揭示其给企业带来的价值增值的净效应。

　　由于研究者是从经济学等其他学科中借鉴而形成的程式化的管理和行为模式，不属于实际企业开发需要的模型，也没有到企业实践中去进行检验。因此，面对实务界的批评，学术界开始简化模型，不断扩展研究的领域或范式，并对大量的复杂模型进行扬弃，增强管理会计技术在实践中的"效益/成本"的权衡。面对管理会计实践的需要主动调整各种计量模型，减少复杂技术在企业实践中的应用等，为管理会计学术边界的扩展提供积极的支撑。对于各种研究模型，正确的态度应该是，区分提供给管理者日常工作的模型和提供给学者以及咨询者为了分析决策情况时而使用的模型。后者的模型可以非常复杂，因为研究者可以在必要的统计和决策理论方面得到训练，并有时间用于发展这些模型。以经验研究为代表的实证研究方法，在近十几年来出现了一种明显的趋势，即重视理论基础的学术价值。目前，在管理会计的学术研究成果中，应用比较多的理论基础有经济学、社会学、心理学等理论，以这些理论中的一种或多种作为分析与检验基础的文献不断增多。反过来也表明，经验研究也绝不是有了数据就可以开展研究的，它需要关注实践的有效性与实用性，注重理论基础的支撑。事实上，经验研究的成就在很大程度上依赖于研究者的理论功底和规范研究的水平，否则不可能提出中肯的假设，也很难对统计证据作出有说服力的解释。

其次，实证研究有助于管理会计经验的总结。实证研究强调必须全面且悉心洞察现实中的管理会计现象，深入探寻实证管理会计学的意义，及时把握管理会计理论与实践的关联，以期有效地平衡理论与实证之间的经验证据。长期以来，管理会计学术界有一种误解，认为实证研究好做，比理论研究容易做，理论研究做不下去了就做实证研究，或者认为实证研究很简单，只要把数据往电脑软件里一放，结果就出来了。其实，这只是看到表象，没有看到本质。事实上，无论是规范研究还是实证研究，一篇好的管理会计文章都是作者深思熟虑后的思想总结与提炼，凝聚着作者的心血。长期以来，由于研究方法的结构不同，老一代学者擅长理论总结与概括，形成了丰富的理论观点与政策建议，但是经验的证据则不充分。这给学术晚辈开展实证研究提供了丰富的研究素材，也使年轻人能够站在前人的肩膀上推进学术发展。在管理会计实证研究中要避免一些不好的选题（姚洋，2022）：一是修改别人模型的假设，这是年轻人特别爱犯的错。别的学者做出一个理论模型，其中的假设不能随意修改，否则可能导致整个模型土崩瓦解。此外，修改假设后的一系列推导也很有可能产生错误。二是生套理论模型。不管模型是否适用，拿起来就用，这样肯定行不通。三是"稻草理论"。19世纪末20世纪初的欧洲，曾有一本杂志向当时欧洲的知识分子提出一个问题——在过去一千年的时间里，什么是人类最伟大的发明？有人认为是马料，即马吃的稻草。在这些人看来，没有马料，人们就不可能养马；如果没有马，欧洲人就不可能战胜北方的蛮族，也就不可能有欧洲文明。这一论断乍一看没毛病，我们也知道，欧洲文明的进程是从南向北逐渐推进的，但马料真的如此重要吗？我看未必。只要养马就会知道马需要什么饲料，自然而然会想到搭配马料，这是一种职业本能。在我看来，很多年轻人做学问都是"稻草学问"。诸如此类逻辑上看起来成立但在现实中没有太大实际意义的问题，其回归分析的经济显著性也比较低。这种学问没有太大价值。四是为了研究中国而研究中国。此类研究一般仅描述中国的现象，并不考虑其研究可能对经济学理论作出何种贡献。五是缺乏政策含义的经验研究。此类研究的特点是：方法好、做得好、成果发表也很好，但就是缺乏政策含义。比如有人做了"测度配置效率"方面的研究，文章发表得很好，很多人就跟风研究。这种研究不能说没用，至少可以知道中国的配置效率还有多大改进空间。但我认为更好的研究应该是如何改进配置效率。

第三节　本章小结

从管理会计学术研究来看，学术体系的形成与发展是十分重要的。若仅关注学术体系中的一部分理论问题，会导致许多管理会计理论对实践作用的收效甚微，其原因就在于学术体系中的各个部分在进行变革时未能协调一致。这也可以从制度变迁加以说明，即制度是相互嵌套的，各项规则与路径必须相互协同，只有支撑管理会计理论与方法整体的学术体系才能发挥最大的价值。在管理会计研究中，无论采用什么方法，只要对企业实践有指导作用，应该认为都是好方法。目前，实证研究成为一种主流方法，说明其有独到之处。比如，理论思辨深邃，推断主观性强，学术沉淀深厚。加之，实证研究程式规范明确，初学者容易掌握，对辩证研究也是一种很好的补充。当前，我国会计领域期刊的研究中，实证研究整体比例偏高，大大制约了思辨研究的现实效用。一方面，我国高水平期刊在用稿方面应该兼顾学术界的偏好转向，给擅长实证研究的青年学者更多机会；另一方面，注重咨询研究，重点培育智库机构与杂志，为宏观思辨性的文章提供更多发表的平台。

管理会计研究要以企业文化为出发点，以本土的学术规则、话语思维和言说方式为基点，尝试再现中国管理会计理论与实践发展中形成的一套独特的、体系性的学术话语体系。从宏观层面讲，就是要在继承中华优秀传统文化、关注自身学术传统，同时为推动构建人类命运共同体贡献中国智慧、提供中国方案。比如，面对中国大量的民营企业，尤其是其中的中小企业，管理会计学术研究的重点应该放在什么地方，如何协调长远与眼前的关系。我国的地区经济发展不平衡，企业分布结构、资产规模等也存在很大差异。政府提出的"防止资本无序扩张"，从管理会计的管理控制系统功能角度观察，其重点是打击垄断，而不是针对广义的资本。因为垄断不仅伤害了小微企业，也引起了沉重的两极分化，撕裂了整个社会。同样，行政手段不能大于法，政策不能破坏市场基本的诚信规则。总之，在理论话语场中传扬管理会计的学术话语，在"双循环"新格局中展现中国文化力量，为新发展理论弘扬管理会计的学术新气象、铸就管理会计学科的新动能，为学术机制的形成与发展奋勇开拓、砥砺前行。

第四章 管理会计学科交叉的形成机制

　　长期以来，受企业成本、必要的技能和技术的缺乏、管理惰性、组织因素以及对现有制度中的财务和人力资源投资的依赖等，重大的管理会计创新很难发生。从管理会计功能系统的形成机制考察，作为一种服务于管理的边缘性学科，从诞生开始就是在不同学科的交互作用下不断发展的，或者说学科之间的交叉是管理会计的一个重要特点。那么，能否说这种学科间的相互匹配与融合更有助于管理会计创新呢，实践中的回应是否定的。这是因为，学科的形成与发展过程需要理论与方法的不断演进，传统的学科知识对于管理会计创新难以起到引领与带动作用。这也是为什么近年来管理会计创新不足的缘由。强化和突出管理会计学科交叉的地位与重要性，面对诸如"双循环""中国式现代化"等现实问题，采用渐进式或激进式的变革方式，主动容纳并吸收各学科之间的长处，对管理会计学科进行整合与改造等，将成为管理会计学术研究的重要课题。

第一节　管理会计学科交叉的再认识

　　学科不应成为认知发展的边界。管理会计学科的交叉研究关系到管理会计学术质量，并对实践相关性的兼容等内涵特征产生影响（冯巧根，2023）。管理会计与其他学科之间开展交叉研究，既是学科自身发展的需求，也是新经济时代对知识创新提出的重大问题。数字技术的普及与广泛应用，管理会计学科的内涵与外延发生着根本性的变化，如生产制造中嵌入的数字技术情境与管理活动展现的智能化手段，使管理会计学与技术科学等学科具有了更紧密的联系。

一、管理会计学科交叉的必然性

如今，在全球问题错综复杂的背景下，跨学科研究展现出更大的潜力。然而，实现跨学科合作需要弥合学科背景和方法等方面的巨大差距，采用独特的战略和解决方案，进而提高管理会计研究的学术价值与应用价值。

（一）管理会计功能的结构性特征

虽然管理会计的发展有波澜起伏，但总体上是延续的，并不是跳跃或者割裂的。从学科结构看，管理会计正在不断地与经济学相融合，通过数字技术的嵌入向文理跨学科合作的方向转变。从企业的成本结构看，随着智能工厂和智能化员工的形成，传统制造环节的体力劳动者开始从生产中解放出来，产品成本中的费用结构也发生了深刻改变，尤其是将人工费用率推向一个更高的层面。

1. 管理会计在学科结构中的地位。所有的学科都具有鲜明的动态性和时代性。学科在社会发展和技术进步中不断演化，从最早的哲学、数学、物理、医学逐步分化形成现在的学科体系，又因为新的社会需求和技术革命开拓出新的研究领域，学科边界不断重塑、再造。2023 年 2 月 21 日，教育部等五部门印发《普通高等教育学科专业设置调整优化改革方案》，在学科交叉方面，主动适应国家和区域经济社会发展、知识创新、科技进步、产业升级需要，强调以新工科、新医科、新农科、新文科建设为引领，做强优势学科专业，形成人才培养高地；做优特色学科专业，实现分类发展、特色发展。同时，加强教育系统与行业部门联动，加强人才需求预测、预警、培养、评价等方面协同，实现学科专业与产业链、创新链、人才链相互匹配、相互促进。要打破学科专业壁垒，深化学科交叉融合，创新学科组织模式，打造特色鲜明、相互协同的学科专业集群。在国外的会计教育中，管理会计与财务管理的课程内容交叉似乎不突出。

首先，与两门学科的功能定位有关。普遍认为财务管理属于企业内部的金融问题，其承担的是"管理"的职能；管理会计重要的职能是承担"信息系统"的功能。从形成机制来考察，它与我国经济发展的历史有关。在计划经济时代，国有企业（早期称"国营企业"）占国民经济的比重处于绝对的优势地位，资金来源单一，财务决策权有限，财务管理更多的是一种内部管理控制手段。亦即，那一时期的"管理会计"，相当于现在的管理会计信息支持系统，那个时期的"财务管理"相当于现在的管理会计控制系统。换言之，管理会计的"二元论"一直都是存在的，只是其承担的学科主体有所不同。随着资本市场的不断推进，财务管理开始回归其筹资、融资等属性，其管理控制的属性回归管理会计，此时，管理会计真正开始拥有了信息支持系统与管理控制系统的双向功能。管理会计能够帮助公司获得超越现实的潜在竞争优势，管理会计最直接的作用是差异化战略的应用，其前提是公司获得的收入超过因满足消费者需求支出的成本。很明显，管理会计在实现成本领先战略和通过持续的成本竞争活动中保持着领先的优势，其通过提供一流的满足顾客需求的方式来实现，或者通过市场的性价比来体现。价值是购买者愿意支付价格的基础，一流的价值源于对同样的利益比竞争对手的要价更低或提供独特的超过补偿更高的价格的利益。满足消费者需要对于持久竞争优势来说是一个必要的但不是充分的目标，公司必须具有超越现实的核心竞争能力。

其次，管理会计需要在新技术的推动下推陈出新。长期以来，管理会计功能由预算管理与成本控制以及平衡计分卡等工具方法推动着向前发展，学科之间的交叉融合倾向减弱，创新的主动性与积极性受到制约。近年来，数字技术的发展与应用，带来了数字化生产力和消费力的爆炸式增长，使基于数字化技术应用的前瞻性管理会计、战略管理会计等深受管理者的重视。目前，管理会计学术研究中引入比较典型的数字技术工具是数字映射和算法推荐等技术方法，国内主流的大型科研资助机构也越来越关注这方面的跨学科合作项目，然而，相关研究项目在获得跨学科科研资助的过程中，过于偏向激励机制、政策设计、解决方案等，忽视从文化、历史等角度解释行为产生的原因。即：很少关注企业行为的深层基础和前提条件，如感性认识、文化背景、价值观等，使基于新技术功能的研究倾向于关注行为研究，强调探索干预方法，尽管这些研究发挥了一定的作用，也改变了管理会计学术各方，如科研机构、公共部门、企业和其他组织之间的关系，但这些研究无法为知识生产领域带来实质性改变。换言之，在数字技术为各个学科领域赋能的同时，还消除了各学科领域之间的壁垒。各学科日益倾向于缩小、细化研究方向，而且比起利用现有概念，更喜欢创建自己独特的概念。过于细碎、专业化程度过强，不利于跨学科沟通与合作。对此，我们依然要对学科之间研究可能存在的负面作用保持警惕。

最后，管理会计学术成果的实证效果偏弱。到目前为止，大多数管理会计的研究成果是在特殊检验条件或环境中才能成立的，数字经济的不确定性使这种特殊性有放大的倾向，即无法证明其存在普遍性的规律。数字经济发展既是提高生产率的必然途径，也应该成为分享生产率的重要领域。从性质上说，数字经济是载体而非目的，经济的数字化转型是过程而非终点。数字经济的发展，作为提高和分享生产率的手段，承担着实现在高质量发展中促进共同富裕的目标。只有确立这样的功能定位，全面体现新发展理念，数字经济才能获得持续和健康的发展。现有的研究导致不少认知科学的观点和立场是存在争议的，相关的数据也是或然性的，只在统计学意义上具有科学价值，不能保证数据的绝对客观性。数字技术的重要特征就是用数据表征世界，这个表征过程是数字对语言、符号的编码和解码，在这个过程中可能需要管理会计信息支持系统提高数字的意义构建。

2. 管理会计学科的功能结构转变。现代制造技术的广泛应用，大大减少了在特定时间内随产品产量变化的成本，而大大增加了其他成本，尤其是那些在传统会计中长期以来被当作固定费用处理的成本。要扭转传统会计系统对成本结构分析的视野阻碍，融入更多学科的创新理念和思想观点，合理计算竞争对手的成本及其结构配置。要置身于价值链转向价值网络结构情境中的理性思考，从外部多维度视角研究企业的关键成本动因。即结合整个价值网络组织观察成本结构，寻求价值创造与增值的创新环节。价值网络系统中的平台资产或组织资源等要素，取决于行业或产业数字化，以及公司的成本结构，即是怎样影响价值网络中的各个环节的，并且又是如何对公司具有控制力的作业成本要素加以影响的。其中的关键成本动因涉及规模经济、公司和顾客、供应商与公司内部的其他单位之间的联系、学习潜力、影响单位成本的生产能力利用模式、组织内部单位之间的整合、公司内部的联系、时间计量与管理、自由裁量权的应用、对公司影响的单位及其福利政策的安排等。从顾客价值观点来看，企业拥有的任何资源被看成是能够相互联系起来提供有助于满足顾客需求的利益的，除了因满足公司外部的权力部门要求的规定所发生的成本费用。传统会计把可以处置的资源看作是固定的，并把它们的成本归入固定成本，但它忽视了这样一个性质：这些资源的数量比其他由技术决定的投入更容易改变。也就是说，管理会计通常面临的一个重要问题是资源和因资源而产生的成本在输出物之间可能是相互关联的。这些成本不得不作为固定费用处理。这是因为，从逻辑上讲，仅仅使用经验数据不可能将它们追溯到单个的成本对象。

　　管理会计要发挥成本管理的作用，前提是理解企业竞争力的成本结构，尤其需要加强行业前景的研究，注重学科之间的交叉。我国的制造业正在向中高端转型，其有利条件有三：一是中国的产业基础能力已基本筑牢；二是现代化产业体系已完成布局；三是创新体系建设取得卓著成效。中国强大而包容的竞争力将引领全球制造迈入良性竞争的新时代，这对成本结构将产生深刻影响，管理会计研究必须主动嵌入其他学科的理论知识，掌握产业发展的趋势。随着国际大环境的变化，全球产业链在经历五轮迁移后，已经深度融合、密不可分，各产业链端集群模式已经形成。首先，制造端产业集群模式形成，中国、墨西哥制造集群效应显现，区位高度集中的主机厂、供应商、相关服务商已经深度链接，组团出海、共建产业园区等屡见不鲜，各合作主体抱团抗击风险，合作共赢；其次，研发设计全球化势不可挡，基础研发前移欧美腹地，高端液压、电气、控制技术以德国、日本、美国、北欧为基点，向全球推广应用，供应链端各主体与研发主体深度合作；最后，销售服务网络已经星罗棋布，主机厂与租赁商、服务商共同开发市场、推广产品应用。正在形成一种以中国为原点，以北美、欧洲为研发及制造基地，研发、产品、服务、供应更紧贴目标市场、更优越的地理位置、更短的服务距离，构建与国际伙伴之间的全新链接。

　　国家《"十四五"数字经济发展规划》明确指出，数字经济已成为继农业经济和工业经济之后的第三大主要经济形态，在培育新动能、探索供需对接新路径和助力产业链升级等方面，正成为推动经济发展质量变革、效率变革和动力变革的重要驱动力。数字经济已成为推动经济高质量发展的重要引擎，并引领经济社会的巨大变革。智能化的推进正在扩大变动成本与固定成本之间的差异。数字化赋能下的制造领域，致力于减少现实能源消耗，是低碳绿色发展的重要"使能者"。2020 年，我国首次提出"双碳"目标，即"二氧化碳排放量力争于 2030 年前达到峰值，努力争取 2060 年前实现碳中和"。这是党中央经过深思熟虑作出的重大战略部署，也是有世界意义的应对气候变化的庄严承诺。企业必须将碳达峰、碳中和纳入环境成本管理的整体结构之中，促进企业成本管理提升到一个新的高度。亦即，管理会计要协助企业提高质量、效率效益，减少资源能源消耗，畅通产业链、供应链，助力碳达峰碳中和。同样，围绕"共同富裕"的宏观目标，企业也需要考虑自身在初次分配、再分配、第三次分配关系中的成本定位。管理会计需要主动与产业经济学与地理经济学加强交流沟通，注重学科交叉，为分配关系的合理化与科学化作出应有的贡献。客观地讲，生产要素的合理配置和对生产要素所有者的合理激励，都是在初次分配领域内产生的。分享生产率成果需要以生产率的提高为前提。初次分配领域的激励和效率功能，旨在确保市场主体在竞争中的优胜劣汰，因而是提高生产率的关键（蔡昉，2023）。数字经济发展促进生产率分享的推进，并非产业发展自然而然的结果。若要使数字经济充分发挥生产率分享的作用，进而实现更多更高质量就业岗位创造、劳动者报酬提高以及收入差距缩小等目标，就需要规制和政策有意为之。收入差距上的不同表现，并不仅仅在于再分配力度的大小，还产生于初次分配领域在政策取向和制度安排上的差异。管理会计的成本结构优化必须由微观视角的短焦关注向长焦远眺转变，通过管理会计与经济学科和管理学科等更紧密的联系，提高数字化情境下的生产率，发挥优胜劣汰机制的能动作用。管理会计的成本结构，不能仅仅停留在就业等社会公平问题上，还需要从效率视角进行规划。如果只是因为担心发生技术性失业现象，不敢接受企业在竞争中优胜劣汰，看似保护了劳动者的利益，实际却因资源重新配置的僵化而阻碍了生产率的提高，分享也就无从谈起。

（二）管理会计学科交叉体现新文科建设的要求

20 世纪 80 年代，信息经济学与组织行为学开始渗透至管理会计学科，并从理论分析和经验研究两个方向发展管理会计认知体系。近年来，以新文科建设为契机，加之数字化改革的推动，管理会计学科交叉的趋势更加明显。

1. 管理会计学科交叉的表现特征。教育部"改革方案"提出加快新文科建设。即：构建中国特色哲学社会科学，建构中国自主的知识体系，努力回答中国之问、世界之问、人民之问、时代之问，彰显中国之路、中国之治、中国之理。推动文科间、文科与理工农医学科交叉融合，积极发展文科类新兴专业，推动原有文科专业改造升级。推进文科专业数字化改造，深化文科专业课程体系和教学内容改革，做到价值塑造、知识传授、能力培养相统一，打造文科专业教育的中国范式。到 2025 年优化调整高校 20% 左右学科专业布点，新设一批适应新技术、新产业、新业态、新模式的学科专业，淘汰不适应经济社会发展的学科专业。

学科交叉融合的核心是学者们相互交流，多学科互动，碰撞出思想火花。以管理会计与经济学的交叉为例，在信息经济学方面比较有代表性的一个结论是"一个备选方案的成本系统是否优于另一个，本质上取决于背景问题"。它意味着适当的会计技术被确定仅仅是在特定的决策环境中，尤其要考虑与该决策相应的信息成本与收益。信息经济学嵌入管理会计研究中的另一项成果是，鼓励研究者将信息系统选择和信息系统设计区分开来。过于关注设计，使越来越多的新技术涌现，加大了管理会计应用与普及的难度。强化信息系统的选择，有助于引导研究者去追求实践中某项管理会计技术的成本与收益，特别是检验简单模型与复杂模型的相对优势方面。事实上，没有人能够作出普遍适用的"处方"。管理会计虽然可以提供某些情境下适用的技术，但是未必能够提供最好的实践范本。基于成本/效益原则，比较管理会计研究中采用的简单模型与复杂模型，可以引导研究者更加关注对特定实践情境的认识与理解。同样地，在信息经济学的代理理论框架中，管理会计信息用于两个不同的目的：一是改善个人对决策环境的事前估计；二是评价已经采取的决策结果，用于激励代理人发挥最理想的努力。代理理论框架对于认识管理会计本质提供了某些新的观点，尤其是强调管理会计的控制作用，这种控制作用和以前研究主要强调辅助决策作用同样重要。

如果说信息经济学与管理会计学科相互交叉融合比较成功的话，组织行为学的应用就要复杂许多。20 世纪 60～70 年代，组织行为学曾几次引入管理会计学科之中，但都遇到了挫折。主要的表现是，将组织行为学理论应用于管理会计的行为分析时，发现管理会计方法的功能作用难以协调，以及无法保持紧密性，尤其是在预算管理工具应用时，预算行为与组织行为的目标经常不一致，无法应用组织行为理论加以诠释。同样的情况还表现在，应用组织行为理论解释管理会计的决策行为的影响也遇到了动机不一致，或行为难以协调的现象。正是因为组织行为对管理会计学带来的困境，使得该学科的引入时断时续。再后来，学术界选取组织行为学的局部概念（理论），如权变理论，并将其嵌入管理会计行为的分析之中，起到了较好的效果。一方面是管理会计学科建设的需要，管理会计反映正式与非正式组织结构和组织中的管理能力分配，并通过先进技术的应用使其更加公开透明。同样地，公司现有的管理会计系统是公司文化价值的体现，它对其他学科理论与方法具有重要的影响力。公司的组织战略和业绩评价是这种文化价值渗透的直接体现，它使不同学科理论与方法的融合得到较顺利的贯彻与执行。另一方面，是管理者出于自身利益的考虑。它们变通地使用管理会计制度，开发出一些调整现有会计制度的非正式方法。即：欲通过使用非正式信息和非财务数据，通过广泛的管理讨论确认这些歪曲制度本意的做法。这些非正式信息的使用和管理对成本的不同理解，使得管理者在各种谈判场合（包括公司内部）具有较大的自由度。有责任心的决策者应该定期收集反映所作决策的成果与作决策时的期望相比较的报告。

2. 新文科建设对管理会计学科交叉的影响。在管理会计学术领域，追求实践的有用性与理论的创新性需要研究者的冷静思考和科学态度以及不懈探索的精神。新文科是为了将新技术与老文科相结合而提出来的概念，新文科要体现出"新时代新文科"等特征，尤其要关注管理会计中的内涵、学科质量、理论特色、方法应用、实践中的可持续等关键词。新文科是相对于传统文科而言的，是以全球新科技革命、新经济发展、中国特色社会主义进入新时代为背景，突破传统文科的思维模式，以继承与创新、交叉与融合、协同与共享为主要途径，促进多学科交叉与深度融合，推动传统文科的更新升级，从学科导向转向以需求为导向，从专业分割转向交叉融合，从适应服务转向支撑引领。管理会计作为一门文科中的边缘性学科，其本身就是一个由多种学科、相互渗透的结合体。它不仅与经济学、管理学等学科相互交叉融合，还与数学等计量学科具有同源性等发展特征，它对于总结和提炼管理会计的特殊性、规律性等具有积极的现实意义。要结合新时代，比如数字经济时代管理会计学科建设，加强精细精准的学术研究，不断推进知识创新、理论创新、方法创新，加快构建中国特色的管理会计学科交叉的发展新格局。

有学者对新文科建设的特征进行了高度概括，提出了四个特征（王铭玉和张涛，2019）。即：新文科体现了人文社会科学的一般特征，同时又具有一些新的特征。其一，战略性。这是新文科的价值所在。新文科建设要服务国家应对当今错综复杂的国际国内形势，增强我国在国际社会的话语表达能力；服务我国经济社会领域的全面深化改革，解决与人们思想观念、精神价值等有关的重大理论和实践问题。其二，创新性。这是新文科的属性特征。新文科建设要通过新的学科增长点，对传统学科进行转型、改造和升级，寻求我国在人文社会科学领域新的突破，实现理论创新、机制创新、模式创新。其三，融合性。这是新文科的学科特征。新文科建设涵盖了人文社会科学领域内多个学科的交叉、融合、渗透或拓展，也可以是人文社会科学与自然科学交叉融合形成的文理交叉、文医交叉、文工交叉等新兴领域。其四，发展性。这是新文科的动态特征。人文社会科学领域研究的问题存在很多不确定性，许多新问题会随着社会发展层出不穷，且问题解决并无固定模式，需要在实践过程中不断探索调整、日臻完善。新文科建设对管理会计学科的影响，就是要在现有的管理会计学科基础上进行学科的结构性改造，将课程进行重组，嵌入更多的新技术学科，达到文理交叉的学科建设目的。新文科中，比较有代表性的特征是：将数字技术融入哲学、文学、语言等传统的文科课程之中，为学生提供综合性的跨学科学习，达到知识扩展和创新思维的培养目标。从战略眼光看，管理会计视角的新文科建设，其核心是以工具方法层面的创新为主，不能搞简单的学科拼接，不能理解为"传统管理会计 + 现代新技术"。管理会计的新文科建设必须从企业实际出发、尊重管理会计学科的发展规律，根植于企业实践、树立核心竞争力意识，着重在管理会计工具方法的新技术改造，并在学术研究中突出批判性思维，提高新文科建设下管理会计价值创造与价值增值的效率与效果。

二、管理会计学科交叉的组织与技术视角

在"世界百年未有之大变局加速演进，世界进入新的动荡变革"的时代背景下，管理会计研究要立足中国实际，解决中国问题，利用好管理会计自身的优势，把握好多学科互动、融合的时机，不断创新管理会计学科的研究成果，体现出管理会计学科交叉的重要性。

（一）组织变革推动管理会计学科交叉发展

传统观点认为，人们的关注点似乎集中在公司内部的产品和部门的成

本以及把这些内部成本与计划比较的结果上。事实上，影响管理会计的因素是多样的。概括起来讲，最主要的是组织变革与技术进步对管理会计学科交叉的促进与影响。

1. 组织变革对管理会计学科提出更高的要求。组织变革对管理会计学科建设而言，不仅是学科交叉的问题，而更多的是颠覆性的创新发展问题。它要求管理会计学科不能只停留在工具理性的层面提升效率，更要在价值理性的高度重塑管理会计的功能体系。组织变革在数字技术的配合下，对企业的管理控制、环境保护等提出更高要求的同时，可能带来经营模式与商品业态的创新，企业管理流程的优化，制度规则与组织形态的重塑，给管理会计理论研究与学术创新提供了实践素材，带来了新的发展机遇，值得管理会计理论界和实务界的欣喜期待。从技术与经济的观点来看，固定资源与其成本的关联反映它们的一般性质，这些资源能够为组织创造价值。组织变革的一个重要特征是要求管理会计主动与其他职能部门进行合作，提供关于公司的市场信息和竞争对手的信息。管理会计学科需要有交叉融合的理念，能够在一个较长的时期内，提供并分析关于公司的产品市场和竞争对手的成本结构方面的财务信息，并监控企业的战略和市场上竞争对手的战略。组织要结合企业的战略需要，使管理会计学术形成机制更紧密地与战略相联结，找出竞争对手的成本结构，并结合竞争对手的成本变化提出自身的应对策略。

组织变迁是企业应用环境的客观反映，管理会计学术研究需要结合多学科开展融合性研究，主动将不同学科、理论与实务人员组织起来，为组织变迁提供交流与沟通的平台，提高管理会计交叉研究的针对性与有效性。交叉研究的基础必须依靠管理会计学科，并发挥好组织作用，结合变迁的动因，强化不同学科知识的整合与协调。为了确保组织变迁朝预定的方向顺利推进，管理会计学术研究要保持开放性和灵活性，尽可能弥合学科间差异，充分发挥各自学科优势。在学术研究过程中，不同学科有不同的术语，但理解图表的方式基本相同。管理会计学术研究要利用好图片与图标等视觉工具的优势，把组织变迁的想法和概念与其他学科的研究成果相融合，构建共同的"意义框架"，形成基于"共同语言"的创新概念。学科交叉研究可以参考不同学科的方法，以独特的方式支持管理会计对组织变迁的创新需求。当前，在数字化改革的潮流中，管理会计学者要主动与计算机科学工作者加强合作，以形成一种独特的方法组合，包括开发新的词汇目录，用于对管理会计预算与成本控制进行数字孪生等的模拟计算分析等。要重视提炼交叉学术研究的成果推广，提高管理会计的开放思维。当然，也要对管理会计的特殊问题有比较清醒的认识。比如，非财务指标的使用不能与组织的终极目标相联系，因此，在业绩评价方法之间的交换不能确定时，非财务指标的使用并不能保证有最佳效果。

2. 组织变革使管理会计学科交叉成为可能。要建立灵活的组织变革机制，全面促进多学科、多领域、多主体的协同合作。并且，围绕组织变革积极探索技术路径和商业模式，加大对新技术和新模式的市场培育。

首先，要顺组织变革之势，培养管理会计研究的学术共同体，促进管理会计学科在交叉融合中不断推陈出新。随着新一轮科技革命和产业变革向纵深推进，组织变革下的新产业将逐渐显现，促进管理会计学科交叉发展的形成机制不断丰富与完善。《中华人民共和国国民经济和社会发展第十四个五年规划和 2035 年远景目标纲要》提出谋划布局一批未来产业，加强前沿技术多路径探索、交叉融合和颠覆性技术供给，加速形成若干未来产业。未来产业是基于前沿重大科技创新而形成的前瞻性产业，对未来的经济社会发展和全球竞争格局具有决定性影响。未来产业将逐步成为衡量一个国家科技创新和综合实力的重要标志，未来产业既不是传统产业的改造，也不是局部领域颠覆，而是新技术—经济范式的形成，代表了科技革命从量到质的转变，引领新一轮产业变革。目前，未来产业整体还处于孕育阶段，主导技术—经济范式还没有形成，不论是主导技术、商业模式、产业形态还是市场规则、管理方式都有待探索，许多领域处于"无人区"状态，没有可供借鉴的经验，对创新提出了更高的要求。

其次，通过组织变革下的产业升级，促进管理会计学科交叉得以实现并获得保障。其中，关键生产要素在满足成本降低、供应增加和广泛应用的条件下会推动范式更替，范式更替涉及企业生产方式、产业组织形态、市场竞争规则、经济管理模式、国际规则等。比如，未来产业作为新一轮科技革命和产业变革的集中代表，基础理论突破离不开交叉学科之间的共同发力。未来产业不仅是未来经济发展的主体，而且对经济社会、国际格局产生深远影响。作为市场主体，企业对产业变化更为敏感，要充分发挥企业的作用，建立未来产业信息收集机制，及时了解相关领域企业在现实中面临的问题和对未来发展的意见建议，为未来产业规则研究提供实践依据。鼓励优势企业建立国际未来产业联盟，共同推动未来产业市场规则的形成。正如演化经济学家卡洛塔·佩雷斯所指出的，"我们不可能提前知道起决定作用的突破在哪里，因此有必要对所有这些新技术的几个前沿领域或不同方向都进行开发。这些开放都是基于科学研究，很可能在长时间内都不会为国民生产总值（GNP）增长带来很大贡献，但也可能为某些公司在初始阶段就带来巨大利润"。从科技革命的进展来看，未来产业的发展应以应用为导向，并且结合自身禀赋特点和发展方向，强化区域产业发展的协同，积极鼓励企业参与基础研究。管理会计必须重视学科交叉发展的重要性，主动把握这一有利时机，积极培育企业未来的竞争优势。要倡导学术团队建设，一个好的学术共同体，往往能够突破固化的行政边界，从而实现共谋资源、共享机遇、共同发展。管理会计作为一门微观学科，如何更好地建设并发挥出学术共同体的现实力量，将是管理会计学科交叉以及学科融合创新等形成机制的关键。对此，要通过管理会计的激励与约束机制，引导企业（特别是大型企业）充分认识到未来产业发展的重要性，主动投入资金开展相关的基础性研究。同时，政府层面要加强政策和资金的引导，支持企业开展未来产业的研发投入，并为企业开展基础性研究创造条件。充分发挥中小企业的作用，着力培育在特定领域具有技术优势的"小巨人"和"隐形冠军"，为未来产业发展积蓄力量。

（二）技术进步使管理会计学科交叉成为必然

以数据智能为代表的技术进步，是新时代管理会计学科发展的内在召唤，促进高水平的管理会计学科交叉融合创新，正在成为技术进步环境下学科研究的发展趋势。

1. 技术进步为管理会计学科交叉提供了手段支撑。管理会计受技术进步的推动特征明显，尤其是以人工智能等为代表的智能制造与智能管理等新技术，正在推动管理会计工具方法的交叉融合。智能制造具有复杂性及系统性等特点，实现智能制造的转型升级是长期持续的过程，管理会计需要结合下游顾客的需求，加强智能管理的能力与水平。即，针对顾客对智能制造的多样化、差异性等特征，引导企业保持技术创新的主动性与积极性，提高智能制造的产品质量以及智能制造的权变性解决方案能力。随着我国智能制造装备的复杂程度不断提升，管理会计要面向自动化、集成化、信息化的发展方向，借鉴并吸收其他学科的管理经验与方法。一方面，在智能制造高度自动化的条件下，提高生产对象和生产环境的适应能力，实现生产过程的优化；另一方面，管理会计在加强资产管理，使硬件、软件与应用技术的资产高度集成，生产设备与智能网络实现深度互联，并通过人工智能技术赋能，使智能化管理会计不断升级。此外，借助于管理会计的信息支持系统功能，加强与先进技术的深度融合，提升智能化资产或设备的有效性，增强信息间的交互，以及自我学习的能力，使管理会计能够胜任大型、复杂生产场景的管理控制与信息支持。数字经济基于数字扩散和网络外部性带来的溢出效应，能够打破地域和时间上的限制，在数字平台与商业生态厂商之间、产业链与供应链之间、数据要素与其他生产要素之间形成协同效应。在产业链内部，产业链数字化、自动化、智能化水平的提高，可以规避传统市场经济运行过程中的不稳定性；而在产业链条上，可以通过扩大产业边界以及增强行业协作，做大经济规模，在知识与技术的不断积累中有效降低交易成本，推动产业深度融合，促进区域均衡发展。

技术进步不仅推动了管理会计学科理论的发展，还为管理会计工具创新带来了新的动力。当前，5G、物联网、人工智能等新兴技术正逐渐渗透到企业生产经营的各个方面。管理会计必须重视学科间的交叉与融合，在工具的开发与应用中积极整合新兴技术，并嵌入管理控制与信息支持的功能模块中，以适应企业复杂的生产和管理需求，提高生产效率，提升产品质量，保证生产活动的可靠性。2021年3月，《中华人民共和国国民经济和社会发展第十四个五年规划和2035年远景目标纲要》提出：深入实施增强制造业核心竞争力和技术改造专项，鼓励企业应用先进适用技术、加强设备更新和新产品规模化应用。建设智能制造示范工厂，完善智能制造标准体系。深入实施质量提升行动，推动制造业产品"增品种、提品质、创品牌"，并将智能制造与机器人技术纳入"制造业核心竞争力提升"专项。

数字化技术的广泛应用已成为经济运行机制迭代、社会生活方式更新、国家治理能力升级过程中最重要的撬动性力量。同时，算法作为数字技术的一项重要工具，已经被嵌入社会运行的诸多层次，成为推动企业数字化转型和国家治理能力现代化的重要力量。当前，以柔性治理手段激励算法向上向善，稳步推进算法综合治理体系建设，推动我国数字经济和算法产业发展行稳致远。治理主体的多元化是算法治理的重要特征，算法风险作为数字智能时代的新型风险类型，具有明显的广泛性、复杂性，仅靠法律手段难以完全实现全面治理。当前，算法泛化能力差、算法自我更新迭代不可控、数据质量和样本不足等技术应用现状，导致算法应用和产品存在被攻击、被欺骗、被操纵等多重风险。安全可控是确保算法可信和算法创新的重要前提。推进算法治理不仅是一项具有重大社会效益的益民举措，也是为算法相关产业持续健康发展营造公平竞争环境的重要保障。以算法评估、技术治理、行业标准为代表的柔性规范手段，不仅弥补了法律滞后性带来的治理空白，引导算法向上向善发展，同时也避免了法律制度的强制性约束，为企业创新和业务探索留下了空间。习近平总书记在十九届中央政治局第十二次集体学习时的讲话中强调，用主流价值导向驾驭"算法"。① 2021 年 9 月，国家互联网信息办公室、工业和信息化部等九部门联合发布《关于加强互联网信息服务算法综合治理的指导意见》，提出用三年左右时间，逐步建立治理机制健全、监管体系完善、算法生态规范的算法安全综合治理格局。算法通过大数据深度分析并实施有针对性信息推送，使人们潜移默化地遵循其所控制的技术系统的规范和要求，无形中对特定个人或人群进行精准思想"操纵"，影响公共空间意见的来源和构成。在算法设计、部署、应用的全流程中，均应牢固树立以人为本的价值导向，确保算法尊重和维护人类利益和福祉。人工智能作为引领未来的战略性技术和推动产业变革的核心驱动力，已成为全球战略必争的科技制高点。

2. 技术进步丰富了管理会计学科的内容体系。技术进步表现为技术范式的更迭。受托马斯·库恩科学范式的启发，乔瓦尼·多西提出了技术范式概念。多西关于技术范式的定义较为抽象，由此衍生出对多技术范式的多层次理解（胡坚波，2022）。相对直观来看，技术范式可以理解为主导技术体系，通过对旧体系的替代和与相关技术的竞争，主导技术体系成为被普遍接受的"模式"，作为标准被复制推广，主导新阶段技术发展。通常，技术范式并非单一技术，而是一个技术集合。其中部分技术处于核心地位，在技术范式中发挥决定性作用，即所谓的"技术硬核"，核心技术是技术范式有别于其他范式的关键；除了核心技术之外，技术范式还包括大量的补

---

① 习近平：加快推动媒体融合发展构建全媒体传播格局［EB/OL］.［2019 – 03 – 15］. https：// baijiahao. baidu. com/s？ id = 1628057987940080370&wfr = spider&for = pc.

充性技术或者辅助性技术，补充性技术功能依赖于核心技术，但在技术范式中也发挥重要作用。技术范式的确立受多方面因素的影响，既与技术本身的先进性密切相关，又受到市场需求的影响，在一定程度上，市场占有比技术最优对技术范式确立的作用更为突出。此外，完备的辅助技术体系也是重要影响因素。目前，新技术范式还处于孕育和转换阶段，要立足技术演进规律，加强主导技术体系的培育。从本质上讲，管理会计作为一门边缘性学科，学科交叉是促进管理会计发展的基础和保证。数据资产是技术进步对管理会计学科的重大贡献。数据资产是"数据＋资产"。数据通过更为科学理性的方式，分析行为、判断方向、预测结果，对人类的生产生活方式具有重要的变革意义。对数据的处理分析正在成为新一代信息技术融合应用的节点，数据将是信息产业持续高速增长的新引擎，围绕其开展利用将成为提高核心竞争力的关键因素。从现在到 2035 年，我国智能制造发展总体将分为两个阶段：第一阶段是数字化转型，到 2028 年，要深入推进制造业数字化转型工程；第二阶段是数字化升级，2028～2035 年，要深入推进制造业的智能化升级工程。管理会计学科要注重产品创新、生产技术创新、产业模式创新的融合，通过数字化、网络化、智能化寻求管理会计工具方法创新的多学科发展路径。要重视数据作为生产要素中的重要位置，借助于管理会计的绩效管理，通过激励机制激发不断延展的可持续生产力。数字经济的实质是推动数字产业化与产业数字化，数字产业化是加速突破信息通信技术与数据生产要素应用领域与范围；产业数字化是促进信息通信技术与既有产业生产环节相互融合，由此形成产业与技术交互的数字经济系统。

数据资产的学科交叉重点越来越紧迫。算力成为企业技术创新竞争的重要内容。算力作为释放数据优势、推动数据算法技术在管理会计中的嵌入。随着管理会计智能化的推进，对算力的要求也更高。经济创新发展的重要数字基础设施，已经纳入国家战略规划。《2020 全球计算力指数评估报告》显示，计算力指数平均每提高 1 点，数字经济和 GDP 将分别增长 3.3‰和 1.8‰。《"十四五"信息通信行业发展规划》中明确提出，到 2025 年数据与算力设施服务能力显著增强的目标。要形成数网协同、数云协同、云边协同、绿色智能的多层次算力设施体系，算力水平大幅提升，人工智能、区块链等设施服务能力显著增强。只有算力、网络、存储协同发展，数字基础设施才能发挥出最大效用。随着智能化应用的不断发展，对于数据的利用则会出现更多维度、更加深度的利用需求，而在这背后，则需要更多的算力来为人工智能技术提供"动力"，挖掘数据背后的价值。要把算力网络作为一个整体系统来看待，以网强算，以算促网，而不是仅仅是用传统分层解耦的方式，这就需要思考面向未来的标准和架构。算力网络需要提供的是多样性的开放算力架构体系。随着数字经济时代的全面开启，算力作为重要"底座"支撑、赋能作用日渐凸显。作为数字经济时代新的生产力，算力将为加强数字政府建设、激活各行各业的数字化转型注入新动能，并通过推动算力基础设施建设，加快推进关键核心技术攻关，不断激发算力"引擎"赋能效应。

第二节　管理会计学科交叉的新特征

管理会计学科作为边缘性学科，其学科边界一直持开放的态度，其包容性特征，使其拥有多样、丰富的学科交叉资源。可以预见，管理会计学科交叉作为一种学科的自我认知，进一步解放思想，放宽学术研究的边界，形成符合新时代的新文科知识体系，也是管理会计追求原始创新的客观体现。

一、从学科交叉看管理会计范式创新

无论是何种学科，交叉融合都需要强化协调与合作，并采取有效的策略，如灵活性、跨学科思维和独特的沟通风格。传统的管理会计研究，学者们惯于在自己熟悉的领域分析问题、认识世界，但外部环境的复杂性仅凭管理会计学科本身显然是无法解释和解决的。因此，学科交叉是管理会计学术机制形成与发展的重要力量。

1. 经济学与其他学科的交叉发展促进管理会计学术范式发生转变。20世纪 30 年代，全球经济危机使许多自然科学领域的学者，如数学家等，进入了社会学科领域，他们将数字方法引入了经济学领域，有的将经济学问题采取物理模式的方式加以构建。以往，人们对数学或物理模式等应用于会计学抱有极大的怀疑，但应用数学技能或模式进行严谨的分析，让管理者看到了一种描述国民经济现象的平衡运行的新方式或手段。此时，一些组织开始对可量化的数据产生兴趣，再加上社会科学家长期争论的不确定性结论，也助推量化数据或物理模式的价值。在以概念导向的理论形成过程中，学术机制便要求对"概念"的提出与应用具有量化的可操作性。"如果没有一套步骤可测度（或至少检测）构成概念的几个术语，那么，这个概念在科学上就无法立足。如果一个概念具有可操作性，那么，它在科学上就有位置。这就意味着，只有当社会科学能够恰当地定义并能计量其术语，它们才可能变成真正的科学"。

　　经济学与其他学科的交叉，对本身属于计量学科的会计学是一个渐进的变迁过程。目前，被会计学术界广泛推崇的经典事例是鲍尔和布朗两位学者。1968 年，这两位学者在芝加哥大学主办的《会计研究杂志》上发表了《会计利润数字的实证性评估》一文，他们以 1946～1965 年 261 家在纽交所上市的公司为样本，实证检验了"超预期盈余"与"异常报酬"之间的相关性，从相关性意义上证明会计利润数据对股价确实产生了直接影响。实证研究在财务会计领域的广泛应用必然对管理会计研究产生直接影响，加之管理会计问题本身的政策性与宏观性的交叉属性，管理会计学术开始形成需要构建计量模型、开展数据检验的风潮。管理会计具有"专用性"特征，其他企业不能简单地模仿与借鉴，必须充分结合企业自身的情境特征。学术界与实务界应该密切合作，通过管理会计"落地"，提炼出最能够彰显中国特色的管理会计理论与实践经验，将中国特色的管理会计工具方法与思想奉献给世界，最终构建中国特色的管理会计理论体系。2020 年 3 月，《经济研究》以编辑部名义刊登了一篇《关于稿件写作要求的几点说明》，意在破除片面追求数理模型，为构建中国特色经济学而共同努力。不久，《管理世界》也发表了《亟需纠正学术研究和论文写作中的"数学化""模型化"等不良倾向》一文，提出"学术研究以问题为导向，而不是以技术为导向，数学方法只是工具和手段，不是目的"。这既为我国经济学管理学研究指明了科学而合理的学术路径，也为破除"重模型、轻思想""重技术、轻问题""重国外、轻国内"等不良倾向起到了带头和示范的作用。学术研究以问题为导向，而不是以技术为导向，数学方法只是工具和手段，不是目的。有的论文一味追求数学模型的严格和准确，忽视了新的思想、观点和见解。"着力构建中国特色哲学社会科学"，需要学术研究者、学术期刊共同发力，坚定学术自信，反对崇洋媚外，反对照抄照搬外国模式。说到底，论文是用来表达思想和观点的，优秀的论文必定思想启迪性、理论创造性与政策参考性三者兼备。需要强调的是，破除唯数学、唯模型，并非是不要数学、不要模型，毕竟，有时用合理简单的数学来说话更有说服力，但这需要掌握好尺度，过犹不及。我们需要把复杂问题简单化，而不是把简单问题复杂化、把明白的东西神秘化。大而言之，把做科研的意义落实到国家的需要上，把论文写在祖国大地上，才能推动学者回归学术初心、净化学术风气、优化学术生态。

2. 管理会计学科交叉的范式特征：自然尺度与空间维度。管理会计学术研究是一个具有具体衡量尺度与空间结构维度的概念。近年来，围绕共同富裕，管理会计学术界重点从物质尺度，就分配制度改革与创新展开了研究，但其应用效率与效益受到一定的局限，毕竟管理会计过于微观，从微观放射至宏观需要一个漫长的过程，需要时间的等待。学术具有超前性，加强物质尺度与时间维度的研究是必要的，值得进一步研究。然而，能否寻求其他的方式，比如自然尺度与空间维度来研究共同富裕对管理会计提出的要求，或者说，管理控制系统功能与信息支持系统如何有效地应对共同富裕的社会属性，是一种学术的创新驱动。陈惠雄（2022）提出了两个自然尺度和三个空间维度的实现共同富裕的基本逻辑，即："以满足人的合理需要为目标、以自然资源承载力为约束边界"是实现共同富裕的两个自然尺度，"天人共富、人人共富、心身共富"是实现共同富裕的三大空间维度。管理会计视角分析这种逻辑，首先，针对自然尺度，需要强调"以人为本"，满足人的合理需要为标准。这就要求企业提高初次分配的标准，从工资福利等方面满足人的自然需求。共同富裕只能以人们的合理需要满足为尺度，通过发展生产力解决发展不平衡、不充分的矛盾，满足人们不断增长的美好生活需要。这也是物质尺度与自然尺度的辩证统一。自然与社会的平衡，需要强调生态环境保护，管理会计要结合共同富裕的自然尺度，加强环境管理会计的建设，通过对自然资源的确认，如碳达峰，加强计量与报告，如碳中和及其效果。进而，使管理会计学术研究始终坚守自然资源承载力这一学科发展的约束边界，提高企业会计制度的执行效率与监督效果。实现共同富裕要转变不顾生态承载力的末端治理型经济增长方式，以"双碳"目标和高质量发展促进共同富裕建设，追求自我与他者（包括环境）的协调与平衡。无论是技术革命还是人文演进，均必须朝着人与人、人与自然和谐的方向发展，这是共同富裕发展的内生逻辑与必然要求。其次，针对空间维度，管理会计的"天人共富"，就是强化产业结构调整，充分发挥科技创新在企业中的生产力引领作用，借助于人工智能等技术的应用，使人与自然相互协调，通过数字技术在产业中的应用，形成数字生态，创新产品业态，使绿水青山就是金山银山成为企业"天人合一"的共富体验。构建基于生态共享、绿色发展的共同富裕发展体系，才能够真正实现人与人的共同富裕。管理会计的"人人共富"，是在效率与公平之间的动态调整，通过优化与改善生产关系，改革分配体制机制，坚持公平分配原则，防止"分配性努力"与"搭便车"现象，全面贯彻初次分配公平、再分配平等原则。要充分发挥广大员工的主动性与积极性，要通过勤奋工作实现企业的超常发展，为企业创造更多的价值，并实现价值增值。亦即，通过"生产性努力"，来实现企业收入不断增长，保证企业发展的可持续性成功。这样，才能真正实现"人人共富"。物质富裕与精神富足是促进共同富裕的辩证理念，管理会计的"心身共富"，既是一种精神与物质结合的管理控制需要，也是空间维度与时间维度的内在统一。这在管理会计的确认、计量与报告中具有重要的意义。比如，如何确认企业员工实现了物质与精神的统一，社会的基本标准是什么，是用时间换空间，还是强调时间与空间的协调，使员工在动态发展中体现共同富裕，这对企业来说，涉及管理会计的战略思维，企业长远发展与眼前利益的兼顾等，从管理会计工具创新角度讲，就是加快整合现行的平衡计分卡等技术方法，同时开发与应用新的管理会计工具，使企业在共同富裕的实践中，体现企业文化价值观的重要性。"天人共富、人人共富、心身共富"是价值理性与制度理性结合的产物，它反过来促进工具理性与技术理性的发展。习近平总书记指出，要促进人民精神生活共同富裕，促进共同富裕与促进人的全面发展的高度统一。① 同时要加强促进共同富裕的舆论引导，强化社会主义核心价值观引领，完善公共文化服务体系，不断满足人民群众多样化、多层次、多方面的精神文化需求。管理会计学术研究要在自然与物质尺度，以及时间与空

---

① 促进人民精神生活共同富裕［EB/OL］.［2022 – 08 – 01］. https：//baijiahao. baidu. com/s? id = 1739896675545334182&wfr = spider&for = pc.

间维度上实现互动，从微观的价值管理向宏观的美好生活需要目标进行传导，真正实现人—经济—社会—生态可持续发展。

二、改革开放促进管理会计学科的交叉融合

管理会计学科交叉不仅仅是概念形式的展现，而是在管理会计实践中形成一套改革开放的思想体系。管理会计学科的交叉融合既要避免研究中存在的形式主义倾向，即表面看似量化手段很纷繁且有序，实质却没有什么理论贡献。同时，对于建立在这种量化形式上的话语体系，不仅难以客观计量中国独特的概念体系，也无法适应管理会计实践的应用需求。

1. 构建符合学科交叉特征的管理会计概念结构。管理会计的概念承载的是中国企业管理的思想特征，以及中华传统文化及其价值观念和精神。不能认为，只要将国外的管理会计及其相关学科的概念等应用于中国管理会计研究与方法的术语体系之中，并且加以表达出来就完成了管理会计研究的中国化，这是一种形式主义的理解。某种概念是否已经"中国化"，核心在于原有的概念形式已经与概念承载的文化内容实施成功分离。或者说，可以运用这些概念表达自己的思想内容。构建具有中特色的管理会计"话语体系"，首先，需要用中国企业或组织的思想表达形成相应的概念及其内容结构；其次，管理会计学科交叉的核心内涵是有用，能够指导企业管理会计的具体实践。或者说，这种概念体系是原创的，具有自身的精神内涵，体现出中国特色企业管理的理论和实践创新。前者体现的表达内涵等是中国管理会计话语的表层内容，是中国特色管理会计理论和实践创新的表现形式；后者则是中国话语的深层内容，是理论和实践创新的实质。在这一问题上，人们往往把注意力集中在话语的概念体系层面，忽略了内在精神的实质层面（丁立群，2022）。管理会计研究的学术自觉，应当主动克服管理会计学术话语中片面且形式主义的认识，通过嵌入本国文化及其价值观进行实质性的理解，将中国特色的管理会计理论与方法体系建设与中国具体的实践结合起来。

改革开放以来，随着市场经济地位的确立，中国经济得到快速发展，通过所有制结构、生产方式和分配方式等的变革，企业结构组成也发生了巨大变化，大量民营企业已经成为国民经济建设的主力军。2012~2021年，我国民营企业数量从1085.7万户增长到4457.5万户，10年间翻了两番，

民营企业在企业总量中的占比由 79.4% 提高到 92.1%①。目前，民营经济贡献了 50% 以上的税收，60% 以上的国内生产总值，70% 以上的技术创新成果，80% 以上的城镇劳动就业，90% 以上的企业数量。民营企业在稳定增长、促进创新、增加就业、改善民生等方面发挥了重要作用，成为推动经济社会发展的重要力量。面对大量的民营企业，尤其是其中的中小企业，管理会计学术研究的重点应该放在什么地方，如何协调长远与眼前的关系。同时，我国的地区经济发展不平衡，企业分布结构、资产规模等也存在很大差异，这给管理会计的收入与成本管理也带来挑战。数字经济发展，企业经营活动虽然能够延展至不同地区，但"资本无序扩张"可能会导致新的不公平。因此，管理会计要在开放背景下加强与产业经济学等的交叉融合，重点围绕防止垄断和资本扩张的不良行为等，维护小微企业的权益，增强民营企业家投资的信心（魏杰，2022）。此外，要适应国际经贸规则变化的实践需要，强化管理会计学科与国际贸易等学科的交叉融合，提高我国经济的高质量发展。以区域全面经济伙伴关系协定（RCEP）为例。2022年1月，RCEP 正式生效。这个全球人口最多、经贸规模最大、最具发展潜力的自贸协定，为中国与东盟国家的经贸合作带来实实在在的红利。关税降低带来直接效果是进口成本降低和出口机遇增多。根据协定，区域内 90% 以上的货物贸易将最终实现零关税，这极大促进了跨境贸易往来。其中，根据"原产地规则"，只要产品在加工过程中实现的增值部分属于 15 个成员，且累计增值超过 40% 即可享受相应关税优惠。这给区域内诸多企业的跨国产业合作带来了信心。RCEP 在国际贸易和产业链构建中不仅于己有利，还具有利他的属性，能带动区域内相关国家在更大范围内参与产业的塑造与拓展。比如，新能源汽车产业使中国与东盟国家、日韩等国的产业链紧密联系在一起。贸易与产业的深度连接，直接带动区域内跨境货运量的大幅增长。管理会计要为畅通供应链，优化结构及保持高速增长提供理论与方法的支撑。RCEP 在多国落地实施，推动新通道建设提质升级，新开行的"东南亚—钦州—西安""RCEP—北部湾港—河南"等多趟铁海联运线路拉动东盟国家与中国经济发展深度融合。跨境电商作为拉动中国—

---

① 民营企业数量为何 10 年翻两番？［EB/OL］.［2022-03-25］. https：//baijiahao. baidu. com/s? id = 1728274355708965345&wfr = spider&for = pc.

东盟发展的新引擎，为构建更为紧密的中国—东盟命运共同体注入新动力。RCEP 生效后，中国与东盟国家的跨境电商发展势头进一步增强，进出口规模与日俱增。这些丰富多彩的实践需求，要求管理会计拓展功能结构，正如财政部《会计改革与发展"十四五"规划纲要》提出的那样，推动会计职能对内、对外拓展，对外主动参与全球性的经贸与会计治理，促进贸易规则与会计规则的交叉融合。

2. 改革开放后的管理会计人才需求推动学科间交叉与融合。管理会计的人才需求是与国家在宏观形势紧密相联的，改革开放促进了管理会计理论与方法的完善和发展，也使管理会计人才的培养进一步其他学科进行交叉融合。在教育部等五部门关于印发的《普通高等教育学科专业设置调整优化改革方案》中提出，到 2025 年，优化调整高校 20% 左右学科专业布点，新设一批适应新技术、新产业、新业态、新模式的学科专业，淘汰不适应经济社会发展的学科专业；基础学科特别是理科和基础医科本科专业点占比进一步提高；建好 10000 个左右国家级一流专业点、300 个左右基础学科拔尖学生培养基地；在具有一定国际影响力、对服务国家重大战略需求发挥重要作用的学科取得突破，形成一大批特色优势学科专业集群；建设一批未来技术学院、现代产业学院、高水平公共卫生学院、卓越工程师学院，建成一批专业特色学院，人才自主培养能力显著提升。到 2035 年，高等教育学科专业结构更加协调、特色更加彰显、优化调整机制更加完善，形成高水平人才自主培养体系，有力支撑建设一流人才方阵、构建一流大学体系，实现高等教育高质量发展，建成高等教育强国。

当下，新的科技革命、新的发展格局构建正孕育着管理会计学科发展的巨大可能。管理会计工作者要适应这种新机遇，积极推动学科间的融合与发展，拓展新格局、优化学科体系的原始结构，使管理会计的学科交叉，做到"一专多能"。学科交叉已成为高水平科研与顶尖人才的重要特征。结合"改革方案"的文件精神，管理会计改革人才培养要注重优秀青年人才团队的培育，将相关学科专业发展前沿成果、最新要求融入人才培养方案和教学过程。加强"管理会计＋X""X＋管理会计"等交叉学科知识的传播。深化国际交流合作，强化重点领域涉外人才培养相关专业建设，打造涉外法治人才教育培养基地和关键语种人才教育培养基地，主动服务国家软实力提升和文化繁荣发展。要按照人才培养"先宽后深"的原则，制定科学、规范的人才培养方案。同时，要关注国家层面发布的人才需求信息，主动调整教学内容与教学方法。比如，针对行业人才需求预测、毕业生就业反馈预警及人才使用情况评价，适时修正教学方式与课时安排，并且，完善多渠道资源筹集机制，建设科教、产教融合创新平台等。管理会计学科的交叉，最典型的就是数字化技术广泛应用于管理会计领域，它使会计的确认、计量、报告更具针对性与有效性，能够更好地服务于宏微观的经济治理。当前，围绕数字产业、智能产业、云端经济等新兴产业链布局创新链，管理会计必须加快与其他学科的交叉，以及针对关键核心技术的联合研究，同时利用数字关键核心技术调动企业控制潜在高附加值的动力。换言之，会计既面临技术变革的挑战，也面临商业模式和价值创造模式变革的挑战。在工业经济时代，净资产和净利润等传统财务指标能够比较好地反映企业的价值。但在新经济时代，价值创造主要由知识、技术、人才、平台驱动的背景下，传统会计所揭示的净资产数值与市值的差距越来越大，越来越不能反映企业的真实价值和投资价值。从技术层面来看，未来的会计是数字化、智能化的会计，管理层通过网络在各种终端就可以实时查看财务报表和财务指标并及时作出决策。为此，会计人员的数据分析处理能力、信息技术操作能力要求会越来越高。未来的管理会计学科与数字技术的交叉融合将成为一种客观必然，传统管理会计教材的结构和呈现形式以及管理会计的教学方式方法等都面临着很大冲击与变革。

第三节　本章小结

从世界范围看，越来越多的学者认识到，跨学科研究可以将科学与现实问题联系起来，以满足企业管理实践的需要。管理会计学科之间及其交叉研究，需要研究人员在学习、协调和建立有效沟通方面投入更多的时间和精力，在包容和克服个人研究兴趣方面也需要有所妥协。管理会计是一门"专用性"很强的学科，交叉融合其他学科的长处必须具有开放的思维。管理会计研究人员需要以新的视角看待自己学科及其研究方法的不足。学科交叉研究不仅源于管理会计理论与方法构建的需要，也是政府管理部门、实务界等的一致认识和学术自觉。围绕管理会计学科研究中宏观经济问题以及跨学科探索问题等，融入其他学科知识，团结不同学术背景的人来共同完成课题，有助于发现或创造新的概念与知识。这种呈现学科交叉的管理会计学术新机制，不仅是组织变迁的需要，也是技术革命的客观必然。在新一轮技术革命蓬勃兴起之际，国际技术和创新竞争，将会日趋激烈，管理会计需要通过学科交叉不断提高创新能力和水平，从而实现企业高质量发展。

在战略导向和使命驱动的学术研究环境中，管理会计作为人文学科，其主要的功能作用是辅助解决微观主体的收入、成本与资产的管理与工具方法的创新，而这些只是人文社科领域研究中很小的一部分。虽然社会科学的跨学科实践正在稳步发展，但还没有为知识生产领域带来实质性转变。对管理会计学科来说，学科交叉可能使其边缘性学科的属性更加突出，管理会计知识生产的学术标准和质量控制标准更难以规范，对于这些问题，成功的案例研究或项目研究经验，也只能在一定程度上起着支撑的功效，因此，加强管理会计学术的形成机制的研究任重道远。

第五章 管理会计制度演进的形成机制

基于中国式现代化的管理会计制度体系建设，是"双循环"新发展格局的战略需要，也是构建全国统一大市场、优化产业结构、转换企业增长动力的迫切要求。管理会计制度建设需要结合实务层面的操作规范不断调整和改变自身的理论与方法体系，将管理会计的学术研究与制度规范的现实需要紧密地联系起来。随着数字经济时代的到来，管理会计的技术水平提高和组织管理优化对管理会计制度的演进起着导向的作用。亦即，面对数字经济带来的各种新挑战，管理会计要主动投身于改革开放的具体实践中去，强化制度的激励与约束机制及其功能作用。加强新时代的管理会计制度演进的形成机制探讨，推动管理会计制度步入时代发展的崭新轨道，是管理会计学术研究的重要使命。

第一节　管理会计制度变迁及其形成规律

很少有学者怀疑管理会计需要通过改革来实现制度创新。创新作为事物发展的不竭动力，管理会计的制度演进需要在创新的基础上寻求突破，并发挥出制度文化的内在光芒。

一、管理会计制度演进的变迁动因

在西方管理会计实践中，企业与外部组织之间的关系通常趋向于通过合同而不是通过与外部组织形成关联关系，或者人与人之间关系来约束。

中国的产业集群或小企业集群拥有强大的管理会计功能作用，对管理会计制度建设的方向产生着重要的影响。

（一）管理会计制度变迁的文化特征

管理会计制度建设要突出中华文明演进的历史，客观地看待管理会计的技术性与文化性，避免盲目地将西方科技作为管理会计制度建设的唯一基础或动因。

1. 管理会计制度的文化基因。我国作为一个文明古国，文化传承的基因对管理会计制度建设产生着重大的影响。丰富的文化及其价值观不仅极具生命力，且具有广泛的渗透性，其文化理念及其价值观意识已经浸润到经济制度的方方面面。儒家思想对国家经济体制建设和企业文化建设的影响是极为深刻的，"中庸和合""天人合一"，倡导义、利、礼三者的统一等文化理念，使管理者往往将建立一种一成不变、稳定的制度体系成为自身的唯一追求，统治者强调的"利莫大于治、害莫大于乱"就是这个道理。在管理会计制度的建设中，不同的企业管理者都有自己的一套看法，这对于应对环境不确定性有其积极的一面。然而，当企业管理者试图将这种制度采取静化的状态，最好"一万年不变"时，则管理会计变迁机制就会与这种传统的文化基因产生碰撞，需要完善与发展这种文化理念及其价值观，并提炼出其中的优良基因，使管理会计制度变迁成为动态发展的理念，能够在指导企业业务活动中发挥最大的价值。结合现代的观点，从资源的角度来看，传统文化中所倡导的"中庸"等文化价值观需要转变。面对激烈的市场竞争，管理会计的文化基因正在不断地丰富与发展，企业的价值取向与行为取向要在"利"上思考中华文化与西方文化的异同所在，在中华文明的发展中强调"物质"文化的重要性，鼓励竞争，注重科技创新。管理会计的制度文化不能停留在传统的文化价值观阶段，要结合当代世界文明的基因突变，实施符合中华文明的激进式变迁，不能满足于"坐井观天"式的文化基因轮回，而是要在理念与价值观等文化方面实现更高层次的飞跃。

只有形成高质量的管理会计制度体系，才能更好顺应企业文化价值观的发展和赢得市场竞争的主动权，也才能为企业其他各项管理制度现代化提供有力的支撑。从宏观角度讲，体现中国文化基因的管理会计制度体系要与现代化的经济体系相适应，推动企业的高质量发展。2018 年 1 月 30

日，习近平总书记在中共中央政治局第三次集体学习时，提出了我国现代化经济体系的战略构想，包括创新引领、协同发展的产业体系，统一开放、竞争有序的市场体系，体现效率、促进公平的收入分配体系，彰显优势、协调联动的城乡区域发展体系，资源节约、环境友好的绿色发展体系，多元平衡、安全高效的全面开放体系，充分发挥市场作用、更好发挥政府作用的经济体制。① 党的十九届五中全会提出，要加快建设现代化经济体系，加快构建以国内大循环为主体、国内国际双循环相互促进的新发展格局等。现代化经济体系的实践应用，离不开管理会计制度体系在内的支持，这些微观层面的基础制度体系是宏观层面现代化经济体系的落脚点与归宿。

2. 管理会计制度的中西合璧。文化知识是制度构建的基础，管理会计知识已经形成一套独立成熟的制度体系，拥有专门的研究对象和独特的研究范式。然而，管理会计是一门务实的学科，其制度建设偏重于技术工具与方法，以文化知识为内容的基础制度相对薄弱。中国经济要融入国际社会，传统"双嵌入"的经济发展状态，离不开先进管理会计工具方法的支撑。进入"双循环"新发展格局之后，传统的成本控制与管理等"双嵌入"下的管理会计工具，需要结合新时代的管理会计"应用环境"适时地创新，以及有针对性地改进与整合，同时，必须加强管理会计制度建设。这样，才能使企业更有效地适应持续变化的外部环境。改革开放40多年来，中国如同一个巨大的试验场，以不可逆转的姿态向商业社会转轨，管理会计也在实践中不断地摸索前行。

管理会计是思辨性与实证性的统一，在管理会计制度建设中，既要强调制度的管理哲学逻辑，更要有管理科学的计量方式与方法。从这个意义上讲，管理会计制度体现了理论与方法的统一。如果片面强调管理会计制度的哲学逻辑与思辨艺术，则管理会计制度可能会陷入"自己指引自己"的陷阱，这样不但不利于企业实践的指导价值发挥，更不可能形成中华文明特色的发展之路。它表明，管理会计制度建设需要中西合璧，当前的可行路径之一是：积极借鉴本土的科技文明，强化管理哲学的马克思理论指引。近代中国面对西方列强的侵略，中华文明的演进受到了一定程度的束

---

① 做实做强做优实体经济，习近平这样部署［EB/OL］.［2020 - 12 - 19］. https：//baijiahao. baidu. com/s? id = 1686466922431270385&wfr = spider&for = pc.

缚，尤其是科学技术的发展已落后于西方国家。对此，主动学习西方科技的优秀文化或技术方法，是丰富与发展中华文明的有效路径之一。当前，面对世界科技的不断进步，我国科技也在某些方面居于世界前列。同样，管理会计制度在向美日等国学习的同时，我国也形成了自身的"管理会计指引系列"，许多创新的管理会计工具与方法也正或已经走向世界，并得到世界同行们的认可。比如，海尔提出的"人单合一"管理工具，目前已经成为世界管理会计的标准之一。

在管理会计制度的演进过程中强调"中西合璧"，不仅是为了展示其演进与发展的形成机制，更是为了构建嵌入现代科技的管理会计理论框架。管理会计不同于其他学科，其本身就是一门边缘学科，没有所谓的"传统学术的基本框架"，因而更有利于管理会计制度建设的改革创新，管理会计倡导的思想文化、价值观念对于积极应对企业面临的外部不确定性，提高企业的核心竞争力等具有重要的理论价值和积极的现实意义。此外，管理会计制度的演进表明，"科技是第一生产力"不仅是宏观上的概念，也是微观的管理会计工具创新的重要理论基础。"中西合璧"的管理会计理论与方法体系在学习西方科技的同时，始终坚持马克思主义哲学这一文化"利器"。换言之，当前的管理会计制度建设应该将"共同富裕"等政策贯穿于具体的管理会计实践之中，通过数字化改革等新经济技术的应用，使管理会计理论与方法走在世界前列，努力构建一个"中西合璧"的管理会计学科体系。

（二）高水平开放背景下的管理会计制度变迁

长期以来，我国对外开放较为活跃，对内开放相对不足，经济结构不利于国家安全的维护。遵循"建设全国统一大市场是构建新发展格局的基础支撑和内在要求"，加快建设统一的国内大市场，有助于形成"以我为主"的世界经济新格局，并且在"人类命运共同体"理念下重塑世界经济的新秩序。

1. 以高水平开放推动管理会计制度建设。管理会计制度建设必须与"制度型开放"紧密协调，主动关注经济学与管理学的理论与方法变迁，在借鉴其他学科制度体系的同时，加强自身的功能体系的完善。在创新与开发管理会计工具的同时，必须加强管理会计制度建设。这样，才能使企业更有效地适应持续变化的外部环境。比如，工具方法之间具有一定的传承性，如标准成本制度即使面临作业成本等工具方法的挑战，其生命力依然强劲。有助于产业互联网领域吸引中小企业主动参与现有的共享组织，促进相关的平台体系构建，形成商业生态与商品体验结合的区域数字产业园区。经济的赶超必须有适合技术赶超的制度设计；企业群关注的"效率"。需要进行权利分享，各价值模块在这一价值链条上相互配合，最终为组织创造价值。持续的价值可以通过提高产品价格和降低生产成本两个方面来实现。对于单个企业来说，通过自身拥有的核心业务，能够与其他企业互补构建价值联盟，从而发挥自身的核心竞争力。

近年来，我国提出的以国内大市场为主体，国内与国外市场相互协调的运作机制及其新发展格局正在形成。"双循环"为全球经济模式的结构性变革以及经济体制的创新提供了新的动力。管理会计制度建设必须适应"双循环"新发展格局的内在要求。在新的形势下，必须主动将先进管理会计方法的理念嵌入企业管理的实践，使中国企业认识到我国已经成为全球经济发展的主战场，应当积极挖掘本土化的管理会计工具方法，推动中国经济及全球经济的发展，为构建"人类命运共同体"贡献管理会计的力量。

依循当下经济社会的"高质量发展"来寻求一种诺思（2008）所言说的"适应性效率"（adaptive efficiency）——能够以积极调适、主动应变的姿态来应对和处理变化了的"新情况"的制度结构来彰显制度效能。从对外开放角度讲，高水平的政策目标就是要通过对外开放，促进发展，实现合作共赢。管理会计制度建设要以人类命运共同体为宗旨，加强"一带一路"倡议下的会计规则与贸易规则的协调与统一。高水平开放是新一轮经济全球化的需要，也是我国经济高质量发展，迈向经济强国的关键举措。近年来，从融入和参与经济全球化到推动和引领新一轮经济全球化；从国际规则国内化到国内规则国际化，统筹国际国内规则；从商品和要素的流动型开放到规则、规制和标准等制度型开放，强化国际规制合作，中国高水平对外开放实现了质的飞跃。高质量对内开放是加快建设全国统一大市场的重要保证，也是"双循环"战略健康稳定发展的基础。长期以来，我国的对外开放较为活跃，对内开放相对不足，一定程度上阻碍了国内大市场的形成及其规模优势的发挥，约束了经济主体"成本/效益"原则的灵活应用和自主治理。面对外部市场环境对经济组织成本或收益的冲击，政府应从宏观层面加快建设全国统一大市场，制定相关的配套政策与措施，优化企业等经济组织的成本管理。"统一大市场"下的统一制度、统一技术或标准，以及产业与集群区域组织的有机协调，可以为企业等经济主体提供更加宽松的营商环境，降低企业等经济组织实践中的流通成本、制度性成本等各项制约供应链与产业链畅通的不利因素，提高企业等经济组织的成本管理效率与经济效益。

加快建设全国统一大市场，不仅能够为我国经济发展带来巨大的政策红利，也可以为企业等经济组织强化成本管理实践增强主动性与能动性。"统一大市场"突出市场化手段进行资源配置，不是重回计划经济的老路。亦即，围绕基础制度建设、市场设施建设等重塑中国的经济结构，打造全国统一的大市场。实施新一轮高水平开放，促进全国统一大市场下的经济全球化。亦即，借助于以庞大的内需市场引领并推动外循环，通过积聚资源，进一步培育国际竞争合作的新优势。对此，政府层面必须在政策、规则和执行上协调一致，消除地方保护主义，降低市场主体的成本支出，形成一个透明、开放、统一的无歧视、公平竞争的"统一大市场"。要重视宏观成本管理的积极作用，从总结并复制推广各地政府推进市场一体化发展的典型经验和做法出发，提高国内大市场建设的效率。或者说，围绕区域间开放递进的"统一大市场"，提炼区域市场的成本效益变化规律，维护地方政府或区域民众的利益。亦即，不能因为推进国内统一大市场建设而使地方或区域经济遭受损失。对此，需要借助于宏观主导性的产业政策实施更高水平的改革开放。即，在约束地方政府发挥各种优惠政策的作用空间的同时，通过一定方式引导地方政府主动改善营商环境，合理配置市场公共品，实施有利于统一大市场的竞争政策（包括反不正当竞争政策等）。从实践看，全国统一大市场建设的障碍来自纵横两个维度（刘志彪，2022）。横向维度就是要消除地方政府的保护主义行为，包括分割市场的行政垄断行为，以及地方上现有的市场主导企业的垄断行为等。纵向维度是约束地方政府的滥作为或不作为，包括对国家竞争政策、规则、措施等的误解，避免影响统一大市场的整体效应。

2. 对内高水平开放下的管理会计制度演进。从管理会计制度视角考察产业链升级与产业链安全等问题，容易在成本与效益的比较等方面产生困惑，有人将其称为"二元悖论"（罗德里克，2011）。对此，加快发展国内的高水平开放，突出"双循环"下我国产业政策的执行效率，十分重要且非常迫切。2022 年 4 月 10 日，中共中央、国务院颁布了《关于加快建设全国统一大市场的意见》，要求从全局和战略高度出发，加快建设全国统一大市场。"统一大市场"（integrated market）是经济全球化演进的产物，有助于促进市场功能的发挥（Williamson，1996）。党的十四大报告中就提出，要加快市场体系培育，尽快形成全国统一的开放市场体系。当前，世界格局的深刻变化使我们必须重视国内大市场的建设。事实上，"双循环"的关键点也在于"内循环"，这是中国经济稳定发展的基本前提。从高质量对内开放入手，加快建设全国性的"统一大市场"，积极推动产业转型升级，提高市场主体的效率与效益，是我国提升国际竞争力的客观需要。中国市场已成为全球价值链的主战场，必须在保护国家利益的前提下促进世界经济体系的构建与完善。我国在供给侧结构性改革取得积极成效的同时，通过内循环形成国内大市场，其目的是通过吸引全球投资稳定中国经济，促进企业等经济组织健康发展。从 2008 年的"出口转内需"到"以内循环为主"再到今天的"统一大市场"，高质量的对内开放格局已经形成。一个庞大的、充满活力的开放大市场，对缓解国际环境对我国经济的冲击具有积极的现实意义。国际化的"统一大市场"对于促进全球范围内的贸易、要素流动、科技创新和经济增长等发挥着重要作用。然而，全球化不是一帆风顺的，反全球化力量的积累会出现逆全球化的危机（郑春荣，2019）。从全球经济规则走向看，贸易保护主义盛行使各种区域性规则不断兴起，呈现出丛林化的倾向。以全面进步的跨太平洋伙伴关系协定（CPTPP）与区域全面经济伙伴关系协定（RCEP）等为代表的制度规则就是丛林化的产物[①]。"逆全球化"要求我们积极地处理已经或者将要形成的各种矛盾和冲突，把握新的发展机遇。

　　加快推进全国"统一大市场"是针对当前经济下行压力所采取的改革策略，释放出的是高水平开放和高质量发展的积极信号，它对于提振消费，打通内循环等至关重要。2021 年，中国社会消费品零售总额，已达 44 万亿元，是全球第二大消费市场，第一贸易大国（罗天昊，2022）。因此，加快建设统一的国内大市场，有助于调动各级经济主体宏观、中观与微观的成本管理意识，以权变性的思维重塑相关规则或路径，促进新情境下的工具

---

　　① CPTPP 已经于 2018 年 12 月 30 日正式生效，成员包括日本、加拿大、澳大利亚、新西兰、马来西亚、新加坡、越南、文莱、墨西哥、智利及秘鲁 11 个国家。RCEP 已经于 2022 年 1 月 1 日正式实施，成员包括东盟十国以及澳大利亚、新西兰、中国、日本、韩国。

理性与价值理性的统一。建设全国统一大市场，必然会涉及对外开放、参与外循环、进入国际市场、嵌入全球产品内分工等现实问题。围绕"完善营商环境""区域经济协同发展""实现共同富裕"等的改革目标与情境特征，加快构建公平竞争的市场环境，是供给侧结构性改革继续推进过程中需求侧管理的体现，也是市场主体积极性与能动性的反映。通过建设全国统一大市场推动区域经济的协调发展，有助于确保中国经济在稳定增长的同时实现高质量发展，展现国内大市场特征下的"双循环"新场景，有序引导中国经济的全球化方向，并实现良性循环。长期以来，中国在奉行全球化理念的同时，主动构建"人类命运共同体"。从全球范围看，以美国为首的西方利益集团在政治安全与经济利益的双重因素驱动下，试图通过重构供应链，打压中国在全球供应链系统中的地位或作用。对此，中国必须主动加快全国统一大市场的建设，以负责任的大国姿态积极维护国家的整体安全和经济利益。并且，通过更高水平的改革开放，协调好财政和货币政策的目标、力度、节奏，与各国一起共同推动世界经济的复苏（万喆，2022）。同时，积极构建多元化的国际货币体系，促使人民币与美元、欧元和日元等共同承担国际货币职能，建立稳定的国际货币金融新秩序（高波，2022）。构建全国统一大市场作为一项重大战略，对于巩固国内主导的供应链、重塑全球产业链，以及引导市场主体从内循环走向外循环等发挥着重要的引领作用和积极的效果。

二、管理会计制度变迁下的功能拓展规律

高质量发展推动高水平对外开放。面对国家利益与市场利益矛盾时，经济全球化的动机会在国家意志面前发生转变，市场力量主动让位于国家意志。或者说，此时的企业若选择"政治正确"，则可以获得最大限度的"成本/效益"比较效果，并且可以在市场上获得有效的补偿，它也映射出宏观成本管理的重要性。

（一）基于管理控制系统的管理会计制度变迁

1. 对外开放是提升管理会计控制系统功能的基本前提。传统上理解，大型跨国公司以盈利为核心目标，强调信息公开和平等竞争（Stiglitz，2006）。然而，面对国家间的不同文明与价值理念，当意识形态与道德观念

等发生冲突和矛盾时，跨国公司从整体安全性和自身长远利益着眼，会选择产业转移的团体行动，而且动作非常迅速（李晓，2022）。企业要谋求可持续发展，必须符合政府与社会的政治需求，企业的社会责任必须顺从民意及其价值理念。"政治正确"要求企业符合道德的、政治的和意识形态等的责任观念，这种地缘政治化倾向下的"政治正确"行为冲击着全球供应链的转型与发展，中国经济必须由外而内，通过"统一大市场"建设纠正这一方向。客观地说，产业转移和供应链调整，是影响我国产业体系竞争力的关键要素，必须保持足够的重视。一方面，全球供应链正面临严峻挑战。疫情加剧了全球供应链的不确定性，俄乌冲突又使能源供应、农产品等供应链环节带来极大的不稳定性。另一方面，产业转移速度加快。从外资企业看，无论是美资企业，还是日韩企业等，都加大了对印度及东南亚的转移速度。它表明，管理会计的管理控制系统要坚持高水平对外开放，并且以人类命运共同体为理论基础。既要着眼于国内发展，也要关注整个国际社会甚至是全人类的前途与命运。同时，坚持以合作共赢、新发展理念为指导，在合作中互惠互利、相得益彰，最终实现共同发展。现代化的管理会计制度要围绕"公平与效率"的关系，强化激励机制的制度创新。从现行的收入分配制度考虑，可以发现存在诸多的问题（张辉，2022）：初次分配中，生产端处于技术加速积累、数字化转型阶段，须保证技术型人才的报酬逐步提高以提供创新激励，从而带来劳动者内部收入差距不断扩大，为实现共同富裕带来挑战；再分配中，目前财税政策在整体上对收入分配调节效果相对不足，为实现共同富裕加重了难度；三次分配上，目前短期内尚未形成良好的社会氛围，三次分配规模和效果还较小，难以为共同富裕提供坚实保障。同时，近些年来呈现出代际流动性下降的趋势，物质资本、人力资本、社会资本逐步集中化，在长期上将影响实现共同富裕的进程。

短期内，改善我国的再分配政策，调节调整税制结构，逐步增加财产税、遗产税、资本收入税等税种，打破医疗、社保的区域、城乡壁垒，为中低收入人群的共同富裕"兜底"；长期上，提高人均教育投资额，优化教育资源结构，将我国人口红利逐步转变成为人才红利，提倡三次分配，营造携手共进的社会氛围，促进财富的横向内部转移，从而在代际间实现纵向公平，为共同富裕提供长期保障。当前的财富分配状况来看，再分配力度需要加大，但也要特别注意把握好再分配政策与激励政策的相容和平衡。"双循环"新发展格局需要我国经济实现高质量发展，坚持技术创新的关键在于"以我为主"，实现经济循环流转和产业关联畅通，矛盾的核心在于产业层面供给侧的结构性失衡。要明确技术创新是有效解决结构性失衡的核心手段，要以提高企业自主创新能力和促进产业结构高级化、合理化为目标。改革开放以来，特别是在"一带一路"倡议扎实推进的进程中，我国对外开放取得了巨大成就，全球价值链位势稳步提升，无论是全球经济还是"一带一路"沿线都逐渐形成了以我国为枢纽的全球价值"双环流"体系。然而，不得不引起重视的是，我国虽然在进出口贸易上保持着强大的规模优势，但近年来进出口贸易对于我国经济增长的拉动效应日趋减弱。与此同时，过往简易加工出口模式下导致的我国产业分工链条过于依赖国际需求，也极大程度上影响了当前本土产业链的创新升级过程，为新时代下我国产业链供应链的安全发展带来了重大风险。此外，进一步优化"一带一路"倡议的实施路径，坚持"共商共建共享"的原则，注重政策沟通、设施联通、贸易畅通、资金融通和民心相通，为世界各国发展提供新机遇及其路径选择。

2. 对内开放是扩展宏观视角管理控制系统功能的纽带。从对内的管理会计制度变迁来看，结合行业或产业视角传递宏观层面对降低企业成本的政策与制度安排，体现了全国统一大市场建设的内在规律。中观层面体现的主要是行业视角的成本管理，以及产业集群区域的成本政策或方针。微观企业的成本管理离不开行业或产业集群区域的政策规范，所以两者具有高度的紧密性。加快建设全国统一大市场作为国内大循环畅通的关键环节或运行基础，对于区域间货物畅通，增强企业之间的协调与可持续发展具有重要的实践意义。必须采取切实有效措施防止地方保护主义，杜绝乱收费、乱摊派、乱罚款等行为。同时，促进经济主体实施产业结构转型升级，培育壮大智慧产品和智慧零售营销；推动城乡市场一体化进程，加快产业数字化与数字化产业的融合与发展。通过"成本/效益"原则联动东西协作，加大消费市场的帮扶。借助于政府宏观的成本管理政策规范，助力中西部地区特别是欠发达地区的企业提升自我发展能力。要始终将市场配置资源的功能作用放在第一位，各级政府及其监管部门要结合不同区域的市场发展特征，运用"统一大市场"的战略理念制定行业或产业集群区域的成本管理政策，引导微观主体的企业提高成本管理的效率与效益。可以说，对内开放是扩展宏观视角管理控制系统功能的纽带，突出的就是构建企业良好的营商环境。当前，与产权保护相关的会计制度面临建设过程中的短板。从民营企业的经营活动考察，如何定义"合法"的私有财产仍然存在困难，民营经济需要的是对经营过程中的产权法律保护；因为经营过程中很可能与政策方向直接冲突，政策要求把污染降下来，很多工厂要关闭，这些工厂都是私人投资，从经营权上是合法的，这就存在法律依据，要考虑到"合法的私有财产"如何处理的问题。"合法的私有财产"必须通过合法的方式去调节、处理，在法律面前不但要人人平等，也要做到公私平等，地方、国企、私企之间的平等，特别在经济产权纠纷中，公与私，国企与私企之间的平等很重要。

　　管理会计制度是企业制度的一个重要组成部分，加强管理会计与生产制造环节的紧密协作，使采购双方在供应链活动中增强管理控制系统的功能与作用。在供应商的合作伙伴关系中，合伙的一方有可能因为合作伙伴信息的无法预期和控制，导致更难通过拥有大量的顾客组织或供应商组合来分散风险。对此，必须加强管理会计控制系统功能的积极作用，面对供应商协作中溢出的关系成本，使供应商成本增加，同时也会改变传统上各方在权力、独立性和信息提供方面的平衡。近年来，管理会计学者尝试运用新制度经济学来解释管理会计变迁，并得出若干有助于把握管理会计制度演进的思路与方法。从管理会计实践来看，企业管理者或会计人员往往不愿意主动实施制度变迁，使管理会计工具方法的应用停留在静态的被动状态，不仅中国特色的管理会计制度尚未形成，管理会计与财务管理等学科之间的边界也互相交叉并存。这就出现，诸如设计复杂的管理会计的控制制度系统难以在企业的日常管理中发挥作用，即便是对企业的经常费用的制度控制，其作用可能也是极为有限的。从控制系统的功能角度观察，成本核算与监督机制的完善与发展可以看成是鼓励创新的重要手段，这方面制度演进体现出的是一种创造性的，有助于提高生产要素的最佳方法的形成过程。这种制度属性的特殊文化价值表明，成本制度环境的变迁可能对获取新的优化生产方式投入/产出关系的产品设计有所帮助。比如，面对外部输入资源的限制，借助于人工智能的生产方式，有可能促进产品新业态的形成，使智能互联产品成为一种趋势。

（二）管理会计信息支持系统下的制度变迁及其特征

构建健康的营商环境，必须从组织上寻求制度的保障，实现管理会计控制系统与信息支持系统功能作用的良好发挥。同样，面对企业经营环境的复杂性与不确定性，管理会计的信息支持系统功能作用也将变得越来越重要。

1. 基于共同创造价值促进管理会计信息支持系统功能的扩展。管理会计是技术创新需求旺盛的学科，容易汇聚更多的资源，获得更多的投入，从而加快学科建设。我国制造业大而不强，全而不优，自主创新和资源利用等方面成为制约我国制造业发展的瓶颈。在新经济时代，企业技术创新表现出的最主要的特征即为智能制造。机器使用其"自学习"系统逐步提升自动化程度从而使人力逐步退出制造业流水线，制造业不断朝着智能化、数字化与信息化的方向发展。新一代先进技术的融入，并非将制造业弱化或将其消亡，而是在逐渐地提升制造业的发展质量，制造业智能化数字化转型也是正确的变革道路。智能制造是新一代信息技术和先进制造技术深度融合的产物，对于我国制造业在全球价值链中的地位走向具有至关重要的作用，同时也有助于我国现代产业体系和实体经济的发展壮大，在构建新发展格局和建设数字经济的过程中也发挥着至关重要的作用。在新经济的技术创新背景下，工业互联网相关制度的建立与健全，企业经营过程呈现出智能制造、融合发展及云化生态三大特征。虽然现阶段我国制造业应用工业互联网的过程中拥有产业体系、市场及算法等优势，但在技术创新、人才供给、转型门槛成本等方面仍存在发展困境。要建立健全要素市场的运行和调节机制，降低企业交易成本，畅通各产业的生产供应体系（张辉，2022）。数字经济一方面打破了传统经济发展的空间束缚，加速了国内大市场的统一，但另一方面也使得技术、资源和数据等市场要素向"头部平台"集中，新兴的垄断方式、完全的价格歧视以及资本的无序扩张成为数字经济背景下建设统一开放、竞争有序的市场体系的主要梗阻。面对新业态、新模式催生的新问题：一是要从制度入手，强化政策引导，坚持反垄断政策的有效实施，设置政策"红绿灯"，在建立健全市场准入制度的同时，规范市场公平，合理管控资本在市场中的流动和分配；二是要加强监管力度，充分利用数字经济的先天性优势打造"政府—市场"互动平台，强化制度和政策的宣传工作，提高企业公平竞争意识；三是要完善反"平台垄断"

和不正当竞争的体制机制，充实反垄断的监管理论，建立全方位、网络化、串并联共同布局的市场监管体系，实现市场中的全链条、全领域监管。

在数字经济时代，数字技术的应用如何促进企业发展，供应链与产业链之间如何进行协同，如何选择数字经济环境下的技术工具，并将其嵌入于管理会计现有的工具箱之中等，是管理会计制度演进必须重点考虑的问题。换言之，在数字技术广泛应用的今天，企业与合作伙伴之间需要借助于有效的信息支持系统，提高共同的学习效应，从交易成本的节约中获得收益，这些交易成本由涉及许多组织的传统的简化约定而产生。它们可以从产生于长期组织经济实体中的任何经济实体中，以及从改变约定各方的风险偏好出发，达成更合适的风险共享约束，进而从中获得制度协同的收益。从制造业的成本管理结构看，传统的劳动力成本优势已难以适应全球供需变化的新情境。目前的劳动力成本在制造业总成本中占比为 10% 左右，仅仅依靠这一比较优势作用有限（黄奇帆，2022）。加快建设全国"统一大市场"，需要借助于规模效应等来大幅摊薄制造业的各项成本，如研发成本、固定资产投资成本、市场拓展成本、物资采购成本等，其中也会摊薄劳动力成本。当前，受不同地区市场准入等的政策影响，企业只能在规定的地方注册，加之行业间的薪酬差距很大，制造业相较于其他行业不具有优势。加快构建全国统一大市场，通过规模效应可以带来制造业成本 30% ~ 40% 的降低，这对吸引制造业优秀人才、提高成本管理效率与效益有重要的实践价值。同时，要借助于数字化改革，提高制造业企业生产效率。即，依靠数字经济赋能产业链发展，构建自主可控的产业链体系，利用国内数字化产业的发展优势，主动与国际市场的需求缺口对接，鼓励更多的企业"走出去"，促进中国制造业形成全球性的"统一大市场"。此外，要防止大量资金成本滞留在实体经济之外，金融业上市公司的利润往往占全部上市公司利润的 1/2 及以上，它对产业整体的成本结构优化带来阻力。要依法规范和引导我国资本健康发展，通过资本结构优化等手段大幅提升制造业企业的成本管理效率与效益。

2. 从供给侧与需求侧融合的视角拓展信息支持系统的功能作用。政府的供给侧管理必须与市场配置资源的功能相结合，提高市场主体的成本管理协同效能。全国统一大市场要坚持"效率优先、兼顾公平"的原则。通过"统一大市场"发挥要素资源的市场化功能作用，正确处理政府与市场主体之间的成本效益关系，构建高效、规范、公平、竞争、充分开放的市场体系。事实上，我国的国有企业与民营企业，在市场准入等方面存在较大的差别，很多行业不对民营企业开放，有很多行业虽然开放，但是双方地位不对等。有些经济组织利用成本管理机制抑制经济生态中的中小企业，即数字平台主导方通过榨取生态系统中合作伙伴利润的方式来片面提高自身的利润（叶康涛，2022）。"统一大市场"必须突出公平竞争的环境，通过法律规范的形式，确立市场主体的平等地位。亦即，坚持成本效益原则，遵循市场化的经营逻辑，利用各种创新手段，维护成本关系。目前，充分发挥市场作用、更好发挥政府作用的经济体制面临的主要梗阻在于，市场与政府的边界仍然不够清晰，现代产权制度仍待健全，国有企业在经济发展中的重要地位也需重新审视。一是要强调市场的调节作用，在数字经济全面渗透到各行各业的背景下，导致"市场失灵"的信息不对称问题得到高度缓解，市场这只"看不见"的手变得更加有效，因此，要持续坚持市场化、法治化原则，充分发挥市场在资源配置中的决定性作用；二是要突出政府的引导能力，积极引导市场竞争公平，完善保护产权的制度体系，充分激发各类市场主体的活力；三是坚持"两个毫不动摇"，在鼓励"专精特新"激发市场活力的同时，保证国有经济与民营经济的良性互动以及国有经济在关键领域的核心地位，利用国有企业与政府联系紧密的天然优势，充分调动国有企业创新积极性，特别是要引导国有企业对具有强知识溢出效应的基础性、颠覆式原始创新的投入和研发，强化国有企业在国家创新系统中的领头羊地位。

"统一开放、竞争有序的市场体系"是建设现代化经济体系的规则要求。近年来，随着我国城镇居民人均可支配收入不断提高，强大的内需市场初具规模，构建统一大市场向好发展。由此可见，基于全国统一大市场情境下的成本管理是一项宏观、中观与微观相结合的系统工程，政府管理当局与市场主体必须相互配合，共同推进并解决实践中的各项成本管理问题。持续推行有效市场和有为政府融合协调的产业政策，充分激发各部门自主创新积极性，强化传统和新兴产业之间的融合发展，有力支撑新旧动能转换，熨平经济波动性。需要通过各类制度与政策安排，包括税收、规制、反不正当竞争以及倡导慈善公益等举措，避免财富积累过程中的过度分化。党的二十大报告提出，要完善分配制度。其中强调要"规范收入分配秩序，规范财富积累机制"，正确处理效率和公平的关系，构建初次分配、再分配、三次分配协调配套的基础性制度安排。要发挥分配的功能和作用，坚持按劳分配为主体，完善按要素分配政策，加大税收、社保、转移支付等的调节力度。支持有意愿有能力的企业和社会群体积极参与公益慈善事业。规范财富积累机制的时候，不仅要考虑到财富分配是否公平合理，还要考虑到财富积累是否可持续，脱离开财富积累谈财富分配是不现实的。一是城乡收入差距仍然较大；农村居民的财产性收入（特别是土地收益）需要得到更有效保障。二是地区差距仍然较大，这涉及以人为本的新型城镇化战略、区域协调发展战略以及政府税收、社保、转移支付等再分配手段的力度与精准度。三是国民收入占比中劳动收入份额在不断下降，资本与劳动的关系与位势需要调整和再平衡。四是政府再分配政策对收入差距调节能力需要提高。必须以保护产权、维护契约、统一市场、平等交换、公平竞争、有效监管为基本导向，规范财富积累的依法开展。不能因为过强的再分配政策成为反向激励，抑制市场主体的创造性和活力，由此带来的负面作用可能会压抑整个社会的财富创造，这是需要努力避免的。

第二节　管理会计的制度演进与时机选择

管理会计学术研究需要扩展新思维、探索新路径。管理会计"看似微观，实则宏观"，传统微观主体的管理会计研究，需要从宏观与中观融合的政治、经济与社会视角协力解决管理会计中的新问题，寻找新的研究课题与方向。

一、管理会计制度演进的重要政策窗口期

重要政策制度窗口期指的是基于政治、经济与社会背景形成的重要政策制度对管理会计理论与方法创新驱动产生的时空效应或范围。这些重要的政策制度不仅会对整个经济体制产生积极影响，且有助于推动组织效率与效益的提升等，进而影响管理会计的功能结构与执行效应。

（一）政策窗口期的内容选择：管理会计的制度建设

新制度经济学将竞争因素置于制度变迁的底层逻辑，组织迫于竞争必

须持续地投入学习。演化理论则把竞争视为发现规则的一个非线性过程。回顾 40 多年来的改革开放，中国特色的经济学理论在宏观经济制度、中观产业政策等方面对企业竞争或管理会计规则的形成产生了直接或间接的影响，推动了管理会计制度体系的完善与发展。

1. 管理会计学术研究的制度特征。管理会计学术研究的目的是要为企业价值创造并实现价值增值提供理论与方法依据或思想基础。亦即，通过管理会计的管理控制系统和信息支持系统提高对稀缺资源的利用效率，以增加企业的总价值。从学术视角开展管理会计理论与方法研究，或者从实践视角进行管理会计工具与技术研究，本质上没有太大的区别。它们是管理会计研究形成与发展的两个基本路径。相对来说，学术研究形成的理论与方法在学科层次上更严密，且结构性与逻辑性等特征更加明显，实践研究则具有更强的实用性与可操作性，并且包容性和可操作性等特征更加突出。目前，管理会计学术研究倾向于细微（细小）问题的研究，往往借助于量化手段进行经验检验。事实上，管理会计研究必须自觉服从国家的政治、经济与社会发展需要，管理会计学术研究应该朝宏观方向转型，符合"看似微观，实则宏观"的管理会计学术理念。

管理会计研究不同于财务会计研究，它具有时效性与对策性。2021 年 11 月，财政部发布的《会计改革与发展"十四五"规划纲要》（以下简称"规划纲要"）对管理会计的发展提出了明确的目标，比如，要求会计职能对内与对外进一步拓展，即，对内拓展聚焦于提升微观主体管理能力，对外拓展归集在服务宏观经济与经济治理等内容方面。传统围绕本量利概念或方法延展的管理会计理论与方法体系，正面临进一步发展的瓶颈，需要结合宏观与中观场景进行拓展。早在 1987 年余绪缨教授就认识到这个问题，并提出了"广义管理会计"的概念。他认为，必须加强宏观管理会计的研究[①]，并从宏观投资与宏观经济等不同层面加以展开（胡玉明，2022）。客观而言，管理会计研究是动态变化的，在政策制度的不同"窗口期"，需要结合新时代的发展变化确立权变的思维，坚持管理会计研究的宏观转向。

---

① 余绪缨（1992）认为，"宏观管理会计"是从国民经济看问题，在更高的层次上，建立为宏观经济管理服务的经济信息系统，包括"宏观投资决策会计"和"宏观经济会计"两个组成部分，从宏观上研究如何在整个国民经济范围内，为提高经济资源的配置效益（建设项目前从国民经济看的投资效益）和使用效益（项目建成投产后从国民经济看的经营效益）提供有用信息。

管理战略的实施、经营决策的选择，以及供应链产业链上战略合作等各个不同层面，均离不开管理会计研究的引领与学术观念的协同。这些，既是当前管理会计研究的重点，也是未来几年管理会计发展的方向。

2. 强化服务于管理会计的制度建设。"窗口期"的重要政策制度问题的研究对于构建中国管理会计制度体系具有积极的现实意义。财政部作为会计工作的直接领导者，是管理会计制度建设的主体，并对企业规则与战略发展方向产生重要影响。近年来，财政部重要的政策制度主要有两类：（1）规则类，如会计指引体系的构建与实施。根据 2014 年《全面推进管理会计体系建设的指导意见》精神，重要的时间窗口有两个：一是自 2014 年起，3~5 年内完成管理会计制度体系；二是通过力争 5~10 年的努力，使我国管理会计跻身于世界先进水平行列。前一个窗口期的任务已经完成，现在研究的重点与难点是如何实现工具的有效"落地"；后一个窗口期还有一年时间，即如何形成具有中国特色的管理会计理论与方法体系，并在全球会计界拥有充分的认可度和话语权。现在看来，国内各种国际水平论文的发表数量等或许能够完成，实践中的管理会计工具创新等方法应用技术的呈现则面临挑战。（2）战略类，如"规划纲要"。2021 年 11 月，财政部下发《会计改革与发展的"十四五"规划纲要》，提出会计职能需要对内与对外进行拓展。重要窗口期的会计政策制度能够在规则维度与战略维度的融合上映射出会计管理当局的经济思想和发展主张，引导微观主体的企业对管理控制系统与信息支持系统的功能结构实施调整。强调管理会计"看似微观，实则宏观"的理念，就是要突出会计政策制度的宏观中性、中观弹性与微观韧性的具象特征。

从宏观视角看管理会计，自 2016 年国务院降低实体经济企业成本政策的颁布与实施以来，各级地方政府和部门对成本管理高度重视。2022 年 9 月，国务院继续下发《关于进一步优化营商环境降低市场主体制度性交易成本的意见》，表现出的是"举国体制"的政府决心，倡导宏观管理中性，便于发挥管理会计在国际经贸规则协调中的积极性，主动研究政府相关的会计政策规范，为企业管理当局提供合理化的对策建议。比如，建议各级政府在涉及微观价值管理的会计政策制度中，秉承监管中性的管理理念，用有所为、有所不为的公共服务，为科技攻关解决后顾之忧，为市场主体发挥科学逻辑、市场逻辑和社会逻辑的政策制度提供保障（冯巧根，

2022）。结合管理会计的宏观中性强调"管理理性"，就是要让利于民，为中小企业排忧解难，为市场主体的创新保驾护航。管理会计的中观弹性，是强调政府的产业政策应当将重点放在市场配置资源的主体功能上，敬畏市场及其内在规律，产业政策等制度行为注重知与止。政府只有通过更好地发挥产业或企业集群的作用，让市场在资源配置中发挥决定性作用，才能真正让举国体制下的产业发展"新"意盎然。管理会计的微观韧性，是指会计政策制度作为企业决策与控制的风向标，可以起到引导组织、部门和员工努力完成价值创造与价值增值的管理会计目标，鼓励并支持中小企业走"专精特新"的道路，发挥好中小企业"船小好掉头"的灵活机制。

3. 适应产业与经济政策的管理会计制度创新。改革越深入，相关的经济政策就会越多。产业集群作为全球产业链重构的载体，相应的产业政策对于区域企业抵御各种风险（如断链风险），强化内部控制具有重要的时间价值或风险价值，是管理会计制度构建及其对策形成的重要窗口。从 2021 年 6 月浙江高质量发展建设共同富裕示范区（现已扩展至"长三角"一体化共同富裕示范区），到党的二十大报告提出中国式现代化是全体人民共同富裕的现代化，不仅承载着鲜明的时代特征和中国特色，而且强调收益分配公平，促进组织效率与效益提升等内容（人民日报海外版"学习小组"，2022），这些均与管理会计研究有重大的关联。管理会计的薪酬体系如何体现"共同富裕"的要求，如何理解"三次分配体系"与传统"按劳分配体系"的内部控制关系等，是产业集群区域企业高质量发展的内在要求。换言之，围绕"双循环"的新发展格局，必须加快建设全国统一大市场，且注重企业面对宏观、中观与微观的政策制度安排，为管理会计学术研究提供新的方向。目前，全球进入一个"高成本"的新时代（刘元春，2022）。全球经济现状导致高成本时代的到来，这类成本具体涉及各类健康防护成本、技术创新成本、贸易成本、绿色转型成本、政治成本，以及财务成本与用工成本等。

管理会计虽然不能对外部利益分配关系产生直接影响，但其内部组织之间依然存在利益分配等绩效管理需求。换言之，从管理会计的绩效管理制度看，初次分配是最重要的。初次就业所在的行业或企业的工资水平，是能否实现富裕的关键，再分配是政府以税收等杠杆对企业及员工收益的分配，三次分配则重在慈善等公益事业，管理会计需要在社会成本等方面体现自身的责任意识。亦即，中国式现代化框架下的三次分配制度必然会作用于管理会计的微观绩效管理，以及与之相适应的管理会计工具开发与应用等方面。并且，面对构建全国"统一大市场"等制度政策的窗口期，如何有效地将利益分配的公平与合理等落到实处，不仅对管理会计绩效管理带来新的使命，也给管理会计理论与方法体系建设提出新的要求（刘志彪，2022）。对此，通过加强宏观与中观的预算管理与成本控制，促进管理会计学术研究朝宏观领域为主的方向转变，对于强化中国式管理会计的理论创新具有积极的意义。以成本管理为例，当前面临的重点是聚焦宏观成本，比如，量化宽松退出的成本、供给端劳动就业和结构性调整成本、产业链安全成本、供应链稳定或重构成本等。总之，这方面的研究内容很多，值得管理会计工作者认真思考与探索。

（二）政策窗口期的目标选择：管理会计的应用属性

管理会计研究进入新时代，以"一带一路""人类命运共同体""双碳"目标等为代表的国际发展倡议或理念，正为世界各国所接受。对于管理会计学术研究来说，围绕既定目标，如价值创造与价值增值，寻求与重要政治、经济与社会政策窗口匹配的研究课题，具有十分重要的理论价值和积极的现实意义。

1. 重要政治、经济与社会目标下的管理会计应用。党的二十大报告提出"推动共建'一带一路'高质量发展"，体现的正是"人类命运共同体"理念的内在要求。为实现联合国提出的千年发展计划，解决贫困问题，"一带一路"倡议是一个客观和现实的创新路径。管理会计针对上述重要政策目标下的重大问题，必须发挥微观基础与宏观、中观视角结合的管理控制系统与信息支持系统的功能作用，配合政府开展有针对性的经济战略创新，这是高质量发展"一带一路"的保证，也是我国乃至于全球政治与经济面临的发展需要。传统"一带一路"沿线国家和地区的绿地投资，需要逐步朝援助性投资与当地经济发展结合的路径推进，管理会计学术研究要引领"一带一路"参与的国家和地区建立与中国式现代化相适应的会计制度体系，在符合国际会计准则要求的同时，体现我国重要政治、经济与社会发展目标的制度及其需求特征，强化各类产权保护，维护企业家合作机制中的资产剩余权问题的确认、计量与报告工作。管理会计要结合重要政策窗口期特征，关注地缘政治与地缘经济的方向，有效整合全球资本。一方面，要借助于管理会计的管理控制系统确保投资者合法权益的维护；另一方面，通过信息支持系统服务于"一带一路"沿线国家和地区的经济需求，借助于当地的价廉物美产品，实现"人类命运共同体"下的全球多赢的共同目标。

围绕重要的政治、经济与社会目标开展管理会计研究，体现出的正是"看似微观，实则宏观"的管理会计基本理念。当前经济学主要学科体系仍是在上一轮经济全球化过程中形成的，且还是由西方学者主导建立的。对此，管理会计学界要在关注中国特色经济学形成与发展的同时，更加奋发努力，以谦虚开放的心态，加强与国际同行的交流与沟通，积极推动中国特色管理会计学科体系的创新发展。从现实情况看，积极关注政策窗口期的管理会计问题，是实现学科创新的基础和保证。2022 年 12 月 6 日，中共中央政治局召开会议，提出了 2023 年的经济工作目标：一是突出"稳"。"坚持稳中求进工作总基调""明年要坚持稳字当头、稳中求进""突出做好稳增长、稳就业、稳物价工作"。二是明确五大政策。即积极的财政政策要加力提效、稳健的货币政策要精准有力、产业政策体现发展和安全并举、科技政策要聚焦自立自强，以及社会政策要兜牢民生底线。三是提出"四个敢"。即，干部敢为、地方敢闯、企业敢干、群众敢首创。为此，管理会计必须高度重视这一重要政策窗口期的目标导向，在管理控制系统和信息支持系统的功能结构配置上下功夫，结合情境特征，主动围绕"稳"开展管理会计学术研究。企业作为国民经济最基本的单元，只有企业稳定，国家才能稳定。

2. 以"共同富裕"为典型目标的政策窗口期管理会计应用。中国式现代化进程离不开共同富裕的根本目标要求。党的二十大为实现中国式现代化指明了新方向。自党的十八大以来，党中央站在世界历史的高度，以全新视角，创造性地提出了关于中国式现代化的一系列新理念、新思想和新战略。从"现代化"到"中国式现代化"，充分展现了社会主义的本质要求。管理会计要结合党的二十大报告中的共同富裕内涵及其精神实质，转变观念、主动创新。共同富裕具有长期性、奋斗性和差别性等情境特征，管理会计创新需要以人为本，体现收入分配的合理与公平原则，正确处理效率和公平之间的关系。共同富裕作为管理会计的驱动要素，有助于纠正传统分配方式存在的市场失灵现象（冯巧根，2022）。共同富裕的管理会计分配不是"杀富济贫"，必须重视初次分配制度的有效性，体现效率优先与机会公平的协调性。围绕"共同富裕"的分配制度改革，"不断完善初次分配、再分配和三次分配协调配套的基础性制度安排"，不断完善"效率优先、兼顾公平"与"公平优先、兼顾效率"之间的博弈机制，形成微观分配（以初次分配为主）、中观分配（以再分配为主）和宏观分配（以社会慈善捐赠为主）相互匹配的管理会计分配框架。

管理会计的制度建设要主动为不同地区、产业集群区域企业创造更好的高质量发展保障，不断强化管理会计与高质量发展、产业结构优化，以及收入分配制度之间的内在联系，不断完善企业价值创造与价值增值的结构性与执行性动因。借助于现代化经济体系建设，扩大中等收入群体比重，增加低收入群体收入，合理调节高收入，取缔非法收入等，这是中国式现代化目标的客观体现。实现企业之间的"共同富裕"，必须构建符合时代要求和技术进步特征的管理会计理论与方法体系，形成内部大市场和全球大市场相互统一的新格局，一方面在科技上进行全面创新，强化以国内大循环为主体的管理会计制度创新；另一方面，围绕企业战略安排，提高企业创新能力，通过国际产业链和价值链的不断攀升，铸就"共同富裕"的财务能力（李实，2021）。党的二十大开启了以中国式现代化全面推进中华民族伟大复兴的新征程。中国式现代化需要突出财政资金的指向性，提高预算管理的能力和水平。预算能力的提升既涉及预算制度改革，又与预算技术革新有关，它是提高国家直接支配能力的财富管理效率和铸就重要财力基础的保障。中国式现代化体现的是我国传承历史、弘扬文化价值观的内生性规律，也是实现物质财富与精神生活平衡的客观反映。

二、管理会计制度演进的宏观视角

管理会计学术研究是理论与实践结合的客观要求。管理会计要以更强的力度和深度推进"破旧立新"式改革与创新，传承管理会计学术研究中本土化思维与国际化观念，形成中国管理会计研究的新机遇和新动能。

（一）管理会计学术研究的理论转向

随着计量经济学在管理会计中的广泛应用，管理会计的量化研究已经成为学术界的主流范式。然而，现实中理论基础与实践活动的不协调，使理论性与应用性结合存在明显的不足。倡导管理会计学术研究的理论转向，即，开展中国经济学理论下的管理会计研究，体现出社会学科理论面向宏观经济需求的一种客观现实。

1. 管理会计学术研究中的理论基础转向。目前，管理会计学术中的定量研究往往难以展现宏观经济结构下企业价值创造与价值增值之间的相关性，尤其对产业集聚区域的企业群体或行业组织中的管理会计功能缺乏深入研究，使得管理会计宏观、中观与微观的逻辑关系或因果推断不尽完美。加之，学术界过于聚焦西方微观经济理论指导下的某一细小问题的研究（采取自下而上的研究路径），对中观层面的管理会计实践视而不见或直接省略，致使中层理论长期处于停滞状态。比如，某些定量研究成果似乎研究公司治理问题，但是透过公司治理现象的社会治理并未得到观察或检验，使中国情境的经济现象无法获得正确的验证，更难以发挥管理会计的管理控制系统与信息支持系统的功能作用。我国经济已进入新时代，面对新的历史责任以及社会经济目标，经济学范式需要新陈代谢，努力构建具有中国特色的经济学理论与方法体系。对此，积极响应中国经济学范式的变迁需要，提高管理会计对增量理论或知识的边际贡献程度，需要加快管理会计学术研究的宏观转向。同时，进一步结合中国特色的公司治理（如党领导的重要性），以及社会治理中的政治经济学理论与方法（如红色文化对管理会计功能的扩展），彰显管理会计价值创造与价值增值的积极效果。

2. 管理会计学术研究中的思维转向。为实现包容、多元的经济发展，积极应对并适应不同的规则差异和现实环境，需要通过经济学的宏观思维引领管理会计理论与方法的创新与发展。管理会计学术研究的宏观转向，是战略维度基础上的观念变革。首先，围绕管理会计的结构性动因展开研究。比如，主动寻求现实的或潜在的企业组织文化及其结构性特征，或者借助于数字技术（算法推荐等工具），总结并提炼企业组织中的内在特征和客观规律，进而构建管理会计的本土理论。对此，管理会计信息支持系统需要全面揭示企业的社会贡献，环境污染，可持续发展能力甚至于战略规划、研发专利、人才培养等情境。或者说，结合 IFRS 可持续披露准则（IFRS Sustainability Disclosure Standards，ISDS），为全球不同区域的投资者提供一致和可比的可持续报告。管理会计控制系统需要提供企业的综合报告，提供适时性的控制需求。比如，针对互联网公司呈现的点击量、月活量等指标情况进行确认、计量与报告。其次，结合网络价值联盟降低外部环境的不确定性与复杂性。以供应链和产业链为主导，发挥中国强大市场规模的优势，通过管理会计制度建设，在复杂性环境下开展网络链结构的量化研究。比如，针对人工智能的生产过程进行流程设计，结合大数据技术进行模型构建等。再次，根据行业结构或特征，尤其是产业集群下的企业群体特征进行有关成本问题等的实证检验。通过挖掘产业与企业之间成本生成的关联性，结合宏观的统一大市场或"双循环"新发展格局，梳理宏观、中观与微观之间的逻辑关系（任理轩，2021）。即，寻求宏观理论的统计检验，以提高管理会计在社会治理中的地位与作用。此外，为了减少理论分析与逻辑推论中的谬误，结合前验理论与后验理论等特征，开展面向宏观的管理会计多元性的结构数据研究。当前，面对百年变局和世纪疫情，加之俄乌冲突，容易在收缩性政策下产生"合成谬误"，影响部分行业的短期复苏。总之，实施管理会计的宏观转向，可以更理性地认清形势，作出明智化的决策，帮助企业实现价值创造与价值增值。

（二）管理会计学术研究的方法转向

传统管理会计学术的定量研究以微观主体的企业为主，集中在绩效管理、股东结构等问题的相关性检验方面。面对宏观经济管理与复杂的环境系统，过去以调查问卷等方法为代表的计量手段已无法满足管理会计宏观转向的内在需求。或者说，管理会计的定量研究方法存在适应性差的现象。

1. 学科视野偏窄。管理会计学术的定量研究主要集中在一些热点行业或热门问题的研究主题上，普遍性不够或代表性不强。基于西方经济学的理论基础（如模型应用等）对管理会计研究的引导效用正在降低，并且可能对理论的贡献产生阻碍。以组织经济学中的新制度经济学理论为例，近年来这一理论的量化应用正面临部分学者的质疑（张川和刘立霞，2022）。学者们认为，以新制度经济学为理论基础的管理会计学术研究，容易对学科发展产生退化效应。尽管以组织经济行为优化为基础的新制度经济学，逐渐成为管理会计学术研究的重要思想或理论依据。然而，这些研究获得的相关成果对于管理会计增量知识的贡献并不足，甚至在定量研究中存在滥用的现象。即，由于盲目使用该理论，一些研究可能更多地关注重新包装的"变量特征"，而没有为经济组织的理论证伪等提供有实质且新意的观点或论点。总之，管理会计学术研究成果很少或难以体现理论价值的增量贡献，甚至一些定量研究成果存在矮化中国本土管理会计内在价值的嫌疑。从具体对策上看，管理会计定量研究要选择适合本土化的理论与方法，深入中国社会的企业实践，"把论文写在祖国大地上"。

2. 研究方法固化。大量的管理会计定量研究经常采用是 A、B 与 C（自变量、调节变量与应变量的组合）之类的相关性检验，诸如表现为"成本黏性""业绩管理""高管背景"等为主题词的实证选题方面。提倡管理会计研究方法创新，注重学术研究方法的包容性，一个很重要的原因还在于学术研究具有边际成本。比如，从"论文—专著—教材"，其转化的边际年限是 2~3 年（论文到专著），以及 3~5 年（专著到教材）。从研究方法上讲，一种主流研究方法的边际年限大约是 20 年，南京大学的 CSSCI 于1997 年底开始探索，2000 年开始应用，5 年平台运行期，很快就要 20 年了，其边际效用将开始递减（冯巧根，2022）。或者说，更加有效的研究方法或评价方式将不久呈现在学术界面前。

3. 理论关照的矮化。如前所述，由于缺乏整体的认识论和方法观，管理会计学术中的定量研究偏好于采用西方经济学的理论基础或检验模型，以及过分强调自由与民主的市场化监管手段等，其研究结论往往不适合中国企业的实际情况，尤其不符合国有企业的特征。学术观点的融合或相互适应是相互间理论关照的内在要求。各级政府或有关部门要通过引导理论研究的方向，调动各学术组织或研究机构的积极性，确保国家各项制度与政策的可理解性与延展性落到实处。当前，重点沿着"数字化改革—数字技术应用—企业数字化转型"的路径，以及"双循环""全国统一大市场建设"与"共同富裕"目标，强化高质量的管理会计定量研究。比如，在研究方法上拓展时空边界，强化沪深两市的上市公司饱和数据研究，优化基于大数据的宏观经济变迁下的相关管理会计问题研究，等等。

（三）管理会计学术研究的组织转向

当前，企业面临新经济组织的变革时代，出现了许多前所未有的新特征。比如，国际性的经济合作与竞争、信息技术和网络的发展、越来越短的产品生命周期、知识和人才成为一种关键资源、企业结构与创新的演变，等等。这就需要研究者深入实践，广泛开展调查研究，深刻理解和认识新的环境、新的组织特征，以及新的任务、理念和方法，进而体现管理会计的研究价值。

1. 面向管理会计研究主体的"有组织科研"。2022 年 8 月，教育部宣布将在下一个十年着力加强"有组织科研"（毛军发，2022）。管理会计学术研究要适应这一新趋势，在知识结构与方法应用中发挥组织性科研的积极作用。倡导有组织科研，是提高中国经济高质量发展，实现中国式现代化的客观需要。亦即，通过"有组织的科研"，引导管理会计学者面向国家和社会的重大问题进行研究，使管理会计学术价值不仅体现在理论创造上，还能够兼顾产业链、价值链的利益相关者。管理会计学术研究的组织转向，并不否定研究主体的自由探索。从高校的"有组织科研"看，重大课题往往聚焦在学院或机构的负责人手中，尽管研究主体不外乎仍然是学院的具体教师，但首席专家往往是轮流坐庄、论资排辈。笔者认为，应以提高学术质量为中心，促进研究主体（机构与学者）在学术研究规模与结构效益上实现协调。对此，需要改革现行的竞争性课题申报制度。比如，结合学者的学术方向或偏好，围绕国家和社会的重大及现实问题，给有研究欲望或需求的主体，更多地配置一些非竞争性课题。这也是党的二十大报告中提出的"中国式现代化"的内在体现，更是共同富裕情境下科研理念与需求的客观反映。各级组织（如国家社科与自然基金管理机构）应当在平衡竞争性与非竞争性课题上发挥时代智慧，避免课题过于集中在某些权势或权威的人手中，进而充分调动广大科研工作者的积极性。

2. 面向管理会计研究对象的"有组织科研"。从管理会计研究对象看，"有组织科研"机制的形成，需要凝聚管理会计学者的力量，积极转变学术观念，在组织和管理方式上进行创新驱动。比如，构建有组织科研的管理会计学术生态，注重发挥管理会计创新服务于实践需求的功能转向。即，鼓励管理会计研究从沪深两市数据检验向生产与服务的实践有效方向转变；从理论知识向技术方法、智能互联产品向组织间数字资本共享为载体的产业数字化发展方向转变。或者说，"有组织科研"的实质在于通过科研组织方式的提升，加强管理会计服务于国家与企业急需、技术创新迫切性强的课题项目转变，强化管理会计的信息支持系统与管理控制系统服务于企业实践的功能作用（叶康涛，2021）。当前，管理会计的一项重要工作是对具有中国特色且世界领先的中国管理会计技术与方法加以弘扬与推广。以国内典型企业管理会计工具与方法向国外输出事件为代表，预示着中国管理会计经验已开始进入领跑者的轨道。它表明，2014 年财政部提出的 5～10

年形成国际领先的管理会计经验与方法开始逐步兑现。今后，国内领先公司更多的管理会计成果将会出现在国际标准体系之中。对此，要增强管理会计的理论自信与学术自信，自觉地以中国特色经济学为理论指导，拓展管理会计在经济与管理学科体系中的地位与作用（黄群慧，2021）。通过管理会计的"有组织科研"，增强数字推荐、大数据预算等工具在企业层面应用的效率与效益。促进价值管理平台的有序创新，使管理会计为市场资源配置提供强有力的支撑，尤其是注重对中小企业创新发展的支持功能与效果，保障"专精特新"企业资金链的运行通畅，以及供应链、价值链等管理行为的优化，主动防范各种内外部风险，引导区域经济，尤其是产业集群区域企业寻求新的跃升空间。

（四）管理会计学术研究的本土化转向

财政部《会计改革与发展"十四五"规划纲要》拓展了会计的功能边界，使管理会计学术研究的宏观走向更加清晰。管理会计信息支持系统的时空覆盖及其管理控制系统的复杂技术手段，为学术研究的实证检验提供了保障，中国管理会计研究正在朝本土化的方向迈进。

1. 管理会计本土化研究的总体方向：体现中国特色。强调管理会计的国际同行话语权，一个重要路径就是管理会计学术研究的宏观转向。这是因为：

（1）20世纪80年代，中国以改革开放为机遇，积极融入全球化，坚持以经济发展为改革的重点。即，通过"双嵌入"拥抱全球化。此时，管理会计学术界的研究重心主要是"成本管理"。即，学术研究主要通过对沿海地区"三来一补"企业的问卷调查等计量方式，寻求成本效益的最大化路径。此时，管理会计研究的重点是如何降低企业成本，同时鼓励国外资本来中国投资兴业，促进中国的就业提升。客观地说，中国的制造业也正是在这波全球化浪潮的引领下，不断地成长与壮大的。相应地，管理会计研究的重要性也得到了企业的广泛认可，并逐渐从微观层面向宏观方向传递管理会计工具理性的实践价值，形成了全面预算管理等的制度体系。

（2）20世纪以来，管理会计学术界加速转向国际接轨的量化研究范式，并号召并鼓励国内学者在国外 SCI/SSCI 发表论文。由于缺乏本土化的文化价值观引导，学术研究的形式多以欧美管理会计范式为蓝本，以实证研究的定量手段为基础。带来的研究现状是，管理会计学者的定量研究成果大都以当代中国企业的非主流问题为对象，以论文能够发表为原则。即，借助于国外的模型，以模仿的手段检验西方理论基础上的中国企业管理会计的实践相关性问题或现象。其结果是，学术话语权弱，影响小。

（3）进入 21 世纪，随着中国经济在国际上的地位提升，管理会计学术研究需要体现中国的特色。比如，中国已经成为世界第二大经济体，并且拥有联合国产业目录中的所有工业门类，是工业体系最完备或完整的国家。管理会计"看似微观，实则宏观"，有关宏观层面的管理会计定量研究具有天时地利的优势。因此，提高中国管理会计研究的学术话语权，必须引导定量研究向宏观转向。

2. 管理会计本土化研究的特殊使命：聚焦中国情境。国外的管理会计定量研究，倡导"以小见大"，注重微观视角"自下而上"为主的研究路径等。几十年来，这种定量研究范式已被我国年轻学者熟练掌握与应用。显然，这种研究方式也是有意义的，并且已取得若干有价值的研究成果，尤其在有关资本市场的研究领域。然而，从本质上讲，基于宏观视角的中国管理会计定量研究更能够体现中国的情境特征，也更有利于发挥管理会计在国际同行中的学术话语权。必须增强中国管理会计研究的本土使命感，主动聚焦中国企业的情境特征。

（1）以问题为导向，增强挖掘管理会计增量知识的意识。基本思路是：既可以从西方管理会计定量研究的成果中寻找新问题，且结合中国管理会计的实践进行思考，以及借鉴应用，同时，又需要善于利用中国企业的经验，借助于新兴的技术手段，如应用大数字技术进行数据分析，回归本土议题，聚焦中国企业的特殊情境。

（2）以文化自信为前提，强化管理会计理论研究的中国担当。一种现象是，学者们往往对国内自创的管理会计工具或方法缺乏自信，总会提出这样那样的不足，缺乏足够的包容性（比如不容易被杂志发表等），或者不予关心及支持不足等。这其实是文化不自信的表现。对此，一方面，可从西方实证理论的量化旁证中逐步走向中国理论的话语构建；另一方面，善于在学术积累的基础上，提出本土化的理论框架或体系结构。

（3）发挥中国数字化改革先行及其科技攻关的"举国体制"优势。管理会计"看似微观，实则宏观"，管理会计研究要从宏观的应用环境中挖掘企业可能蕴含的价值理性问题。比如，总结并提炼数字资产（资本）的内在现象与外在特征，借助于会计的确认、计量与报告手段，升华收入与成本的变化规律等。亦即，通过聚焦宏观的行业制度或产业政策，从企业本土化战略视角出发，凝聚企业走向全球化的管理会计本质，形成"双循环"背景下的管理会计新理论，并开发出新的管理会计工具与方法。

（4）兼顾管理会计的发展历史，结合企业实践中应用的特征，从知识存量上寻找新的增量知识。针对管理会计问题，要从短焦关注转向战略规划的长焦远眺。比如，开展中华文化背景下的管理会计问题研究，赋予其历史视野和文化关照。再比如，利用数字化技术解读并量化理论扩展中的内涵特征和实践应用中的知识边界，从而获得本土化的新概念，且通过理论观点（观念等）的概念转化上升为新的理论。

（5）加快"管理会计人才素质框架"的实施。要通过管理会计的定量研究，结合宏观经济发展的现实需求，围绕理论与实践结合的视角思考管理会计人才配置。2016年11月，美国管理会计师协会颁布了《管理会计能力素质框架》，提出了五大类、共计28项具体能力的管理和职业发展指南。我国会计管理当局（如财政部）要加快颁布相关的制度内容。同时，在学术人才队伍建设上，要鼓励团队合作，开展教育部倡导的"有组织科研"活动，促进跨专业、跨机构、跨地域、跨场域的研究活动。并且，结合新文科建设要求，加强复合型人才的梯队培养。

（6）扩展理论及工具方法的传播边际。结合普及性理论，从管理会计工具创新及其推广应用的视角，在时尚与主流的不同场景下选择本土化理论及其管理会计工具的推广与应用的主体或对象（Luft and Shields，2003）。要增强管理会计定量研究的学术自信，在国际学术舞台上展现中国学派的力量，尤其是基于宏观经济的管理会计研究成果，增强中国管理会计的学术竞争力和话语力。

（7）以学术自信走向国际将成为中国管理会计界的一种崭新面貌。管理会计学术研究的宏观转向，需要总结并提炼中国管理会计的实践经验与典型案例，并且具备三个条件，即技术条件、市场条件以及再分配制度条件（李稻葵，2022）。技术条件是管理会计面向宏观所展现的技术优势，通过产业链的完备性与完整性，组建"链长制"等组织形式，以发挥引领者的积极作用。即，借助于中国在全球先进产业中掌握的技术领先优势，通过产业安全性与经济性的权衡，获取全球价值链中的最佳收益。市场条件是指我国市场潜力和巨大规模的市场优势，通过"内循环"以及建立"全国统一大市场""拓展县域经济"等促进国内市场的进一步开放，引导其他国家跟随开放，实现"人类命运共同体"的伟大理想。再分配制度条件，就是要结合党的二十大精神，优化三次分配的体系结构，为中国式现代化的"共同富裕"，创新中国管理会计学的理论与方法。

第三节　本章小结

"看似微观，实则宏观"，管理会计理论与方法体系完善和发展往往会映射出宏观经济发展变化所延展的经济内涵，引起微观企业对管理会计控制系统与信息系统的功能拓展。重要政策窗口期的管理会计研究，是管理者决策与控制的靶向及其依据，可以起到引领个人、部门和组织努力完成新时期政治、经济与社会重要目标的功能作用。中国式现代化的本质是要实现共同富裕，体现"人类命运共同体"的内在特征或客观使命。正确处理效率和公平的关系，构建初次分配、再分配、三次分配协调配套的基础性制度安排，需要管理会计加强微观基础的企业绩效管理。无论是中国经济的高质量发展，还是管理会计本土化的需求，都决定了必须开拓管理会计中国化的道路，而这条道路，正是以"宏观视角"强化管理会计学术研究的出路。或者说，是形成中国式宏观管理会计学科体系的客观追求。

从管理会计本身的职能作用来看，当前及今后一个时期的研究方向：一是聚焦管理会计制度"落地"；二是管理会计学术研究形成中国范式等。换言之，面对国内外环境及形势的新变化，管理会计要适应劳动力、资本等生产要素对公平竞争机会的客观诉求，加快"双循环""建设全国统一大市场""共同富裕"等制度的创新需求，引导管理会计学术研究实施宏观转向。中国式现代化进程离不开本土产业或企业的创新驱动，现代化经济体系建设需要强有力的管理会计功能支撑及制度保障。尽管管理会计没有对外分配的功能，但在处理企业内部分配的效率和公平方面具有财务会计无法比拟的优势。要充分总结现有管理会计工具中的合理成分，适应时代发展的新潮流，主动融入数字化改革的新趋势，体现独具特色的中国式道路自信与文化自信，形成适合中国情境特征的管理会计理论与方法体系。

第六章 管理会计研究的学术创新与实现路径

中国经济发展已取得举世瞩目的成就，国家正在向新的一个百年目标推进。面对全球经济形势的风云变化，各类组织面临巨大的变革与挑战，进而扩展了我国管理会计学术研究的空间领域，使理论研究有了更迫切的需求。管理会计研究的学术创新是面向未来的，需要强化前瞻管理，主动把握国际经贸环境的变化趋势，引导管理会计学者将学术研究融入国际化的潮流。重塑管理会计学术研究的范式，优化理论研究的机制与路径，是我国管理会计向世界展示中华文化优秀成果、提高中国管理会计在全球知识体系中地位的决胜之路。客观地说，解释管理会计发展需要构建学术理论，且不仅需要从需求的视角，也需要从供给的角度开展研究。对此，管理会计研究要合理选择学术发展的道路，它不仅关系到本学科的发展前景，也有助于充分展示学术研究的价值。为便于国外同行对中国管理会计学术文化的理解与认可，需要强化学术规律的研究。即，通过对学术创新成果的总结与提升，使中国的管理会计成为全球规范体系中的参考标准。

第一节　管理会计研究中的学术创新

学术创新是管理会计发展的主要动力来源。现有的管理会计研究内容、范围与国外研究的成果大致相同，欲实现中国管理会计的学术创新，必须加快宏观的引导，实现"由微观见宏观"的范式创新。

一、管理会计学新范式的构造

伴随着新经济的脚步，无论在学术界还是实务界，管理会计始终没有摆脱被边缘化的命运，业界对管理会计发展现状的普遍认知是管理会计在经济活动中发挥作用的保证。管理会计是业务与价值的统一体，其本身就是一种业财融合。管理会计研究中的学术创新，需要对"业务、财务、价值创造、价值增值"等概念有一个重新的认识。

（一）管理会计学术创新根植于中国实践

长期以来，学术界对管理会计的研究往往置于微观视角，忽视宏观与中观层面的管理会计现象与问题。必须注重宏观、中观层面的经济发展对管理会计对象、本质的认识。

1. 中国管理会计思想流派的开放性。目前的管理会计主流体系是西方的已然型体系，该体系从管理学的泰勒科学管理开始，基于西方文化和社会情境，以问题导向为范式在管理会计及相关学科领域内开展研究，是一种归纳型逻辑路径，最终走入了管理学丛林的泥潭中不能自拔。20 世纪 80 年代以来的量化工具特别是统计实证工具在管理会计研究领域中的大量应用，则进一步使得这种西方体系与管理实践之间出现了巨大的鸿沟。实际上，在科学求真实证的活动中，非逻辑的创造性思维方式占有相当大的比重。爱因斯坦非常重视非逻辑的创造性思维，认为"我们在思维中有一定的权利来使用概念，而如果从逻辑的观点来看，却没有一条从感觉经验材料到达这些概念的通道"。随着实证研究的广泛普及，工具理性日益渗透，精致利己可能无所不至，开始在整个管理会计学界蔓延，管理会计整体的学术底线有可能日益下降甚至最终失守。中国的管理会计思想流派多不闭塞，往往能吸纳完全不同的其他思想流派。学术特色是软而不弱，柔而不刚，过刚过纯则会被快速淘汰。真正认知、理解、运用本土智慧，是构建管理会计学术范式的必由之路。将管理会计定位在管理学的从属地位，限定在微观组织的范畴之中，已经严重阻碍了管理会计学的发展，也不利于管理会计实践的推进。必须强化宏观视角的管理会计学术研究。

在经济全球化背景下，产业集群与企业集群大量涌现，形成密不可分的生态共同体，局限于微观主体的管理会计学术研究必然会感受到举步维艰。一直以来，中国的管理会计学科深受西方的影响，如本量利及成本黏性等。这种学术影响从积极方面看促进了中国管理会计向现代化的转型，而从消极方面看则是以西方的眼光观察本土资源，置自身于他者地位，现代化以失去主体性为代价。研究中国管理会计学，重建中国特色管理会计学术发展的主体地位，可以促进西学与中学的融合，推动理论与实践的对接，实现理性与情感的渗透，用中国话语说明管理智慧。中国的进步，既有来自外生变量的应对，也有来自内生变量的滋润。中国文化明显不同于西方，"理所当然地内含着普适性的人类价值，包含着有助于新型文明建设的原理和法则"。在数字经济的新时代，管理会计研究要在实地调研和案例研究的基础上，应用人工智能、大数据、云计算等先进科技手段优化预测、决策水平。从管理会计绩效管理的学术研究观察，传统企业绩效管理中的行为激励机制，往往需要在当前财富与未来的名声之间取得平衡，在自我团体与其他组织之间占据优势。如果推而广之，还要争取社会获益与自然状态之间的平衡以及优势。在绩效管理的义利获取方式上，还存在自致和他致的不同，开放的学术思想是管理会计新范式的基础。对研究者而言，传统的激励学说，其事先的理论引导作用往往被高估，而事后的心理舒缓作用往往被低估。这种思维观念下，单一的利益满足有着明显的局限，而志向高远的道德标榜又有着不解近渴的迂远。

2. 管理会计学术价值的实践映射。管理会计本质上是企业组织的一种价值管理行为，它以经营活动为核心，目的是实现组织战略，创造组织价值（冯巧根，2015）。管理会计是企业在创造价值的同时，实现价值增值的一种管理活动。即，通过为顾客创造价值、满足顾客需求来实现价值管理的目的，即获取价值增值。价值管理是一种管理模式，其范围更宽、更广，它是一个由内在价值和外在价值有机结合的统一体，外在价值是内在价值的实现结果。以价值为导向的管理需要解决现金流、风险和时间三大问题，因此，基于价值创造的管理会计应用体系由"现金流、风险与时间"这三大要素构成（诸波和李余，2017）。并且，应当将"时间"作为第一要素，它体现的是企业的战略管理，需要借助于战略的制定、实施与评价来体现企业的价值；"风险"位于中间，只有控制好了风险，才能有效地开展各项研发活动，实施营销管理，制定合理的内部控制；"现金流"管理则是收入与成本管理在企业经营活动中的体现，它有助于企业内部资源的合理配置。

在上述"三大要素"基础上，为实现企业的价值创造与价值增值，需要借助于两个基本路径（流程）：一是搭建管理会计平台；二是导入管理会计系统。笔者认为，资产、收益（现金流）、成本（风险与时间）是最基础的要素，寻求与之相关的结构性动因与执行性动因是构建管理会计学术新范式的源泉。

管理会计学术价值在"平台化与自组织"等特征上可以得到很好的映射。以阿里巴巴（以下简称阿里）为例，阿里作为国内互联网行业的先驱，从一家电商公司起家，如今已经发展为一个囊括消费、娱乐、支付等生活场景的庞大的平台体系，一个集大数据、云计算、人工智能、城市服务等于一体的数字经济时代的新型基础设施提供商。随着阿里的发展，公司的管理层越来越清晰地意识到，虽然新的组织模式在快速地迭代和演化，适应新时代的组织理念和模式架构仍然需要探索，但平台化组织模式的构建、员工潜能的开发、创新型文化的培育等一定是打造未来组织的重要方向，这些方向围绕的核心主题就是将组织从管理型的他组织转变为赋能型的自组织（彭剑锋，2023）。阿里的"平台化"，实质就是从事商业活动的各利益相关者通过协同合作共同建立的一个价值创造平台。平台向自组织转化需要构建生态圈，或者说生态圈本身就是自组织，它的演化发展不需要借助任何外力，而是完全依靠内部要素之间以及它与环境之间的相互作用来进行——每个输出就是它的下一个输入，正是在这种持续循环的反馈迭代中，生态圈（系统）实现自身的持续成长和演化。亦即，理想的互联网公司甚至不会以公司的形态存在，而是呈现为一种平台化、网络化、生态化的自组织形式。管理会计学术创新就是要抓住某一事项变革的核心概念，以阿里为例，围绕"自组织"这一概念，衍生出"平台生态圈""无为而治""放权＋接班人制度""企业家精神的规模化崛起"等子概念，正是这些子概念支撑了阿里的"自组织"理念，也是阿里进行自组织管理的具体方案和举措。"平台化＋自组织"形成平台生态圈。阿里的"平台生态圈"可以进一步概括出四个子概念，即"自主演进""规则简单化""'物理＋化学'的反应""边缘突破"。

（二）管理会计功能扩展的学术范式

随着我国经济规模的不断扩大，发达国家跨国公司日益重视我国市场，同时，中国公司加快了"走出去"步伐，管理会计面临新的挑战和机遇。对此，注重中外跨国公司收益与成本的对比研究，扩展管理会计功能结构，加快管理会计在跨国公司产业布局、行业配置等路径选择中的功能有效性研究，是管理会计范式创新的基础。

1. 管理会计信息观的扩展。管理会计高质量发展，不仅体现为管理会计工具的创新与应用效果方面，而且还表现在企业经营效率与效益的持续提升方面。实现管理会计的高质量发展，涉及学术研究中的理念与战略的转变，需要加快形成推动管理会计信息支持系统功能结构的改革与完善。改革开放40多年来，我国已经成为世界经济发展的主要推动者，并朝高质量发展的经济目标前进。组织创新与技术创新作为企业不断前进的两艘"巨轮"，正在交替地影响着管理会计理论与方法的组合方式。"双循环"的新发展格局对管理会计组织建设提出了新的要求，数字化改革下的企业转型升级不仅丰富了管理会计的技术手段，使信息支持系统更加及时和高效，同时也使管理会计的管理控制系统更加全面和完善。现阶段，管理会计信息支持系统功能结构正处在"逐步形成以国内大循环为主体、国内国际'双循环'相互促进的新发展格局"，这是新形势下我国管理会计创新的宏观经济环境。"双循环"经济发展模式需要借助于组织创新与技术创新，以实现经济的高质量发展。对于企业而言，完善与发展管理会计功能体系，促进"二元论"在"双循环"时代发挥更大作用，一是要加强技术手段与方法的创新，加快企业的数字化转型；二是要结合企业的情境特征，优化组织结构体系，通过制度体系建设促进管理会计的高质量发展。促进高质量的经济发展，必须构建中国特色的管理会计制度体系，它也是中国经济学理论发展对管理会计创新提出的内在要求，也是管理学文化演进的客观体现。如何实现管理会计控制系统在产业链与供应链上的自主可控，就是要强化学术创新。

目前，管理会计信息支持系统的实证研究一般使用参数维数较少、经济可解释性较强的小模型。以 ChatGPT 及其大语言模型为代表的人工智能将对管理会计学研究范式产生深远影响，其传导逻辑是"ChatGPT—经济学研究范式—管理会计理论与方法"。在经济管理领域，人类很多决策均基于样本外预测。如果使用某个领域的文本数据来训练模型，模型维度可能不用太大。但是，对通用人工智能技术，随着异质性文本数据的大量增加，小模型偏差较大，其样本外预测能力变差。这时需要扩大模型规模，使用更多数据训练模型，以提高泛化能力。长期以来，经济学研究面临的一个困扰是"维数灾难"：当模型参数维数相比数据容量不是很小时，虽然模型偏差比较小，但因为参数维数大，在有限数据容量条件下，对每个参数的估计不甚精准，导致模型过度拟合，其样本外预测能力较差。"维数灾难"不仅存在于经济研究范式之中，在管理会计研究中也客观存在。ChatGPT 通过使用海量互联网大数据，确保训练数据容量远大于模型参数维数，从而避免了"维数灾难"。另外，大语言模型的结构设计是深度、多维、多层、多头的注意力结构，可自适应高维空间的稀疏与不平衡数据结构，为避免"维数灾难"提供了一种表示学习的解决方案。

2. 管理会计控制观的扩展。国内关于管理会计功能扩展的研究注重与我国经济与产业发展的情境匹配性，主要有以下几个角度：一是从宏观经济的角度研究"双循环""全国统一大市场"等国家战略及经济政策变化对管理会计功能的影响；二是从价值链的角度研究外部环境不确定性下管理会计对企业攀升全球价值高端的功能作用；三是从国际贸易规则角度研究跨国公司会计规则与经贸活动对接的机制，以及管理会计功能扩展的实施路径等问题；四是从制度变迁的角度研究管理会计功能完善与发展对企业制度优化和结构调整的影响；五是从我国市场结构、产业安全等视角设计管理会计功能在产业结构配置和对外投资布局中的定位与作用；六是从技术创新视角研究管理会计工具开发与应用的功能价值等。管理会计的管理控制系统功能是实现管理会计高质量发展的基本保证。推动管理会计高质量发展须实现四个转变：一是从注重要素投入到关注要素生产率和优化配置转变；二是从重视高增长行业到关注产业协同发展、构建现代化产业体系转变；三是从关注产业增加值单一维度向同时关注生态环境质量等多个维度转变；四是从产品处于国内质量阶梯前沿向产品接近世界质量边界转变。在高质量发展阶段，我国企业应持续提高产品质量，注重效益和质量的提升，使产品质量普遍接近于世界质量边界。管理会计的管理控制系统功能受组织与技术的影响最大，当前尤其需要突出技术手段的应用。技术冲击是管理会计功能扩展之源，技术手段的影响可以分为暂时冲击与持久冲击。在种种实际冲击中，由于技术冲击对经济活动最持久。管理会计功能变迁中的技术手段宽泛，既包括生产设备的更新，也包括经济组织效率提高（如管理水平提高、组织制度创新）引起的生产率的变化。技术冲击的随机性使产出的长期增长路径出现随机性的跳跃。技术的随机冲击是负的，经济从较低的水平开始增长；技术的随机冲击是正的，经济从较高的水平开始增长。技术手段的最明显之处，是物质生产领域中应用越来越完善的工具与方法涌现。新技术的利用是决定社会经济变化性质的决定性因素，是管理会计研究的出发点，是推动社会进步的主要力量。科学技术影响社会的演进是一个自发过程，经济演进的整个过程和经济生活的一切方面都是由技术发展决定的。

为支持经济学及管理会计学等领域的大模型的估计、推断与预测，需要利用人工智能技术整合各种异构、异源、异频数据，构建大规模计量经济学数据库，并加强算力等信息技术基础设施建设。目前，ChatGPT 及大模型等前沿人工智能技术仍存在局限性，如：无法像人类一样进行批判性思考或想象，只有预测能力；基于大数据的人工智能因果推断本质上是一种统计关系推断，需要引入经济理论或实验方法帮助识别真正的因果关系；人工智能技术不能改变经济学实证研究从样本推断总体性质的本质；同时，由于互联网大数据存在大量虚假信息或样本选择偏差等问题，基于人工智能所获得的结论的可靠性需要验证（洪永森和汪寿阳，2023）。大数据与人工智能催生了数据驱动研究范式，改变了经济学研究范式。大数据为人类提供了认识与改造世界的新思维，即大数据思维，这是通过大数据发现复杂系统的运行规律、解决现实问题、预测未来变化的新范式；大数据思维的实现方式主要基于人工智能技术与方法。ChatGPT 是一种基于互联网文本数据进行训练的文本生成深度学习模型，并通过强化学习及人机对话的方式持续提供反馈，能够较好执行各种自然语言处理任务。ChatGPT 是人工智能特别是自然语言处理领域的一个革命性技术突破，代表人工智能发展的一个新方向。在经济学研究中，大、小模型各有优缺点，是否可以找到更好的科学方法把这两种模型结合在一起，从而提高模型的可解释性和预测力？关于小模型的研究已有很长的历史，经济学家对小模型在经济学实证研究中的优点与局限性已有比较深刻的了解。但是，关于大模型的研究及大模型在经济学实证研究中的应用还很少，因此需要大力探索发展大模型方法，并与小模型方法进行比较。

二、管理会计学术研究的方法科学性

方法的科学性与管理会计研究的相关性已经成为理论共识，技术进步与方法创新、组织变革的不断深入等正在成为推动管理会计学术发展的主要来源，而且体现在管理会计工具上的技术方法也在不断强化，并构成管理会计方法科学性的重要因素。

（一）管理会计学术创新的方法特征

管理会计学术研究的对象是企业经营活动，方法创新就是要结合企业的业务信息与价值信息等信息支持系统，指导业务活动开展价值创造并实现价值增值，即发挥管理控制系统功能的积极作用。或者说，管理会计学术价值体现为信息支持与管理控制两大功能作用的结果。

1. 提高管理会计研究方法的针对性。管理会计学术研究要立足中国的企业情境，总结企业管理实践中的活动规律。除企业自身外，管理会计还需要结合供应链或产业集聚区域企业群特征，开展管理会计信息支持系统功能的学术研究。即，通过规划、分析、决策，以及内部控制等，为企业的价值增值服务。比如，要提高成本管理的质量，需要建立覆盖全员、全生命周期、全价值链的成本费用管控机制。将成本管理活动重心前移，从研发设计、工程造价等成本发生的源头对未来成本进行前瞻性管控，避免成本决策失误，是企业成本管理获得成功的关键。成本管理在很大程度上是对人的主观能动性进行管理，不仅需要制度的硬约束，还需要文化的熏陶和引导。必须完善管理会计学术研究的制度基础，强化人性化的文化价值观及相关的激励机制。针对生产制造过程中的自动化、智能化趋势，企业的个性化、定制化的生产成为主流模式，产品设计研发在作业成本管理的作业链中变得越来越重要，中间端的生产环节反而变得相对弱化。企业需要对产品从需求、设计、生产再到销售、售后服务甚至产品回收再处置的全生命周期角度进行成本管理。从全产业链的角度去研究成本控制的方式与方法，提高管理会计研究的针对性。

近年来，随着信息技术的快速进步，企业的生产和经营边界正在逐渐消失，企业产业链上下游的供应商、制造商、分销商以及零售商，通过物流、信息流，已经变为一个不可分割的有机主体。通过合理设计和管理各供应环节，有助于企业实现成本最优化。因此，企业在进行管理会计学术研究时，必须将其研究视角延伸到整个供应链环节。换言之，提高管理会计研究方法的针对性，要坚持把实践经验上升为系统化的经济学说，注重中国特色政治经济学理论的指导。企业要在结合国内外环境特征的基础上提炼和总结管理会计工具方法应用的特殊性规律，为国内同行或其他企业提供理论与方法的指引，同时，还要站在推动管理会计学科发展的学术创新路径上，借鉴西方管理会计学的有益成分，提炼和总结管理会计活动的规律性认识，为全球管理会计学术研究提供新的思路和方法；既为现实中的企业应用管理会计理论与方法提供"中国智慧"，又为全球管理会计学的发展贡献中国力量。结合当前的研究需求看，高质量发展是中国经济发展的必然，也是实现中国式现代化的唯一选择。开放是改革的重要动力，尤其是现在，以前中国改革是因为穷则思变，现在有既得利益者了，改革比较难，必须通过开放倒逼改革。开放也是创新的前提条件，技术的进步需要开放。技术升级有两种方式：一种是原先的技术不断升级，比如原来生产鞋帽的，技术不断提高，一双鞋从卖 100 元到卖 1000 元；另一种是产业升级，从生产鞋帽到生产电子产品（郑永年，2023）。高质量发展最关键的是，如何从应用性的技术转型到原创性技术。改革开放以后，我国的企业有很强的技术转化能力，但我国的工业实验室大部分是国有的，应当考虑如何让国家工业实验室与民营企业实现"国民"融合。管理会计要注重民生创新，即实施企业之间互相开放。有人说可以国家创新，但是国家创新只能是关键领域的创新，很少会是民生经济上的创新。近代以来，世界上大部分民生经济的创新都来自民间，这个规律在中国也不会改变。

2. 拓展管理会计研究方法的有效性。管理会计研究需要与经济学、管理学、社会学等多种学科融合，以提高研究方法的有效性与合理性。从有效性角度考察，管理会计研究离不开财务会计的方法支持。会计准则作为一种国际通用的财务会计方法体系，其有效性往往是经济利益与政治利益博弈之后的产物。从合理性视角思考，国际会计准则历来强调会计信息必须以同一（或趋同）的会计基础为编报条件，以为全球投资者比较与理解各公司信息为基本前提。从管理会计研究的有效性思考，管理会计研究方法必须在坚持会计准则国际化的前提下实施变迁管理，并在充分考虑企业情境特征的基础上进行研究方法的择时效应研究。从学术价值考虑，管理会计需要结合国内外的经贸环境，围绕科技创新，着眼于服务提高国家战略科技力量的现状，在产业链与供应链的自主可控，强化"双循环"的战略意图。一方面，围绕新发展格局，不断提升国家竞争力，在国际经贸体系中实现更高水平的自立自强；另一方面，在发展中保障和改善民生，通过再分配等途径提高社会福利水平和均等化程度。面对数字经济的新时代，管理会计学术研究要适应智能制造的情境特征，比如，生产各个环节的衔接变得更加紧密，工业信息技术与互联网技术的结合已经将若干环节整合在一起。例如消费者需求与个性化设计间的衔接，设计环节、物流环节与小批量生产加工环节间的衔接，生产制造环节与销售服务环节间的衔接等。智能化手段的应用，可以显著提升各个生产环节衔接的效率，降低不必要的冗余支出，显著降低企业衔接成本。全生产流程的数据化、网络化、智能化，使得与企业业务相关的每一项作业数据都能被及时、准确地记录下来，企业产品的资源消耗、产量等各种信息都可以更快、更低成本、更有效率地收集和报告，企业成本数据信息获取更为便捷，解决了传统制造模式下普遍存在的"信息孤岛""业务孤岛"等问题，实现了整个生产流程自动化与数据化并行。为提高管理会计研究方法的有效性，企业在推进目标成本管理的过程中，需要厘清成本投入和绩效增长之间的逻辑关系，降本增效是贯穿企业生命周期的长期战略和经营常态，"降本"是手段，"增效"才是目的。

从学术研究的科学性角度讲，管理会计研究需要关注以下问题：一是要避免管理会计研究中的内生性问题。产生内生性问题的原因很多，共时性问题、遗漏变量问题、联立方程偏差问题等都会带来内生性问题。对此，管理会计实证研究中使用计量手段但不迷信工具变量。工具变量需要满足两个条件：一个是相关性；另一个是排他性。相关性比较容易满足，排他性则比较难以满足。一个合格的工具变量必须和处理内生变量高度相关，同时又对因变量没有直接作用，也就是说能够影响工具变量的只有工具变量，工具变量不应直接影响结果变量。这个要求确实很难满足。如果有面板数据，可以借此打个时间差。面板数据代表时间上的变化。二是要注重管理会计研究中的外生性问题。所谓"外生性"，指先发生的事情相对于后发生的事情而言，一定是外生的，除非它们长期受到第三方因素的影响。倘若有面板数据，长期影响就可以被固定下来，成为固定效应。这时候就可以把 X 变量作为外生性变量。关于面板数据的应用技巧还有很多。比如，断点回归就是一种解决办法，可以找到相应的切入口。因此，做经验研究一定要从多个方面验证自己的结论，要知道经验研究只是检验了一个理论预测，现有数据支持理论预测，不等于理论就是对的，因为可能存在其他理论，其结论也和经验发现一致。也就是说，能够得出同样结论的理论模型可能不止一个，其他机制也有可能推导出同样的结论。所以经验研究一定要找到排除其他理论的解释，此外也要时常扪心自问：做的这些回归能否支撑结论？经常做一些符合直觉或理论差异化效果的检验，构建反事实检验也是必要的步骤。

（二）管理会计研究方法的应用

提到管理会计研究方法，往往有实证研究与规范研究的选择之虑。"实证与规范"的提法是从认识哲学的层面对方法论的界定，而分析法、档案法、实验法、问卷调查法、实地研究法等则是具体的研究方法，它们并不在一个比较的层面上。然而实践中，这些方法往往又是交叉运用的。

1. 管理会计研究常用的方法。无论是分析研究、经验研究还是档案研究等经济与社会学的研究方法，管理会计研究实践往往都会涉及。比如，分析法运用数学模型，通过数学逻辑的推演，验证或推测某些理论猜想或行为规律的研究方法。经验研究是问卷调查法、档案研究法、实验研究与实地研究等研究方法的总称。档案研究法，即利用现成的（通常是公开的）数据资料作为假设检验依据的经验研究方法，虽然在管理会计研究中也常见到，但是在财务会计和资本市场研究中运用最为普遍。目前，实证研究方法较为主流，事实上，在管理会计经验研究中，许多使用问卷调查等方法的成果同样以严谨的科学精神和规范的经验研究程序为理解和解释现实世界的客观规律作出贡献。如何看待实证研究方法的应用价值。管理会计是一门实用性的学科，其每个命题都包含着价值判断，实证经济学离不开规范经济学的支撑，两者不能割裂或对立起来。从经济学视角观察，实证经济学受价值判断的影响。主流经济学自称为实证经济学，即只研究经济是什么的问题，不受价值判断的影响。缪尔达尔认为，经济学家也是人，他们的价值判断必然会影响自己所从事的研究与结论，所以经济学不可能是无价值判断的。理论模型也不可能避免价值判断，理论研究者不能随心所欲地决定模型的价值前提，而应在经济成员生存的周围环境、社会文化、生活习惯中寻找模型的假设与前提，然后运用模型对实际现象进行分析，这样的模型必然带有价值判断。同时，实证经济学太抽象，考虑的变量过少，假定的前提条件脱离现实，局限于对很少的几个条件进行分析，成了只关心资源配置和生产效率的技术经济学。应当对社会经济问题进行综合考虑，在研究经济问题的同时研究与此相关的社会、文化、制度等因素。此外，实证经济学中过多应用数学方法。主流经济学引入数学分析工具后，研究范围已由政治经济学逐渐缩减为仅就经济因素进行探讨，将社会文化、政治结构等都当作外生变量。为了配合数学的使用，为了研究结果的精确和严谨，所有研究方式已经趋于抽象化的短期静态或比较静态均衡分析。不能只采取静态的分析方法，要综合运用动态理论，综合政治、社会文化因素分析经济长期增长等问题。

　　因果推断是实证研究可靠性的重要一环。在《会计与经济学》杂志上有一篇最新的方法类综述文章，即《因果关系重现：会计研究中实证方法的演变与准实验的成长》一文回顾了会计文献中因果推断方法的演变。文章着重论述了三个方面：（1）因果推断所需要的理论和制度知识；（2）因果推理需要多场景、多研究设计和多测量对推理进行三角论证；（3）进行因果推断的各种方法和技术的互补性。管理会计学术研究要始终把中国特色经济学放在重要位置，充分挖掘所有权、分配制度与经济体制对管理会计实践的支撑价值。围绕所有权，管理会计需要在产权制度上实施创新，优化激励与约束机制的实践有效性。产权是人们从事经济活动的努力并且和财产权利紧密联系在一起的，它具有长久稳定的激励功效。完善产权制度是管理会计制度的基石，尤其在企业的资产管理中，必须明晰产权，合理界定产权，有效配置产权，以及促进产权有序流动，这也是管理会计功能发挥最大激励作用的内在要求。传统管理会计学术研究中的锦标赛理论与社会公平理论需要结合"共同富裕"的内涵与外延加以调整，使企业战略方针的制定能够与宏观分配政策以及社会福利与慈善等发展相结合。换言之，目前影响广泛的锦标赛理论侧重于激励高管和核心技术人员，忽视了普通员工，甚至将普通员工视为阻碍因素，造成了人力资源的浪费。对此，需要理解共同富裕中三次分配的学术含义。从管理会计的控制系统功能角度讲，就是要搞好协调配套，"初次分配要发挥好基础作用，再分配要发挥好调节作用，第三次分配要发挥好补充作用"。国民收入初次分配通过劳动、资本、技术等投入换取回报，是基于市场机制的有偿行为；再分配通过缴纳税费、财政安排支出进行调节，是基于政府职能的强制行为；慈善作为第三次分配的主要形式是基于伦理道德取向的自愿行为。三次分配作为社会财富形成和转移的基础手段都有促进公平的作用，但在国家发展的不同阶段，功能和作用有所不同。以慈善为主体的第三次分配虽然比前两次分配规模小，但慈善能够引导社会形成健康的财富观，培养国民的社会责任，增强国家的软实力和国际影响力，这是慈善的特殊价值所在。慈善正在成为促进社会公平、推进共同富裕的重要力量。通过完善企业内部治理机制，提高企业慈善活动的透明度和公信力，展现企业慈善行为的良好形象，增进慈善带给企业的社会美誉度。

2. 管理会计学术研究的方法选择。回避实证研究与规范研究的提法，从实用性要求出发选择管理会计研究的方法。原因在于：一是哲学层面的深入研究对管理会计学术而言具有一定的难度，且过于抽象；二是从面向实践，提高管理会计的实用性要求出发，选择诸如经验研究之类的方法，可能更符合现阶段的企业管理对会计的要求。事实上，经验研究的成就和理论贡献依赖于学者规范研究的功底和能力。当代的经验研究十分重视对理论发展的贡献，其提出的待检验假设的过程也具有明显的规范研究的色彩。实用性越强、对策性越明确的选题，其思辨性的规范研究就会显得更为盛行。相反，应用量化手段开展的实证研究可能就会遭到冷落。也正因为这个原因，管理会计学术研究往往会在方法应用上存在不同程度的思辨传统与实证传统之间的纷争。与实证研究不同，规范性的思辨研究往往体现为思想实验的形态，旨在提供有关人和事物之间各种关系的猜想。然而，在管理会计学术研究的方法选择过程中，无论是实证研究还是规范研究，其实都是要寻求企业价值创造与价值增值的机制和路径，寻求企业价值管理的规律。价值管理的规律就是"业务与财务融合之间的关系模式"。任何业务与财务之间都有关系，管理会计人员、业务与财务三者之间构成了一个关系网络，并逐渐形成某种关系模式，这个模式就是经营业态或业务生态。要客观分析与认识政府的作用。比如，国际经济环境不利时，政府的重点应放在内部环境的改变上，通过深化改革和扩大开放，真正让市场在资源配置中起决定作用，这也就是之前大家常说的，打造更加市场化、法治化、国际化的营商环境，以持续提升民企发展预期。预期改善后民营企业会自己想办法克难攻坚，并且内生出一种发展机制，推动自身的高质量发展。针对乡村振兴，管理会计宏观视角帮助乡村巩固商业模式。乡村振兴企业的商业模式可以包括以下几个方面：（1）农产品生产销售模式：乡村振兴企业可以通过采用现代化种植技术，培育高品质的农产品，然后通过线上和线下渠道进行销售，例如品牌旗舰店、电商平台、社区团购等。（2）休闲旅游和民宿模式：通过利用当地优美的自然环境和文化资源，提供休闲旅游和民宿服务，吸引城市居民前来度假和体验农村生活，例如民宿、特色旅游、农家乐、农庄等。（3）农村电商服务模式：乡村振兴企业可以通过整合当地的物流资源和农产品资源，建立自己的农产品电商平台，为城市消费者提供配送服务，同时促进了乡村电商的发展，例如农业电商平台、农产品专卖店、农村淘宝等。（4）环保农业和生态农业模式：乡村振兴企业可以采用环保农业和生态农业方式，实现农业的可持续发展，并且能够获得环保补贴。同时，以生态农业为基础，结合旅游和休闲产业，提供生态旅游和观光农业服务，形成良性循环。例如，有机农业、生态农业、生态观光农业等。（5）农村金融服务模式：乡村振兴企业可以发展农村金融服务，为当地农民提供借贷、存款、保险、投资等一系列金融服务，推动当地经济发展，例如农村信用社、农村银行、农村基金等。以上是乡村振兴企业常见的商业模式，需要根据不同地区的具体情况进行选择和调整。

不同于财务会计，管理会计研究应该扩展视野，注重宏观角度对企业经营活动问题加以认知。比如，从企业边界扩张的情境看，企业已经从单一企业转向企业群。换言之，管理会计通过制度设计、科学实施、管理控制与信息支持等发挥全方位的内在功能与作用。借助宏观政策或行业前景开展"业财融合"的思想实验，采用规范研究的思辨方法，有助于增强管理控制系统的功能作用，帮助我们解决变量间关系的基本问题，比如业务与财务这两个变量之间是否可能有关系，以及可能是什么样的关系。规范研究需要应用大量的现有材料或企业实践，借助于演绎推论的逻辑行为，应用思想实验等方法将经营模式之间的关系厘清。实证研究则利用数据和经验素材来部分地证明业务与财务之间的关系模式。规范研究的思辨方法提出的各种关系可能不一定正确，因为它具有极高的主观性；但是，采用实证研究进行检验所获得的事物之间的关系模式至少暂时是正确的，由于是对企业事后经营行为的经验检验，其内在关联或未来的发展具有高度的不确定性。最近，管理会计学术出现了新的内容和形式，主要是人工智能等数字技术在企业财务活动中的应用。这些内容在传统的管理会计教材体系中是接触不到的，面对社会成员之间已经高度互联的新时代，管理会计研究的方法需要与时俱进，摒弃传统方法和传统思维的局限性，主动与当下的最新技术发展相结合，进而在管理会计研究中"寻找正确答案"，提高管理会计的前瞻性与探索性功能。

第二节　管理会计学术创新的实现路径

管理会计学术创新需要寻找管理会计研究的形成机制，并探索其发展方向。中国是一个很特殊的经济体，同时又是世界第二大经济体，对世界的影响非常大，世界也非常关注中国经济。学习借鉴国内外经济学有价值的研究成果，必须注重联系中国实际，不能照搬照套。

一、经济学发展视角的管理会计学术创新

从中国经验看，政府在经济发展中发挥了很大作用，那么政府的作用主要体现在哪些方面？对于这个问题，学界一直争论不断。比如宏观经济学，现在的理论创新越来越少。管理会计研究要具有宏观的视野，不能仅仅局限于会计学的范围之内。

（一）中国经济学视角的管理会计研究路径

中国的经济学，应该研究中国当代的实际问题，解释当代中国的经济现象，指导管理会计实现财富的保护和增长，服务于共同富裕目标的普及和全面发展的根本利益。

1. 基于中国经济学理论解释管理会计现象。中国经济学是以中国经济为对象，研究中国经济运行和发展规律的经济科学。比如，管理会计的供应链与产业链研究需要经济学的支撑。在全球价值链的演进中，只要条件具备、战略得当，各国都能在对外开放中获得发展的机会。改革开放以来，中国成为产业和产品生产环节国际梯度转移的重要承接地，并成为全球价

值链分工的枢纽和核心之一。当前，面对国际经贸环境的变化，我国企业在全球分工的地位，以及高附加值创造能力方面都处于弱势，管理会计的管理控制系统功能如何加以完善与发展成为紧迫的课题。改革开放 40 多年来，中国企业抓住了开放发展的机遇，取得了巨大的成就，并对全球经济格局产生了明显的影响。面对中美、中欧等外部经济的新形势，全球价值链中的北美价值链、欧洲价值链和亚洲价值链将形成新的"三足鼎立"格局，借助于中国经济学的理论成果，丰富和扩展管理会计的信息支持系统，为企业对外经贸发展提供价值链攀升的学术支持，是管理会计功能体系建设的新要求。中国经济学表明，市场经济的重要特征之一是分工，通过分工的不断细化和深化，实现效率的提升。管理会计要顺应全球经济发展的趋势，从提升效率着眼，加强学术研究，为市场经济内生性地推动分工演进和发展提供理论支撑。以往全球价值链的布局主要是受到效率因素驱动，较少考虑由于突发事件、自然灾害或者重大疫情的冲击可能引发的产业链供应链断裂造成的安全隐患。疫情使得全球价值链的布局不仅要考虑效率因素，同时也要考虑安全因素。为化解产业链供应链安全隐患并尽可能实现效率最大化，未来全球产业链供应链调整将会朝着多元化方向演进。这就要求管理会计学术研究必须紧紧围绕"双循环"的大局，合理引导全球产业链受阻的国际化企业，主动适应数字化技术改造的新动向，扩展产业领域的边界，提高自身的地位与作用，反过来对全球产业链供应链的调整发挥关键性的作用。

全球产业链供应链的数字化转型可能产生两个相反的影响：一是进一步深化专业化分工，从而促使全球产业链供应链不断向纵深方向延伸，新模式、新业态和新产业将不断涌现；二是制造设备和工艺的数字化、智能化会提高一些行业一体化生产和本地化生产程度，导致部分领域和行业的专业化分工减少，从而引起全球产业链供应链收缩。发达国家推动的"产业回流"更多觊觎于中高端环节，因此对中国产业链供应链升级可能产生的抑制作用会更大。管理会计学术研究要强化产业链供应链升级路径的研究，围绕新一轮全球价值链分工演进的特征，抢抓发展新机遇和占领科技新高地。管理会计要通过预算管理、绩效管理等工具方法创新，合理规避新一轮技术革命和产业变革竞争的"白热化"区域，协助各级政府加快制定本国或本地区的产业发展规划，以及技术创新等的政策制度。同时，重视经贸领域的管理会计学术研究，针对不同的国际贸易规则，保持自身的相对优势。基于中国经济学的理论指导，管理会计研究的重点是结合全球产业链供应链调整，为企业提供参与国际分工的信息支持，促进全球价值链分工朝着更加平等的方向运转，充分体现管理会计管理控制系统的功能价值。中国是一个大国，并具有全球最完整的产业链，依托自主创新强化自主可控的产业政策，是现代化产业体系建设的内在要求，也是保障产业链供应链安全的外部条件。当前，通过构建区域价值链并不断培育出众多"链主"企业，进而更好地参与全球价值链分工与协作，需要管理会计为企业突破"低端锁定"的既定路径开辟新的方向。可以说，依托自主创新构建现代化产业体系，通过扩大开放，让各国分享中国大市场的机遇，使跨国公司与中国经济融合发展，这是外循环拉动内循环的初衷。管理会计要为夯实产业链供应链安全稳定提供企业主体这一微观基础，不断扩展新时代的多样化开放平台和载体，加快实施国家间的自由贸易区战略、稳步推进"一带一路"建设、亚洲基础设施投资银行建设、进口博览会建设等，这其中无疑都涉及重要的规则等制度创新，都会在扩大开放范围和拓展开放领域等方面产生积极的推动作用，从而成为管理会计学术研究的路径选择，且成为巩固中国与其他国家产业关联度的重要平台。

2. 结合中国经济学维度思考管理会计的路径选择。要结合中国经济学对经济发展新旧动能转换机制和路径的研究，充分发挥本土市场规模优势，需要在深化体制机制改革、畅通国内大循环、充分释放内需等方面采取有力的对策举措。通过推动区域高质量一体化释放产业集聚效应并推动产业链供应链升级，将价值链中的收入、成本与资产等管理控制问题嵌入管理会计的学术范畴之中，推动形成国内不同区域间的有效分工协作关系，合理布局产业链，不仅是促进区域协调发展的重要途径，也是打造产业链供应链整体竞争优势的重要途径。探讨管理会计全球化的学术创新机制，支持并协同企业创新中心与国内外的价值机制相联结，是提升管理会计的战略性功能的需要，且能够为经济政策规划提供管理会计的发展新思路。中国经济学同样可以划分为应用性经济学与理论性经济学两大领域，应用经济学是适应社会经济发展的需要而不断丰富与扩展的学科分支。应用经济学离不开企业管理实践，其对管理会计的发展起着直接指导的引领作用。我们可以尝试从中国管理会计实践里挖掘出一些应用经济学的研究素材，最后形成管理会计的学术思想。中国经济学的任务是揭示处于社会主义初级阶段的经济规律及其实现形式。中国式的应用经济学已经在发展阶段、经济制度、经济运行和经济发展等方面取得丰富的理论成果，为管理会计学术研究提供了丰富多彩的研究路径。理论经济学中的宏观经济政策可以分为两大类：一是宏观调控政策，包括财政政策和货币政策，用于调控中短期的总需求；二是结构性改革措施，用于消除经济运行当中的结构性扭曲，提升中长期效率。加快构建中国特色的管理会计学理论与方法体系，既是时代的需要，也是历史赋予中国会计工作者的光荣使命。洪银兴（2022）指出，中国经济学对当代中国经济的分析有四个维度：一是经济制度分析。目标是分析社会经济制度是否适应和促进生产力发展。不仅涉及对基本经济制度的选择，而且要在坚持基本经济制度前提下寻求适合生产力发展的经济体制。二是经济效率和效益分析。不仅涉及资源配置效率，还涉及投入和产出效益的比较。三是发展动力分析。发展动力研究与每个时期的经济利益关系相关。中国经济学所要寻求的建设这个社会的动力，涉及制度的动力、需求侧的动力和供给侧的动力。四是经济安全。经济安全是国家安全的基础，需要统筹好发展和安全两件大事，不仅涉及宏观均衡，还要防止国际风险，建立防止系统性金融风险调控机制。这几个维度都会涉及微观、宏观、发展、财政、金融、开放等各个方面的分析。

　　根据中国改革开放40多年的实践，无论是宏观经济还是微观的管理会计，都必须推进深层次的结构性改革，通过提振市场信心，走与现代化产业体系相适应的新型工业化道路。工业互联网正成为我国制造业从"中国制造"向"中国智造"转型的关键支撑。工业互联网将工业生产与计算机技术、通信技术相融合，最终促成原材料、设备、生产线以及工人、供应商、用户的紧密连接，优化效率、降低成本。工业互联网产业链主要分为上中下游三个环节。一是产业链上游包括网络层和设备层。主要工作是解决当前工业生产设备种类繁多、通信协议不统一的现状，为平台提供工业数据连接、转换和数据预处理功能。如中国电信、中国移动、中国联通三大电信运营商，正积极打造工业互联网的通信解决方案。二是中游包括平台层和软件层。主要是提供类似Windows的操作系统，如树根互联的根云平台、海尔的COSMOPlat、富士康的BEACON、航天科工的航天云网、中国移动的OneNET、阿里的ET工业大脑等。同时，诸如用友网络、东方国信等软件企业，将已有的成熟软件解决方案应用于工业领域。这些互联网企业为工业互联网提供基础平台支撑。三是下游主要为应用层。如三一重工、海尔电器等制造业企业，依托上述信息技术和系统解决方案用于一线生产。近5年来，我国工业互联网从无到有，关键技术短板攻关陆续取得突破，产业化进程不断加快。加快构建中国经济学，从根本上讲，就是要建构中国自主的经济学知识体系。从管理会计领域来看，就是政府主动实施宏观成本管理，通过"降成本"等措施为企业提供发展的新机遇。通过稳定经济这条主线，加快中国产业结构的调控，开展跨周期调节等的宏观"存流量一致"和"资产负债表"等的理论探索，管理会计学术研究的宏观转向将是未来学科建设和理论研究的一条主线。

（二）经济学理论创新对管理会计学术的贡献

中国经济学理论创新的一项重要成果是宏观调控机制，其鲜明特色是结构性调控，而这一点恰恰为主要发达经济体所忽视。管理会计正是一门以结构性动因为基础的会计分支学科，适应中国经济的结构性特征，主动开展执行性动因的规划与整合，将成为管理会计学术创新的"底盘"。

1. 管理会计学术的生命力在于创新。中国作为一个在世界上有着重要影响力的经济大国，理应为世界贡献更多高水平原创性研究成果，贡献更多能够引领国际学术潮流和发展方向的研究成果。中国经济学理论植根于本国经济发展实践沃土，为管理会计学术研究提供了紧密结合本国实际的基础。创新是经济学理论之树得以常青的不竭之源。一般来说，经济学较之其他社会科学更具有实用性，它历来被人们视为一门实用性很强的学科，甚至有人把经济学称之为致用之学。"当代中国正经历着我国历史上最为宏大而独特的实践创新。这种前无古人的伟大实践，必将给理论创造、学术繁荣提供强大动力和广阔空间"。中国经济学理论不仅使自身根深叶茂、硕果累累，也促进了相关学科领域的创新发展。管理会计研究要向宏观转向，注重政治、经济与社会发展中的现实问题与重大问题。比如，当前如何拉动消费，如何看待数字经济时代的消费观，就是一个重要命题。西方经济学理论认为，"消费者主权被生产者主权所取代"，然而，进入数字经济时代，将变成"消费者主权与生产者主权的融合"。消费者主权是指消费者根据自己的意愿和偏好在市场上选购商品，消费者愿意花钱买某种商品，就等于向这个商品的生产者投了一票。生产者根据消费者的"货币选票"确定生产的数量、雇佣的劳动力和所需要的生产资料，同时改进技术、降低成本，增加花色品种，以满足购买者的需要，实现最大化利润。经济学是研究目的和可替代用途的手段之间关系的科学。管理会计知识至少可以分为两类：一类是科学知识或理论知识，这是经济学家所关心的；另一类是特定时空下一些事件的知识，这是市场参与者关心的。每个人都不可能同时掌握两类知识，了解全部信息。如果经济学家掌握了两种信息，那么，理性计划比市场机制更可取；如果市场参与者掌握了两种信息，那么，理性预期会抵消经济政策的影响。市场机制的作用在于把各种资源配置到不同商品中去，这种配置是按照消费者需求决定的。就当前的数字经济，即当经济中存在垄断或经济中广泛应用计算机也不会使消费者主权原则失效。垄断公司虽然有相当大的定价权，但是，公司仍然要通过市场才能实现利润最大化。所以，公司还是要按消费者的意愿来安排生产与消费，消费者主权不会因为垄断性大公司的出现而失去意义。政府干预经济活动不能违反消费者主权，如果违背这个原则进行干预，必然损害资源的有效配置，而且时间越长，危害越大。

近年来，许多学者把发展的视角转向中国，并纷纷撰文认为："中国本土财务学家将会成为 21 世纪中叶世界经济发展的领头羊。"中国经济现象与本土财务问题研究受到国际社会（包括学术界）的高度重视。其核心观点，表现在以下几个方面：一是经济中心成就经济大师。纵观世界经济的发展历史，世界经济中心从大西洋向太平洋转移，太平洋东西的两个世界级大国——中国和美国，正在发生巨大的经济变化。中国正在成为世界经济的中心。经济大师和重大的经济学研究成果将更多地出现在世界经济中心，这已被公认为一个普遍规律（王军，2005）。二是经济热点与理论特色的共生性。改革开放 40 多年来，中国取得的巨大成就，采取的独特而成功的经济发展道路，已成为国内外学者关注和研究的重点及热点。中国财务与投资管理者身处这一伟大时代，具有先天优势，并成为历史的选择与学术研究的必然。三是经济现象离不开财务理论等的诠释。财务与投资理论内涵丰富，外延开阔，能够较好地对各种经济现象、企业实践问题作出诠释。将理论嵌入重大经济现象的解释过程之中，本身就彰显了财务与投资管理的重要性。四是财务问题研究离不开经济学的支撑。社会科学是一个整体。各类学科并非天然而成，学科的不断分类，从一定意义上说，只是为了人为研究的便利。财务管理学是经济学的重要分支，自然离不开经济学这一母体学科，反过来，它也促进了经济学，以及社会学等学科的发展。五是本土化财务是对中国经济的情境化表述。中国的本土财务管理研究，其本质就是在开展学术研究中充分考虑本国的情境特征，从而拓展已有的理论甚至建立新的财务理论。如果把财务学与其他学科关联起来进行跨学科研究，让财务学更多地影响财务管理以外的其他学科和领域，这将会进一步推动财务学研究的深入与发展。

2. 管理会计实践为经济学的理论与发展提供了"良田沃土"。管理会计理论研究，要始终坚持以中国经济学为指导，结合习近平经济思想的基本精神、基本内容、基本要求，深入研究我国企业实践中的新情况、新问题，从中提炼和总结出更多高水平理论创新成果，在服务企业经营实践中推动中国特色管理会计的创新发展。

从管理会计高质量发展的时间脉络上看，财政部于 2014 年 10 月下发《全面推进管理会计体系建设的指导意见》，紧接着，财政部分阶段推出《管理会计基本指引》（2016 年）和"管理会计应用指引系列"（2017～2018 年底），并颁布了 34 项会计工具方法。现阶段，管理会计高质量发展第一阶段目标任务已经基本完成。目前，正进入管理会计创新理论与方法推出的窗口期。2021 年 11 月，财政部正式发布《会计改革与发展"十四五"规划纲要》，提出会计管理工作转型的方向，在促进管理会计功能扩展方面提供了新的发展机遇。通常可以将企业中的资源分为三种：一是可追溯到具体的最终产品或阶段的资源；二是追溯存在困难，它属于企业整体获得的，如信息系统和软件流程等资源；三是其成果是以公共的产品或成本为载体的资源。如果一定要严格区分不同的资源源头，可能会限制企业资源的利用，尤其是数字化技术广泛应用的今天，它通常会加剧会计核算与控制方法的"断层"。中国特色社会主义政治经济学的基本范畴、根本观点、重要论断和重大判断，作出了许多独创性、原创性的重大理论贡献。管理会计是环境的产物，面对拥有自主产权的国家级的工业互联网示范平台的兴起，全行业的要素资源整合到平台之中，连接人、机、物，形成用户、企业和资源要素的"三位一体"，实行资源聚集整合的资源层，管理会计工具要有助于支持工业运用的平台层，帮助广大中小企业积极参与到数字化技术创新的实践之中。通过采用数字技术，运用大数据和人工智能等手段，企业整条供应链和产业链就可以实现协同，或者通过算法推荐或数字孪生等手段，可以实现生产之间的同节奏，实现包容性增长，助力制造业提质增效，实现制造业数字化技术转型升级，最终实现智能制造。嵌入数字化技术的管理会计工具，可以使企业在复工助产和智能化升级的过程中发挥重要作用，同时也在提高质量、增加效率以及促进企业转型升级、赋能企业高质量发展等方面取得良好效果，同时也促进传统制造业的动能转化并发展培育壮大新动能，发展现代化高新制造业。

　　密切关注新时代经济发展实践的伟大创造，对新时代经济发展的实践成就和历史经验及时进行深入分析和系统总结，努力作出新的理论概括。同时本着弃其糟粕、取其精华的态度对待国外特别是西方经济学的理论和知识。要从根本上赋能我国实体经济高质量发展，重点培育一批高质量的头部企业，积极营造有利于实体企业发展的制度环境，实体经济高质量发展不仅要注重"量"的稳定，更要着眼长远致力于"质"的提升。强化实体经济吸引力关键着力点在于，规范收入分配秩序，让实体经济就业人口至少成为中等收入群体。通过管理会计工具促进制造业等实体企业发展，让实体经济成为科技创新最活跃的领域，从而建设世界领先的科技创新体系，这是管理会计工具创新与发展的内在需要。一种趋势是智能化产品正在从单纯的产品向工具转变。数字技术在管理会计工具中的嵌入，带来了培训、维护、服务专家和智能化设备的成本增多，加之组织管理方式有转变，这些共同引起了制造业中的经济学概念的变化。中国经济学需要"立足本国实际"，注重研究中国式现代化下的企业的实际问题。以业务需求为出发点，对企业的业务信息和财务信息进行加工整合，向业务管理者和一线员工提供及时有用的价值信息，业务部门利用管理会计信息，实现对业务活动的事前规划、过程控制、绩效评价及结果反馈，打通价值链的价值创造节点，提升企业价值创造的效率。并且，在学习和借鉴国外现代经济学有价值的研究成果时，必须注重紧密联系中国实际，有所创新，有所发展。管理会计实践为经济学的理论与发展提供着"良田沃土"，要敢于结合中国实情进行独立思考，并且善于发现企业中的各种问题，在管理会计工具创新中探索解决问题的路径，为推进经济学理论的指导价值发挥积极作用。要以开放的态度面向世界，善于学习和借鉴人类文明的一切优秀成果，为我所用，发展自己。目前在中国经济已进入高质量发展的背景下，我国面临着诸如经济结构调整、产业升级、经济发展动力转换、建立现代经济体系、乡村振兴、生态文明建设、金融安全、建设全国统一大市场和构建新发展格局等许多关乎经济发展的重大课题。对上述诸多重大课题的深入研究，不仅具有重要的实践意义，而且还具有很高的理论价值和学术品位。

二、管理学文化视角的管理会计学术创新

新一轮科技革命和产业变革正在加速发展，企业的文化理念与价值观念等面临新的变化，管理会计学术研究的时代性特征也迎来了交叉创新的学科挑战，创新直接决定了企业在未来发展中的竞争力。

（一）基于管理学理论的管理会计路径选择

管理学理论相对经济学显得较为温和，面对"渐进扩展的管理会计范式"或"激进式革命性变迁的管理会计范式"的选择时，渐进式的管理会计研究路径更容易被理论界人士所接受。

1. 管理学理论对管理会计学术创新的影响。管理会计要形成完备高效的学术创新体系，必须创造顺畅的创新机制或路径。管理学理论指出，创新具有较高的环境不确定性，往往使投入的资源难以获得有效的商业价值，进而影响企业整体资源配置的效率。由于创新伴随着高投入和高风险，企业面临的经营风险巨大。创新的风险使企业获得成功的因素多样化，降低了企业自主创新的动力和积极性。尤其是在创新成果的转化领域，面临着所谓的"死亡之谷"，也就是大量的创新成果很难形成经济价值，成果转化率低是困扰创新的重要问题。为了提高管理学理论的应用价值，需要管理会计手段加以修正。比如，波特认为在价值链中，只有少数关键战略环节可以创造价值，其他环节不创造价值，并借助于利润中心和成本中心进行业绩评价。管理学的生态理论促进了管理会计的创新，并形成了诸如生态品牌价值等的创新概念，它要求财务与非财务指标相结合，投资者收益与消费者利益相统一。企业的生态价值由企业、外部资源方以及用户共同参与的新系统加以驱动，这一系统要求价值链的各个节点都创造价值，每个人都是价值创造的主体，相互之间形成一个密切联系的整体，如果某个人或某个节点不创造价值，那么就会影响其他环节或别人的利益实现。管理学中的收入减去成本等于利润，这一计量可能是不全面的，因为没有考虑

生态的价值传导，有遗漏收益的嫌疑。企业的价值创造由顾客说了算，成本不再单纯由企业确定，而是基于供应链产业链实现交易双方共同的价值创造。亦即，使"用户为企业创造了多少价值"与"企业为用户创造了多少价值"得到统一。管理学理论强调静态与动态的结合，管理会计学术研究需要将顾客作为企业利润实现的一个基本要求，结合顾客资源来创造价值，即顾客的需求是动态的，满足顾客动态的需求，必须将顾客作为沟通交流的"基本账户"，从而使静态的资源与动态的顾客实现了统一。

　　管理学理论强调财务指标与非财务指标相结合，不断增长的全球竞争和全面质量管理运动，已经扩大了非财务指标的需求。传统财务指标的业绩评价体系存在如下问题：一是短期倾向。关注短期业绩，牺牲组织长远发展。比短期利润指标更重要的一些非财务指标，包括质量、反应速度、产品设计、新产品特点以及员工素质等。二是难以支持企业的战略管理。经过长期不懈努力，我国已经形成了较为完整的工业体系，众多产品产量在全球居于前列，部分领域产能过剩问题突出，单纯依赖扩大规模很难支撑经济增长，加强创新驱动发展，促进经济转型升级已经成为重要的战略选择。三是不能优化企业管理活动的具体行为。非财务指标体现在很多方面，比如客户满意、员工满意、流程再造、新产品开发、多样化、市场份额、生产率或效率、安全性、创新、运行指标、战略目标等。经济学的代理理论和信息有用性原理建议，业绩计量标准应该兼顾非财务指标。同时，战略理论和组织理论也认为，面向质量和创新的企业，应包括广泛的财务前瞻性指标与非财务指标，寻求其竞争力的增强。根据控制理论，将非财务指标整合到公司业绩计量系统中也可能为管理者提供比财务指标更直接和及时的反馈，而且，这使得管理者有机会及时调整自己的行为，以改善业绩。另外，非财务指标较少受到管理者的操纵，因为通常它们比成本分配或者资产负债表较少依靠管理者的判断。非财务指标选择与组织环境相关联。根据权变理论，管理会计适当技术的选择依赖于公司生存的环境、背景因素、环境因素、战略计划在不同公司之间存在差异，业绩评价中采纳和使用非财务指标是一个内生的选择，它所具有的利益和成本都与其背景因素相关联，即随外生变量而变化。随着经济增长方式和生产要素的迭代变化，国家和投资者还需要了解企业的社会贡献、环境污染、可持续发展能力甚至其战略规划、研发专利、人才培养等情况。对于互联网公司，还需要了解它的点击量、月活量等指标。这些指标大多是非财务指标，传统会计基本无法提供。目前国际上非常关心企业的综合报告问题。2021 年 11 月，国际财务报告准则基金会正式宣布成立"国际可持续准则理事会"（ISSB），旨在制定和发布 IFRS 可持续披露准则（IFRS Sustainability Disclo-sure Standards，ISDS），为全球不同区域的投资者提供一致和可比的可持续报告。

2. 管理学理论对管理会计功能系统的影响。管理学理论指导下的管理会计功能系统，需要结合经济学、心理学和社会学等理论基础加以综合分析与判断。突出智能化管理会计的学术研究，发掘数字技术条件下的预算管理，是管理会计学术活动中常见的现象，它对于不同研究学派的形成具有积极的促进作用。

首先，智能管理与智能制造一体两面，是管理学中的重要概念。随着人工智能等数字技术的广泛应用，新产品开发的速度加快。新产品开发成为很多公司战略的核心方面，强调领先者优势，促进产品快速进入市场，并且产品功能更多考虑符合客户的需要，以及不断缩短生命周期，这些都对新产品开发产生巨大压力，在产品开发上超越竞争者已经成为核心竞争力的重要体现。使用正式的管理控制系统事实上与创新（包括产品创新）是不相容的，正式的管理控制系统对于创造性以及恰当处理与创新相联系的不确定性，往往被看作一种威胁和阻碍。根据西蒙斯的理论，可以通过交互系统优化管理控制系统，寻求正式管理控制系统诊断性与交互性使用的动态平衡关系。产品创新对业绩的提升作用在包含管理控制系统的调节时显著加强，至于管理控制系统的交互式使用有助于创新的推测，似乎仅在低创新的公司观察到，而在高创新的公司可能发现这种影响是反方向的。如果任务以认知复杂性为特征，这个过程或者对参与者来说是全新的，或者需要解决创新问题，或者需要面对许多可能的"意外发现"或意外的结果（动态复杂性），在这种情况下要求通过自发的和团队的控制，同时使用选择和训练政策，实现协调和指导知识的整合。

其次，基于数字技术完善全面预算管理是管理学对管理会计学术创新的需求。迄今，几乎所有的跨国公司仍然把全面预算管理作为内部管理计划与控制的重要工具。预算管理的方法不但仍然在实践中应用，并且其应用范围越来越大，从发达国家扩展到发展中国家，从制造业扩展到非制造业和非营利组织。随着数字化改革的不断推进，预算管理的理念和运作模式需要"与时俱进"，从而使得预算管理能够在新的环境中继续发挥其计划与控制的作用。霍恩格伦（Horngren，2004）说："多年来，我一直欢迎和支持管理控制和会计领域各种类型的研究。其中，预算特别让我着迷。这是因为，预算证明了管理会计的本质，就是会计与管理融为一体。没有什么其他管理会计的分支比预算能够更好地说明，会计如何与管理结合在一起，以及为什么行为科学能够在重要性上和经济学平起平坐。"没有一种预算的制定程序能一贯地优于其他方法或没有任何不利后果。也就是说，规范研究的学者希望给企业推荐最好的预算管理模式，但是预算管理实践的经验观察却发现，同样的方法可能产生截然不同的结果。随着权变理论在管理学研究中的盛行，预算管理的研究者开始关注，是什么原因在影响不同企业的预算管理模式，并取得不同的效果。参与式预算的路径分析，如图 6-1 所示。

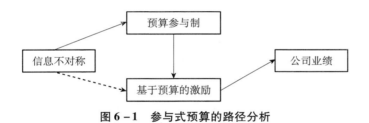

图 6-1 参与式预算的路径分析

随着中国经济越来越融入世界，有关中国企业的"预算管理"状态和行为特征的研究，将不仅有助于提高我国的预算管理水平，也必将引起世界学术界关注。发达国家预算管理研究最显著的特征，可能就是在预算实践发展的过程中，研究者不断吸收相关学科的理论与方法，从而对预算实践不断进行多角度的分析与理解。诚然，与管理会计领域的其他研究相类似，由于理论、方法、样本等方面的多样性，预算研究中也存在结论分散的现象。或者说，经验研究虽然没有实证检验方法严密，但是其有效性与可靠性还是较为明显的。反过来讲，经验研究结论中存在的分散现象也展示出辩证的原理。即，一方面显示研究的积累性和继承性还存在问题，需要在相互学习、继续积累的同时不断寻求改进的途径；另一方面也显示了继续研究的必要性以及研究可能继续发展的空间。因为经验研究的对象是现实中事物的状态和演变规律，现实的事物不仅千姿百态，而且千变万化，这才值得经验研究者去观察和发现；如果很容易就得到一个放之四海皆准的模式，那岂不是要令所有后来的研究者索然无趣，学问也就到此结束了。

（二）管理学文化价值演进中的管理会计路径选择

结合管理学研究的文化理念及其价值观演进，为管理会计研究的学术创新提供了有效的、共生共益的文化价值意识，为新时代的管理会计学术创新提供有益的路径选择。同时，也促进了中国管理会计学术思想在国际同行中的交流与沟通，有助于实现中国特色的管理会计学理论的发展和工具方法的实践创新。

1. 管理会计文化视角的宏观转向。引导人们把科研注意力和资源向宏观领域转移，不是说管理会计开始从事宏观经济与财政等问题的研究，而是从管理会计文化的视角将微观的学术问题宏观化，从宏观视角观察企业的管理会计问题。管理会计的学术研究目标不仅仅是经济增长，还包括经济价值以外的目标，即研究目标是经济价值与文化价值综合起来的"高质量"。所有文化制度在性质上都是机能整体性的，对文化整体的一个部分的理解源于对这个整体性质的理解，对整体的理解必须涉及组成整体的许多部分，即文化主义方法论强调现实经济世界机能整体性质。文化主义方法论重视现实世界的演进性质。利益相关者及其制度的融合，形成一个不断发展的整体，经济整体结构和职能随着历史时间的变化而变化。由于受外部技术与组织等环境的影响，只有在一个不断发展的历史文化进程中才能理解经济现实。从研究方法角度讲，一方面，要鼓励实证研究融入多元化的方法理念，通过对观察法、实验法、比较法、历史法、数学法、访谈法、案例法、文献法等的多样化使用，降低学术研究对上市公司数据库的依赖程度；另一方面，要大力支持规范研究。学术研究出现实证"一边倒"的现象也与规范研究"不争气"有一定关系。笔者的体会是，好的规范研究必须具备至少四个基础：一是跨学科的系统化理论基础；二是相关的实践基础；三是科学的方法论基础；四是好的人文科学基础和"文笔"。现在真正拥有好的规范研究基础的年轻学者越来越少，这是规范研究走向衰败的重要原因之一（张朝宓等，2000）。西方管理学理论有反映企业生产和市场经济一般规律的一面，包含合理的成分，特别是其中有关经营活动分析的一些有益方法，有必要加以借鉴和吸收，为我所用。一方面，管理学理论强调紧密联系实际，为企业实践发展服务；另一方面，还要求结合应用环境的变迁不断地整合与创新。创新驱动是管理学理论在前人研究成果的基础上的更上一层楼，管理会计理论与方法的突破或改进，能够有效提升管理会计工具的针对性与有效性。倘无创新，管理学便会失去生气，失去发展和兴旺的动力。在全世界的管理学者中，最有资格正确解释中国改革和企业实践问题的当然是中国自己的企业家和管理学家。中国自己的管理会计学者对本土问题最有发言权，并有得天独厚的比较优势，更容易产生在世界领先的研究成果。

近年来，国内关于管理会计的研究出现了一些新趋势：（1）从宏观视角理解和认识管理会计中的微观问题。管理会计配合企业其他部门，深入细致地研究国际宏观经济环境下的企业发展战略、经营模式、财务行为及其影响因素。如企业跨国经营的文化价值观异同，国家间文化知识的交流、企业在产业链中的定位以及全球价值链的区位选择。即，应充分发挥我国巨大的国内市场优势，从全球价值链转向国内价值链，进而逐步转向加入全球创新链，完成中国的产业升级和区域协调发展的双重任务（刘志彪，2020）。再比如，结合国家对产业安全和科技进步的要求，通过绩效管理优化企业技术创新动因和具体行为、提高产业政策应用的水平、开展行业进入或经营策略研究。（2）从逆向创新的视角开展管理会计的学术创新。管理会计研究要主动服务于经济体的"逆向创新"战略，为我国融入全球要素分工、促进产业优化升级提供新的战略安排，在把握管理会计发展机遇的同时，寻求有效的解决方案或具体的行动对策，如发挥产业或行业层面的比较优势、打造产业集群的管理会计工具或手段提升竞争优势、通过绩效管理引进国际先进的人才及其他生产要素等。亦即，在全球利基市场导向的逆向创新中，后发企业需要注重利用本土比较优势资源。管理会计学术创新要结合本土大规模、多层次的市场结构等的环境特征，加强全国统一大市场情境下的成本管理，为企业创造相对宽松的市场环境。同时，应用后发企业的优势，主动对标国际经贸等标准，优化多元化的国际连接机制，采用技术与非技术的协同创新手段来弥补创新资源不足，进而提高我国企业的创新效率。

2. 管理会计研究的定量化倾向明显。当前，管理会计研究采用数量分析方法的倾向更加突出，重点是结合数字化改革对企业绩效的影响以及技术进步对投资效率与效益的影响展开研究等。比如，有人运用 MANOVA 分析、判别分析、Logistic 分析等方法研究不同国家收益管理对吸引外资的效果情况，采用随机前沿分析方法、多元回归模型研究企业投资的溢出效应，采用灰色关联分析实证研究企业技术转移影响产业绿色创新系统创新绩效的因素。有关全球价值链背景下的产业集群升级研究，大多是绩效管理方面的实证研究。马海燕等（2010）认为，"全球价值链治理模式既能够直接影响代工企业升级，也可以通过影响代工企业链条中的组织学习绩效而间接影响代工企业升级；代工企业领导阶层的主观意向会影响升级成功的可能性，并能减弱价值链治理模式对企业升级的影响。"聂鸣等（2007）对产业集群嵌入全球价值链的方式和升级前景之间的关系进行了概括性总结。吴彦艳等（2009）研究了产业升级的内生拓展型和嵌入式的两种升级路径，并实证分析了我国汽车产业的升级路径。黄永春等（2012）提出，当在产业集群的技术创新取得突破或获得政策扶持等重大外力推动时，可构建国家价值链体系，实现内需支撑的、本土企业主导的发展。钱方明（2015）从国家价值链的动力机制、构建机制、竞争合作机制研究了制造业的升级机理，认为可以通过领导型企业驱动、集群企业共同驱动、专业市场驱动三种路径实现升级。徐富丽等（2014）认为配套企业升级存在集群发展、小规模精细发展和自有品牌发展三种主要路径，配套企业应准确定位，在代工的基础上培育自主创新能力。

管理会计研究中的很多概念涉及组织和员工的行为，这些概念比较难以量化，所以从概念到变量的转换过程非常值得关注。很难在实践中找到某一个容易观察的变量与之对应，或者说任何一个可观察的变量都不足以完全反映这个概念的本质属性。根据心理学理论，在开展评价与决策过程中，当决策者对不同对象进行评价和判断时，如果同时拥有有关评价对象的共用和专用指标，决策者会更加关注共用指标，而在一定程度上忽略专用指标。共同信息有更大作用的主要原因是具有可比性，容易进行不同被评价者之间的比较。尽可能不要自己创造新的变量形式，除非有足够的理由认为前人的变量构造存在问题，需要改进。在概念量化的多个变量竞争中，可以开展敏感性检验。研究者可以先用一个变量代入检验模型，如果结果没有明显的差异，则说明这个概念在模型中的作用对变量选择不敏感。概念量化中可以考虑多个变量的互补功能。比如针对某个概念的量化，可以将概念思想的采纳、技术创新的实施与管理创新的实施这三个变量综合加以应用。要扩大人们的视野，提高学术研究的制度自信，强调学术自觉与自信可能更重要。新文科建设需要多学科交叉与融合，这种交融本身没有规律，是一种应用中的权变性反映，或者说，是创新驱动的客观体现。管理会计定量研究中的"碎片化"倾向需要客观加以评价，或者说，关键看其动机，是主动的"碎片化"，还是被动的"碎片化"，当然也要具有化被动为主动的能力。有效的组织沟通系统应该涵盖以下三个要素：一是沟通过程和信息的可理解性与可依赖性；二是组织文体的支持；三是认识的交流与共享。管理会计研究的学术创新，无论是在规范性的理论上还是在计量性的实证上，都为此领域的研究路径选择提供了一定的可行性或有效的补充，丰富了管理会计研究的成果。规范研究的思辨性与实证研究的量化性不能说一个比另一个更重要，两者都不可或缺。正确的做法是，将上述研究方法与中华传统文化及其研究方法结合起来，形成具有中国特色的管理会计学术研究方法体系。

第三节　本章小结

衡量管理会计研究的学术创新，是以增量知识的大小作为判断标准的。增量知识是一个时代工具理性、价值观念、道德风尚、经济意识形态等因素的集合体，而这些都需要进行理论阐释和把握才能得以提炼与升华。以中国和时代为关照，建构自主的知识体系，是加快构建中国特色管理会计学的根本路径。在时代发展进程中不断实现创造性转化和创新性发展，其符合时代精神的观念资源得到深刻阐发，彰显了守正创新的学术品格。我们要保持中国学术的自主性，寻找管理会计研究的本土理论，向世界同行讲述中国管理会计学术研究的路径和中国经验，形成具有中国特色、中国风格、中国气派的管理会计理论体系、学术话语体系。亦即，结合中国的管理会计实践，在发现问题、筛选问题、研究问题和解决问题的过程中实现管理会计的理论创新，探索新的理念、方法、规律，不断深入企业，解决现实问题，体现中国管理会计的理论智慧和技术方法，使中国管理会计的知识体系及其价值内涵得到国际学界的重新认识，并使之在文明对话中不断走向世界。

　　实证研究与规范研究是辩证统一的，即，计量获得的证据能够帮助我们沉淀知识，规范性的思辨能帮我们发现新的知识入口，两者之间是不冲突的，或者说相互之间关系很密切。思辨有助于提高研究者的想象力，寻求业务与财务之间的经营关系与商业模式。离开思辨，你连证明的入口都找不着，只能盲人摸象。反过来说，如果只有一个想象，没有证明，大家就会一直在怀疑之中，这对于管理会计学科的发展显然也是不利的。换言之，管理会计学术研究有两种基本途径：一是规范性的理论研究，即以企业价值创造与价值增值为基础，通过合理规划战略坐标、优化企业流程来实现可持续性的发展之路；二是以实证研究路径进驻到管理会计的应用场景。后一种路径以经济学方法为依据，借助于各种数据来源，将企业与市场、社会、制度等多维因素联系起来，把握企业价值创造与价值增值的形成与发展逻辑。两种研究进路，都呈现了中国式管理会计成长的实践经验，建构了具有中国特色的管理会计理论与方法体系。

第七章　管理会计学术的供给侧路径

管理会计的学术活动离不开宏观与中观层面的供给侧引领，即从政策、制度变化的视角引导管理会计的学术过程，尤其表现在管理会计的社会服务功能方面。换言之，管理会计学术研究能够优化政策与制度行为，充分体现管理会计理论精髓与思想方法变迁的路径选择。管理会计学术在企业微观层面的反应，尤其是其中的管理会计工具属于"水到渠成"的应用路径。管理会计的管理控制功能是对事前的管理活动及其涉及的成本与收益进行比较。为了提高企业的效率与效益，管理会计需要将管理控制系统功能和信息支持系统功能适度分离。管理会计学术是围绕自身要素所开展的细化研究或探讨，对于那些需要沉淀、反思、验证的诸多"问题"，还须适时加以反省并予以纠偏。

第一节　管理会计学术活动来源于供给侧引导

2016 年国务院的供给侧"降成本"政策，使学术活动中的成本概念变得更加重要且宽泛，宏观成本、中观成本与微观成本的立体结构开始形成。供给侧的管理会计功能设计之一是引导财务会计向管理型会计的方向转型。一般而言，单纯地将财务会计中的会计规则嵌入管理会计活动之中，不但不利于管理会计创新发展，反而可能会束缚管理会计功能作用的发挥。因此，从供给侧引导管理会计学术发展成为一种新的趋势。

一、供给侧视角的管理会计学术活动

通常，管理会计服务于财务会计的重要功能是降本增效，它通过目标

成本管理等工具的开发与应用纠偏标准成本法应用中存在的不足或遗漏，从而扩展管理会计的学术边界。

（一）围绕管理会计要素结构的学术活动

根据 2017 年财政部颁布的《管理会计基本指引》，管理会计由应用环境、管理会计活动、工具方法以及信息与报告四个要素组成，"应用环境"位列第一。从供给侧角度考察管理会计的学术活动，需要将理论与实践之间的关系升级为"应用环境"等要素匹配的情境，积极寻求管理会计学术研究的规律或内在机制。

1. 供给侧的学术活动离不开结构性的调整。管理会计学术研究要以供给侧结构性推动高质量发展，以结构转型获得主动、赢得未来。经济转型的本质，是通过结构调整和制度变革，实现结构再平衡和不断升级。结构转型既是发展问题，也是改革问题。在新发展阶段以中国式现代化全面推进中华民族伟大复兴的首要任务，就是推动高质量发展，就是要加快构建以国内大循环为主体、国内国际双循环相互促进的新发展格局，以加快建设具有中国特色的管理会计理论与方法体系。客观地说，一切经济选择都是对成本和收益进行精确比较的结果（郭道扬，2022）。从微观角度讲，个人进行选择的结果和预期同企业进行选择的结果和预期总是比较相符。然而，政府层面作出的选择往往缺乏合理性，由于过于侧重需求的政策安排而容易产生未预料到的不良行为或后果。比如，政府采取扩张性的财政货币政策是希望降低失业率，结果却出现了通货膨胀。同样，政府为了改善失业者的生活，提高了失业福利金的数量、延长了救济期限，结果助长了解雇，不利于重新就业。免费医疗和医药补贴，导致保健费爆炸性增长。亦即，政府的政策无法达到预期的效果，原因在于，政府没有注意到经济环境已经发生很大的变化，所以供给侧管理，尤其是供给侧的结构性管理至关重要。

供给侧视角解决通货膨胀的办法是消减政府规模或提高政府效率、鼓励生产和革新，增加供给。从管理会计视角观察，经营采用的供给侧管理方法主要有：一是减税。减税会在短期内拉动需求，而在长期内才会增加供给，由于政策对供给和需求的影响具有非对称性，因此，减税虽然在短期内使通货膨胀上升，但是，短期更高的通货膨胀有助于促进生产率恢复增长，企业生产实现创新，最终消除通货膨胀。因此，不必惧怕减税引起的负效应。二是调整税收结构。调整税收结构可以减轻减税时的负效应。如在所得税和投资税之间政府应该多消减投资和资本收益税，少削减所得税。最糟糕的减税方案是在降低所得税的同时提高投资税。三是精简规章制度。实施负面清单，精简束缚企业的规章制度，减少政府对企业活动的限制，降低规章制度的负供给效应，让企业更好地按照市场经济原则行事。经济学中的供给学派的一些观点和政策值得管理会计学术研究时借鉴之用。比如，供给学派重视供给在经济增长和发展中作用的观点，对于我们建设全国统一大市场，进一步高质量开放，构建"双循环"新发展格局等具有理论指导价值。并且，对于微观经济中的数字化改革，强化管理会计的数字化转型，帮助企业制定全面预算管理和确定成本控制的重点等，提供了供给侧视角的结构性动因。同样，供给学派提倡的减少政府对经济干预、减轻社会的纳税负担、提高人们的工作积极性、促进就业、提高生产增长等的看法，对于管理会计合理地确定企业负担，搞活国有企业，实行共同富裕政策等均有一定的启发性。

2. 把握管理会计要素供给侧和需求侧之间的关联性。供给和需求是构建新发展格局必须高度重视的概念结构，要把实施扩大内需战略同深化供给侧结构性改革有机结合起来。一是需求牵引供给，构建新发展格局的关键在于畅通经济循环，在各环节中消费需求是指南针，有什么样的消费需求，就会有什么样的生产供给，既要注重数量上、又要注重质量上的消费需求，由大规模、高质量的消费需求牵引生产供给。二是供给创造需求，纵览历次工业革命，新的供给都带来了新的需求，我国供给侧低端、低效、错配等问题较为突出，在新一轮科技革命和产业变革下，要通过结构性改革的方式扩大中高端供给、提高供给效率、优化资源配置，由中高端、高效率、合理配置的供给创造需求。三是更高水平的供需动态平衡，供需平衡既是数量上的相对平衡，又是质量上的高水平平衡，更是长期动态平衡，供给侧和需求侧相互促进实现高水平的动态平衡。管理会计是现代化经济体系中的一个重要组成部分。现代化经济体系是一个有机整体，构建新发展格局需要坚持系统性思维，对标国际一流构建中国特色的价值管理体系。在"双循环"新发展格局下，稳步推进产业结构、消费结构等的转型升级，需要产业之间创新引领、协同发展。建设现代化经济体系的重点：一是市场。即建设统一开放、竞争有序的市场体系。二是公平与效率。建设体现效率、促进公平的收入分配体系。三是城乡共同富裕。建设彰显优势、协调联动的城乡区域发展体系。四是环境优美。建设资源节约、环境友好的绿色发展体系。五是开放多元。建设多元平衡、安全高效的全面开放体系。亦即，以结构转型赢得高质量发展的主动。

适应供给侧的政策工具变化，嵌入货币政策和产业政策的管理会计学术研究，是供给侧管理的重要方向。从宏观层面看，管理会计视角的共同富裕，其供给侧的基本路径是生产资料公有制。在社会主义初级阶段和市场经济条件下，虽然由于客观上存在多种经济成分，不可能在全社会实行按劳分配，但是，只要坚持公有制主体地位，在这个经济成分中结合市场经济贯彻按劳分配原则，就可以从总体上缩小全社会的收入差距，促进共同富裕。形成并维护共同利益是共同富裕的客观要求。实现个人利益与社会共同利益相统一的共同富裕，这只有在公有制基础上才能做到。而在私有制基础上，是不可能形成属于广大人民群众的共同物质利益的。在社会主义市场经济条件下，我们要实现收入倍增、走向共同富裕的目标，更应当毫不动摇巩固和发展公有制的主体地位。从微观角度看，供给侧的稳增长需求需要各类政策的配合与支持，管理会计学术转化为实践的力度和节奏，不仅决定着企业的发展方向，也对管理会计的核心概念与方法产生着影响。

（二）优化管理会计"应用环境"要素的供给侧管理

从供给侧的"应用环境"考察，管理会计作为一种帮助企业降低成本目标的重要工具，其在供应链综合效能、创新应用场景、开放型经济体制等方面将形成供应链竞争新优势。

1. 管理会计"应用环境"要素下的匹配度。供给侧视角的学术引导是促进管理会计创新的重要基础，尤其是制度安排至关重要。成本差异的分析制度需要与责任会计制度进行匹配。为了获得必要的改进，弄明白差异的原因被认为是重要的。差异的产生将被输入到设定的未来成本降低目标的信息之中。因此，差异被认为在未来有必要作出进一步的改进。

尽管高层管理者也会收到大量的非财务信息，但是更多地利用这类信息是基层的管理者，为了控制成本，非财务信息由他们引入到组织中来，并发挥着特殊的作用。中国制造业供应链配套完善。中国拥有 41 个工业大类、207 个中类、666 个小类，是全世界唯一拥有联合国产业分类中全部工业门类的国家，一旦供应链遭到破坏，可以在较短的时间内自主修复和恢复。中国已经成为绝大多数亚洲国家的第一大贸易伙伴，投资中国意味着与整个亚洲地区建立紧密的贸易联系，投资中国意味着投向更为广阔的增长空间。随着全球供应链加速调整，中国作为全球供应链区域中心之一，在全球供应链体系中的位置和作用也将发生一定变化，成本价格低、大规模生产等传统优势可能会被削弱，但产业配套完整、市场空间巨大、劳动生产效率较高等核心供应链竞争优势仍然明显。在全球供应链加速重塑过程中，中国作为全球供应链的重要中心之一，既面临重大发展机遇，也面临巨大挑战。跨国公司作为中国融入全球供应链体系的重要纽带，在推动中国适应全球供应链调整、实现制造业高质量发展中发挥着重要作用。中国以强大的市场、完善的产业链配套能力、逐步提高的科技创新能力和日益优化的投资环境将共同构筑产业链供应链竞争新优势，这些新优势也将进一步助力跨国公司在中国更好地发展。

2. 适应"应用环境"的管理会计创新。财政部自 2016 年开始在 2 年左右的时间里形成了一套管理会计工具方法体系，即《管理会计基本指引》和"管理会计应用指引系列"。管理会计学术活动需要从框架本身进行再探讨，也需要对实务部门应用中的经验与教训进行总结与提炼。欧美管理会计研究已形成一种基本模式，即针对系统本身，寻找前因变量，并在分析前因变量对系统影响的基础上，探究后因结果。它体现了管理会计工具创新的权变理论要求，权变性理论的实质表明，借助于"应用环境"用函数方式（变量之间的相互影响关系），寻求管理会计工具嵌入的先进技术方法，如人工智能等，是新时代下管理会计工具形成与发展的必然规律。沿着"应用环境"下的"前因变量（影响因素）—中间变量（工具系统）—后因变量（经济后果）"的主流模式，有助于强化技术路线的重要性与方法应用的严谨性。管理会计工具在制度规范的源头上并不具有外部约束性，环境的不确定性又使显性与隐性因素相互交织。加之，许多企业内生性问题的存在等，也使现有的管理会计"应用环境"正在日益变得复杂……管理会计工具创新迫在眉睫。借鉴这种主流模式开展管理会计研究，能够为人们提供一个认识问题的共同框架。因此，在实践中得到广泛应用。管理会计"专用性"特征强，同样的管理会计工具在不同的企业应用环境中的效果是不同的。

从企业内部的情境特征观察，由于企业的发展阶段以及行业、规模、产权性质、管理模式和治理水平等的不同，管理会计的应用需要充分考虑自身的内在条件，因地制宜地推行管理会计的工具方法。必要的增减是实现"精"的重要前提和基础，只有实现两者的有机融合，才能充分释放结构性优化的潜在功能。这一过程是一种结构性优化。结构功能主义理论告诉我们，任何一个组织要想充分发挥应有的功能，就必须构建科学合理的结构，并根据时空环境的变化不断调整优化组织结构。21 世纪以来，随着技术进步与技术创新速度的加快，资源要素的全球化配置，以及国际经贸规则的重塑与再构已成为一种新趋势。内外部环境的复杂性、多样性和不确定性，使组织（企业）面临巨大的冲击与挑战。中国经济现象与本土管理会计问题研究受到国际社会（包括学术界）的高度重视。纵观世界经济的发展历史，世界经济中心从大西洋向太平洋转移，太平洋东西的两个世界级大国——中国与美国，正在发生巨大的经济变化。中国正在成为世界经济的中心。经济中心将成就经济大师，或者说，经济大师和重大的经济学研究成果将更多地出现在世界经济中心。改革开放 40 多年来，中国取得的巨大成就，采取的独特而成功的经济发展道路，已成为国内外学者关注和研究的重点和热点。中国管理会计学者身处这一伟大的时代，具有先天优势，成为历史的选择与学术研究的必然。管理会计理论内涵丰富，外延开阔，能够较好地对各种经济现象、企业实践问题作出诠释。将管理会计理论嵌入于重大经济现象的解释过程之中，本身就彰显了管理会计理论的重要性。社会科学是一个整体。各类学科并非天然而成，学科的不断分类，从一定意义上说，只是为了人为研究的便利。管理会计学是经济学的重要分支，自然离不开经济学这一母体学科，反过来，它也促进了经济学以及社会学等学科的发展。

（三）管理会计功能视角的供给侧管理

从宏观角度看，来自供给侧视角的管理会计研究主题很丰富。当前，深入实施创新驱动发展战略，培育壮大经济发展新动能，面临产业方向或管理手段的选择以及集群区域微观企业实施路径的具体选择。

1. 聚焦供给侧视角的管理会计功能新扩展。刘鹤副总理在 2022 年 5 月 30 日院士大会上的讲话，提出了疫情防控、产业链与供应链安全、粮食安全、能源安全、网络安全、城市应急管理六大方面的基础理论和核心科学技术突破的大课题，这些课题不仅是自然科学家的责任，也是社会科学家的责任。① 作为管理会计理论与实务工作者，应围绕管理会计控制系统，主动帮助国有企业对标并构建国际一流的价值管理体系；通过信息支持系统提高数字化技术应用的效率与效益，主动为党和国家大政方针强化服务功能。管理会计应当在资金筹集、政策优惠等方面发挥积极作用。当前，企业的产业升级与产品结构的调整，离不开管理会计理论与方法的支持。必须加速布局未来产业，推动未来产业成为我国实现经济高质量发展的新增量。未来产业具有依托新科技、引领新需求、创造新动力及拓展新空间等典型特征，是抢占新一轮科技革命和产业变革制高点的有效途径，是落实创新驱动发展战略、培育壮大新增长点的重要抓手，是构建未来国际竞争新优势的主要手段。管理会计要基于微观立场思考宏观对策，拥有战略前瞻性的思维。当前，世界主要国家和地区都在积极布局下一个 10 年乃至 20 年、30 年可能迸发的产业路径。因此，前瞻性地布局未来产业，既是我国进入新发展阶段、加快构建新发展格局的客观需要，也是培育新兴接续产业、抢占全球科技产业竞争制高点必然的路径选择。未来产业的先进入者具有显著的"先行者优势"，能够构筑包括专利、知识产权、产品标准和涵盖上下游产业链的完整生态，后进入者追赶超越的难度极其巨大。管理会计学术研究要结合组织变革，丰富信息支持系统的功能内涵与外延，制定评价和激励制度，激发科研人员创新活力，加强原创性、引领性科技攻关。未来产业的发展路径往往需要通过不断的创新试错，推动企业、科技、资本开展合作，以创业带动多元化投入，构建多元投入机制。率先培育形成一批产业生态主导型企业，支持中小微企业和初创企业发展，既是宏观政策制度的思考内容，也是管理会计学术研究的重要课题。

党的二十大提出，全面建成社会主义现代化强国分两步走的战略安排，重点部署未来 5 年的战略任务和重大举措。即，从 2020 年到 2035 年基本实现社会主义现代化；从 2035 年到 21 世纪中叶把我国建成富强民主文明和谐美丽的社会主义现代化强国（顾海良，2022）。作为世界第二大经济体，体现"双循环"特征的供给侧结构性管理，在推动自身转型发展的同时，也

---

① 刘鹤为两院院士作报告"努力开创科技工作新局面"［EB/OL］.［2018－05－31］. http：// www. xinhuanet. com//politics/2018－05－31/c_ 1122920666. htm? from＝timeline&isappinstal.

将促进全球经济的复苏和增长，为全球经济转型发展和治理变革注入新活力，促进形成更加稳定、多元、平衡、包容的世界经济格局。促进高水平开放与推动经济结构调整密切相关。必须把高水平开放与结构转型结合起来，协同推动高水平开放与强大国内市场建设（迟福林，2023）。如以开放创新破解"卡脖子"难题，实现新型工业化的重要突破；以适度扩大优质商品与服务进口满足国内消费需求，促进消费结构升级等。现阶段的供给侧管理强调"稳定压倒一切，发展不能牺牲安全，在艰难的平衡中坚持就是胜利""支持民营企业发展，激发各类市场主体活力"，这是供给侧管理对管理会计功能提出的客观要求之一。高质量发展需要牺牲一定的速度换取稳定，其中，国有企业要支持民营企业高质量发展，重点是鼓励民营企业改革创新，提升经营能力和管理水平，这为民营企业未来发展提供了科学指引。民营企业还存在产业层次不高、创新能力不强、治理结构不优、资本扩张无序等诸多结构性问题，迫切需要加快民营企业改革步伐，尤其应以结构性改革为突破口，全面推动民营企业高质量发展。有效提升民营企业的创新力、竞争力、影响力（高璇，2022）。创新力是民营企业发展的动力，竞争力是民营企业生存的基础，影响力是民营企业壮大的关键。管理会计要采取多种激励方式，引导民营企业持续加大研发投入，让民营企业真正成为创新决策、研发投入、科研项目实施的主体。主动聚焦优势产业和战略重点产业，通过补链强链延链、分级分类培育，推动企业群式与链式的集聚发展。充分发挥民营企业资本优势、渠道优势、市场优势，鼓励民营企业积极承担社会责任，助力共同富裕、乡村振兴，引导民营企业参与慈善事业、志愿活动，不断提升社会影响力。

2. 强化中国式现代化下的管理会计功能结构。中国式现代化切合中国实际，体现了社会主义建设规律，也体现了人类社会发展规律。管理会计的信息支持系统和管理控制系统，体现了管理会计学术活动存在的普遍性功能，它属于企业多维多元复杂系统中的一个组成部分。系统性不仅是供给侧管理的特性，也是管理会计工作的方法论。坚持系统性功能的"二元观"，就是要推进管理会计供给侧功能的路径优化，比如运筹供应链等的管理要求，企业价值创造与价值增值的客观需要等。因此，只有更好把握市场竞争的"应用环境"，才能坚持"双循环"的新发展格局。我国经济已经转向高质量发展阶段，这一转变是对我国社会主要矛盾转化的主动适应。

中国式现代化道路拓展了发展中国家走向现代化的途径，给世界上那些既希望加快发展又希望保持自身独立性的国家和民族提供了全新选择。我国过去依靠要素投入、规模扩张、外需拉动的经济增长模式难以持续，必须在转变发展方式、优化经济结构、转换增长动力中谋求更可持续的发展，实现发展质量、结构、规模、速度、效益、安全相统一，在高质量发展中解决发展不平衡不充分问题，不断满足人民美好生活需要。要从整体上、内在联系中把握新发展理念，增强贯彻落实的全面性、系统性。要坚持问题导向，以重点突破带动整体推进，在整体推进中实现重点突破，既全面贯彻新发展理念，又抓住短板弱项重点推进。构建以国内大循环为主体、国内国际双循环相互促进的新发展格局，是我国经济高质量发展的必然选择。经过40多年的改革开放，我国经济对外需的依赖度已经大幅降低。一方面，以国内大循环为主体需要借助国际循环促进国内循环。国内大循环只有深度融入国际大循环，才能推动双循环的畅通。另一方面，强调国内国际双循环相互促进，有利于为国内大循环向更高层次发展提供动力和支撑，从而加速国际大循环。

中国式现代化要充分发挥市场在资源配置中的决定性作用。以市场化方式配置土地、劳动力、资本、技术、数据等要素资源，加快要素价格市场化改革，增强管理会计的信息支持系统功能。供给侧结构管理就是要调整管理会计信息的收集与处理的过程或方式，实践中经常会出现现有的信息系统无法支撑管理者的决策需要。管理会计信息系统围绕企业内部的业财融合信息，结合企业组织的价值链信息与产业集群的经营活动情况，加强供给侧的结构性管理。资本无序扩张、多元化经营一直是阻碍民营企业健康发展的障碍，负债高、杠杆高一直是制约民营企业发展壮大的难题。防止资本无序扩张。要引导民营企业将重心放在主业上，避免盲目扩张、过度铺摊子、跟风跨界，循序渐进推进多元化发展。这时，供给侧管理就是要围绕决策的需要重新组织或收集与处理信息，一直到能够为这一决策提供支持为止。借助于"大智物移云区"等数字技术的管理控制系统，以提升效率、降低成本、强化决策、创造价值为目标，为管理会计工具创新提供政策导向或管理控制需要的专业支持，其本质就是数字技术推动的以需求为导向的供给侧结构性改革。嵌入数字技术的管理会计控制系统，通过优化企业的管理层与控制层，增进管理会计信息支持系统实现价值发现、价值传输和价值管理的延展功能。管理会计控制系统对于推动管理的程序，尤其是其中的非正式程序起着积极的作用。因此，研究学术的形成机制，需要分层次地设计管理会计工具的管理控制效果，使实现的功能与潜在的功能相得益彰。供给侧结构性改革与需求侧管理在实践中往往是统一的，管理会计工作人员可以根据自己的需要修改或补充相关数据，以提高权变性，适应企业不同情况的客观需要。亦即，不仅可以实时读取相关数据，还可以根据预警数据立即采取相应措施。在数字化改革的大背景下，管理会计以数据感知、捕获和洞察来识别风险和进行价值衡量，以优化控制、效用评价和资源配置等强化预算、决策及其具体行为（刘光强和干胜道，2022）。

二、理论创新对管理会计学术的供给侧影响

从供给侧路径观察，我国已经形成了具有中国特色、中国风格和中国气派的经济学理论体系，并且在引领世界发展、展示中国智慧等哲学社会科学领域发出时代强音。对此，管理会计学术研究必须紧跟形势，加快理论创新下的中国特色管理会计理论与方法体系建设。

（一）学科范式变迁对管理会计的供给侧管理

管理会计学术研究往往以经济学的理论范式为基础，中国特色经济学不能停留在对抽象概念的分析上，需要直面中国现实，以问题为导向，引导中国经济的繁荣与发展。经济学范式的变迁要以更高质量、更有效率、更加公平、更可持续、更为安全的路径为引领，推动管理会计学术的健康、稳定发展。

1. 中国经济学范式下的管理会计学术研究。管理会计学术研究需要从实践中挖掘新材料、发现新问题、提出新观点、构建新理论，这离不开中国经济学的理论指导。中国的政治经济学理论体系是管理会计学的重要理论基础，它对于解释中国问题，指导企业战略制定、经济发展具有积极的指导意义。中国的经济学不是简单地套用西方的经济学规范，而是通过对中国经济发展的规律性总结，在借鉴西方经济学基础上丰富与发展起来的理论与方法体系。我国的经济增长要保持中高速水平以实现这个目标。要使中高速得以可持续，需要转向高质量发展。支持高质量的发展方式不只

是集约型，更为重要的是创新发展方式。只有在资源得到有效利用、环境污染得到有效控制基础上实现的增长才是有价值的。可以从两方面优化结构：一方面制造业结构提档升级，以提升制造业的国际竞争力；另一方面补产业结构的短板。突出补两个短板：一是满足生产和消费升级的服务业短板尤其是金融的短板；二是农业现代化和后发展地区的短板。在此基础上实现结构的协调。国民经济转向以内循环为主体，需要需求侧和供给侧共同发力。需求侧重在培育完整的内需体系，发挥消费在国民经济循环中的作用。供给侧要围绕产业链布局创新链，着力攻克转向国内循环的外循环的"卡脖子"技术环节。面对经济全球化的新趋势，根据开放发展的理念，外循环不仅需要将参与国际循环的基础由资源禀赋的比较优势转变为新的比较优势，即竞争优势，还需要由出口导向的开放型经济转向内需导向的开放型经济，突出以创新需要为导向，形成国内国际双循环相互促进的格局。

现阶段，全球价值链以市场竞争为原则，在世界范围内配置资源，竞争效应尤为突出。其各个生产环节都是在全球"优胜劣汰"中"筛选"出的最有竞争力个体，提升了全球价值链的运行效率。然而，这种竞争性也客观加剧了不公平。一是对于中小国家和企业而言，那些竞争力较弱的国家、企业被排除在全球价值链分工体系之外，无法共享经济全球化收益，甚至部分既有收益可能也因全球价值链的扩张而受到"挤压"。二是对于价值链参与主体而言，由于各环节主体的话语权不对等，主导全球价值链的跨国公司独自获得垄断利润，其他环节仅能分享到少量附加值。三是与上述两方面相关的从业人员收益也逐渐在全球价值链发展中分化，引致国家间收入不平等和各国国内收入不平等加剧。进入新发展阶段，推动区域共同富裕的包容性发展主要涉及以下内容：改革与发展的包容；效率与共享的包容；先发展地区先富起来和后发展地区跨越式发展的包容；有效市场和有为政府的包容。每个方面的两点都要兼顾到，只偏向于某一个方面就达不到共同富裕的目标。

2. 供给侧视角的市场引力对管理会计研究的影响。拥有庞大的市场空间，凭借经济总量、技术垄断、货币优势，其市场行为与政策取向具有一定的国际市场影响力。培育市场战略纵深的核心是增强市场引力。一个大型经济体市场引力的大小，一方面影响着相关小型经济体的向心力，进而决定着放大或收缩纵深；另一方面，巨大的市场利益也使得竞争对手不敢轻易采取制裁行动。也就是说，市场引力本身就构成了市场纵深。衡量市场引力时，经济总量只是一个方面，更重要的是市场活力（经济增长保持上升势头至少是在较高水平上的稳定运行、市场开放程度较高、外资流入与民间投资增速较快、PMI 处于扩张水平、经济创新能力很强等），以及外部世界能否"搭上便车"。为了增强供给侧视角的市场引力，需要发挥政府的作用。如果市场存在失灵的现象，则需要政府切实担负起重大职责，运用科学的宏观调控加以调整弥补，在注重效率的同时关注公平，更好地构建新发展格局。我国已经初步具备依托我国超大规模市场潜在优势构建新发展格局，以国内大循环吸引全球资源要素，增强国内国际两个市场两种资源联动效应的能力。随着技术进步的加快，在各级政策的财政、税收等经济杠杆的引导下，在企业制造环节嵌入以人工智能为代表的数字技术似乎是一种客观必然。数字化是加快产业转型升级、引领未来经济发展的新动能、新引擎，品质化是追求卓越、实现高质量发展的必由之路。全面提升中小企业数字化、网络化、智能化水平，支持民营企业向智能制造、新消费、数字农业等方面转型。新技术的应用或新的管理思想的贯彻，会对以往生产方式下的信息沟通渠道，以及技术与生产的关系产生冲击。这些新的情境下产生的信息与传统思维下的信息来源容易产生分歧，如果管理会计人员不能主动学习这些新技术，了解这些新的生产制造技术特征，则其所提供的信息可能不能满足管理当局决策的需求。管理会计要以数字化改革为牵引，推动实施"专精特新"培育计划，引导支持中小企业专业化、精细化、特色化、创新型发展。

近年来，随着全球经济结构调整周期临近、国际经贸摩擦和地缘政治冲突加剧，叠加新冠疫情影响，导致中国经济增速放缓，并引起一定程度上的市场悲观情绪蔓延。造成经济放缓的原因是多方面的，市场引力下降是其中之一。构建新发展格局的核心并不在于形式上的"双向"与否，而是强调对外扩大开放稳定市场预期、对内顺畅循环提升运行效率、内外有机融合降低干扰波动、真诚互补共赢以期久久为功。国际国内的投资者不应该低估中国构建新发展格局的深远影响力及其潜在市场机遇，更不应该将其作为短期策略来对待。在新一轮科技革命和产业变革中推动传统价值链向数字价值链转型，有助于克服传统全球价值链的诸多不足，对形成兼顾效率、安全与公平的经济全球化新范式具有重要意义。目前的世界经济格局对于中国既是挑战更是机遇，宏观经济政策一定要围绕挑战与机遇展开。在发展方向上立足于构建促进国内经济结构升级、具有较强国际竞争力、最大限度减少外部极端情景下被"卡脖子"的核心经济体系；在宏观政策上立足于构建内外循环相互促进、实现双螺旋上升的政策体系；在技术层面重点打通跨境经济循环的若干堵点与痛点，不断增强畅通国内大循环和联通国内国际双循环的市场功能。尤其需要抓住国际经济调整的机遇，通过重点投入与积极引导相结合，推动民用技术的跨国研发并形成免受其他因素干扰的国际技术交流与交易市场，力争实现关键核心技术的可靠国际合作，实现产业链供应链可控。以效率优先的经济全球化正伴随着逆全球化大潮逐渐退却，兼顾安全和公平的经济全球化正在酝酿形成。全球价值链作为经济全球化发展的重要载体，变革和重塑全球价值链新业态是推动未来经济全球化发展的关键。

（二）概念结构变迁下的管理会计发展机遇

高速发展时代的"摸着石头过河"，要被更规范、更长远的概念框架所替代；"先富带动后富"，需要更新传统概念，为扩展了内涵与外延的"共同富裕"所替代；"黑猫白猫拿住老鼠就是好猫"，需要 ESG 等监管所替代，"韬光养晦闷头发大财"，需要企业社会责任引导强化管理会计的对外功能。承担更多的大国责任和构建人类命运共同体所取代，尤其是正确处理企业与外部的关系，需要从过度依赖外部资源转化为自力更生、艰苦奋斗（赵建，2022）。

1. 管理会计在链式结构整合中的地位与作用。全球价值链需要重构，"双循环"的新发展格局需要寻找链式结构优化的路径与发展机制，在上述双重背景下，无论是产业链中的国际转移还是我国国内区域间产业转移都势必迎来全新的发展趋势，呈现新的演变特征。在全球产业链供应链重构背景下，构建新发展格局也面临新的挑战，需要从战略高度提升产业链供应链韧性和安全水平。科学评估新冠疫情、俄乌冲突等对我国产业链供应链韧性和安全的影响，分类制定安全预案；发挥新型举国体制的作用，加强关键核心技术攻关，着力解决一批"卡脖子"问题；实施产业链供应链韧性工程，增强我国在全球产业链供应链重构中的控制力，推动产业链跨国界向当地要素和消费市场延伸；构建国家产业链安全防控体系，加强对外商投资并购、中资企业"走出去"的全程防控和规范服务。目前，以县域为代表的区域经济发展成为研究的新课题。近年来，一部分县城并入大都市区，更多的县城沦为弱势区域，与大城市的差距有进一步拉大的趋势。县域经济普遍发展层次不高、转型动力不足。政策的重心，一头在大城市发展，一头在乡村振兴，中间的县城和乡镇被忽视。一个突出问题是产业结构同质化。加快发展现代产业体系，推动产业结构优化升级，是建设现代化经济体系、构建新发展格局的必然要求。当前国内经济循环不畅的主要原因是供给难以适应需求转型升级的要求。要实现经济循环畅通无阻，就要着力提升产业体系现代化水平，全面优化升级产业结构，提升创新能力、竞争力和综合实力，增强供给体系的韧性，形成更高效率和更高质量的投入产出关系，实现经济在高水平上的动态平衡。县域经济发展主要依靠中小民营企业，产业主要集中在矿产等资源密集型和服装、化工、机械等劳动密集型领域。近年来，在开放型经济和创新型经济的主导下，生产供应链基本被大城市掌控，县域产业大多集中在零部件供应、装配等产业分工的低附加值环节，县域产业结构雷同和低水平竞争突出。虽然县级政府也努力培育新兴产业领域，但相对缺乏相关的产业基础和技术能力，多是将上级政府确定的新兴产业方向移植过来，或按照已有成功案例挑选产业培育方向，这不可避免造成与大城市争夺资源的劣势地位，鲜有培育成功的案例。县域优质就业岗位供给不足，人力资源成本、用工难度和老龄化问题日益突出，人力资源的结构性短缺压力与日俱增，并最终削弱产业的竞争力。

倡导地方从自身需求和比较优势出发。不仅要适应经济发展阶段要求、自身比较优势变化以及顺应国际产业发展趋势，而且要有持续创新以及催生新兴产业的能力。当前，我国产业体系整体上处于全球价值链中低端，"卡脖子"问题日益凸显，疫情冲击也暴露出我国产业链、供应链存在的风险隐患。从地方自身条件出发，量身定制创新和产业扶持方案，走出各具特色的发展道路。这在一定程度上跳出了"强者越强"的产创资源配置的传统窠臼，更有利于"弱势地区"获得长期发展动力和促进区域的协调发展。选择适合地方的战略性优先培育产业，反对模仿与跟风，重点评价产业是否能成为本地的独特竞争优势以及对未来地方发展是否有推动潜力。决策制定之后，就通过扶持政策引导人才、技术、资本等区域内外优质资源向特定产业集中集聚，继而推动创新成果的产业化和产业规模的持续扩张。对于大城市周边的县城，鼓励融入邻近大城市产业发展，合理发展战略性新兴产业领域。有序引导人才、技术、资本等优质资源向培育产业集中和倾斜，聚焦从技术创新到产品商业化的全生命周期，供给端和需求端双向发力，形成全方位政策扶持土壤。在供给端，重点加强现有产业政策、创新政策、人才政策的整合，提升在产业发展不同阶段的政策组合力度和针对性。在数字经济时代，现代产业体系应当是互联化、智能化、共享化的投入产出体系，其产业组织特征也应表现为以各类互联网平台为基础、大企业主导生产服务、中小企业有序协同。面向县域科技创新的重点和难点，加强校企交流，鼓励科研人员与企业建立深层次的长期合作关系，满足企业产品开发与技术升级需求，实现专利成果转化。着力构建有利于中小企业发展的政策环境，切实转变观念，鼓励企业在细分领域做精、做深，推动中小企业朝"专精特新"方向发展；为"专精特新"中小企业创造良好的产业链生态环境，尤其是帮助其建立与大型企业之间的合作联系，塑造其在产业链条中的互补性功能定位；助力"专精特新"中小企业培育市场需求，为其创新技术、产品的商业化和基于应用的后续成长迭代提供机会。国有企业和大型民营企业可重点攻关那些需要长期投入和累积基础的技术领域，依靠累积性创新优势破解"卡脖子"难题；中小企业可以发挥在细分领域的专业化优势，主要承担配套产业和其他细分领域中具有颠覆性的创新任务。转变现有以产业扶持资金为主要形式的政府产业引导政策，探索"自下而上"的产业引导基金方案。组织企业家、投资机构、学者、官员等多领域专家队伍对县域发展方案进行审议，重点审议确定的产业培育方向与地方发展条件的匹配性和未来发展的潜力。要大力推进工业互联网平台、云服务平台、共性技术平台建设，帮助中小企业搭载低成本的基础性数字化软件，使中小企业更好融入互联化、智能化、共享化的现代产业体系。对于通过资助的计划方案要强化评估监测，对于后续发展中有问题或困难的方案，进行及时调整和整改，确实难以实施的方案及时终止。

2. 管理会计战略框架下的理论创新与实践发展。各个国家都在构建自己的内部大循环，都在对关键技术、核心技术制定"备胎"计划。因此我们一定会看到全球分工的重构，全球供应链会由短变宽，各种"备胎"计划会源源不断推出。这些举措一定会导致全球资源配置效率的下降和成本的上升。在全球碳达峰、碳中和目标基本实现的过程中，很明显的就是绿色成本会大幅上扬，很多国家绿色金融的增长速度都是两位数，很多国家把这项指标作为一个很重要的政绩，但是这表明世界经济的成本在急剧增长。地缘政治带来了防务成本的增长。虽然防务成本增长有可能在短期会成为 GDP，但是大量的防务成本特别是战争消耗的成本一定是人类的负担，而不是人类进步的动力。在这种竞合关系中，中国的出口仍然会维持欣欣向荣的局面，中国的超大市场经济体将进一步发挥它的作用，这是我们进行战略性考虑时必须关注的。当然还有很多战略性的考量，包括大宗商品价格上涨对于结构性的冲击，要考虑这种通胀过程对于困难群体的冲击以及如何加强对他们的保护。我们在思考世界问题时要看到大趋势以及大趋势背后的推动力，要看到中国在大趋势中的战略格局。

解决相对贫困问题是现阶段推进共同富裕的底线。共同富裕的区域协调要求先发展地区为后发展地区提供现代化要素，需要实现效率和共享的包容、先发展地区先富和后发展地区跨越式发展的包容、市场有效和政府有为的包容。我国数字经济发展势头良好，产业数字化和数字产业化方兴未艾，能够不断为产业发展变革注入新动力。传统产业应用场景复杂，涉及种类繁多的生产装备，各种网络协议、工业协议和数据格式之间缺乏权威的统一标准，使得数据之间难以兼容互通，也就难以将其转化为有价值的资源。在以往的规模扩张阶段，我国产业发展主要追求在短期内缩小与发达国家之间的差距，许多企业没有将资源和精力聚焦于细分领域的自主创新，导致产业基础能力与国际领先水平存在较大差距。我们依然面临关键核心技术受制于人、原始创新能力不足、产业标准话语权较弱等问题，高端产业领域中多数企业在国际产业链分工中处于中低端，缺乏对产业链的控制力和话语权。即便我国企业能够承担关键零部件的制造，但从知识分工角度看，依然难以掌握核心试验数据和概念设计等关键知识，也难以开展原始创新活动。

第二节　管理会计研究的供给侧路径选择

长期以来，我国对外开放较为活跃，对内开放相对不足，经济结构不利于国家安全的维护。必须加快供给侧的管理会计学术研究，以提高管理会计理论与方法的针对性与有效性。

一、管理会计供给侧视角的结构性路径

我国在供给侧结构性改革取得积极成效的同时，通过内循环形成国内大市场，其目的是通过吸引全球投资稳定中国经济，促进企业等经济组织健康发展。

1. 基于供给侧的宏观管理会计研究。管理会计职能是其在企业经营管理活动中所具有的功能作用，是我国企业高质量发展的重要基础。传统以核算与监督为主的财务会计功能正在向价值创造与价值增值融合的管理会计功能方向转型，并在数字技术的协助下促进管理会计职能的全球化与本土化协同。经济学范式的变迁与数字经济时代的新特征，使管理会计内涵与外延得到拓展，并对管理会计职能的情境特征产生积极的影响。2021 年11 月，财政部印发的《会计改革与发展"十四五"规划纲要》提出：会计职能需要对内与对外进行拓展，对内拓展聚焦于提升微观主体管理能力，对外拓展归集在服务宏观经济与经济治理等方面。管理会计"看似微观，实则宏观"。将会计看成是"宏观"，就是要拓展会计的职能。从宏观管理会计角度讲，适应更高水平的改革开放，必须促进全国统一大市场下的经济全球化。2022 年4 月10 日，中共中央、国务院颁布了《关于加快建设全国统一大市场的意见》，要求从全局和战略高度出发，加快建设全国统一大市场。"统一大市场"突出市场化手段进行资源配置，不是重回计划经济的老路。加快建设统一的国内大市场，有助于形成"以我为主"的世界经济新格局，并且在"人类命运共同体"理念下重塑世界经济的新秩序。从2008 年的"出口转内需"到"以内循环为主"再到今天的"统一大市场"，高质量的对内开放格局已经形成。一个庞大的、充满活力的开放大市场，对缓解国际环境对我国经济的冲击具有积极的现实意义。建设全国统一大市场，必然会涉及对外开放、参与外循环、进入国际市场、嵌入全球产品内分工等现实问题。围绕"完善营商环境""区域经济协同发展""实现共同富裕"等的改革目标与情境特征，加快构建公平竞争的市场环境，是供给侧结构性改革继续推进过程中需求侧管理的体现，也是市场主体积极性与能动性的反映。通过建设全国统一大市场推动区域经济的协调发展，有

助于确保中国经济在稳定增长的同时实现高质量发展，展现国内大市场特征下的"双循环"新场景，有序引导中国经济的全球化方向，并实现良性循环。

从财政政策与货币政策的具体应用看，通常有以下搭配：（1）为了更有效地刺激总需求增长，可以把增加货币供给的扩张性货币性政策与增加政府支出、减少政府税收的扩张性财政政策配合使用。（2）为了更有效地收缩总需求，可以把减少货币量的紧缩货币政策与增加税收、减少政府开支的紧缩性财政政策配合使用。（3）为了在刺激总需求增长的同时又不至于引起太严重的通货膨胀，可以将紧缩性货币政策与扩张性财政政策搭配使用。（4）为了既降低利息率、增加投资，又减少政府支出、稳定物价，可以把扩张性货币政策与紧缩性财政政策配合使用。"松紧搭配"的宏观政策中，"松"是指扩张性政策；"紧"是指收缩性政策。具体做法是上述（3）、（4）政策的搭配；或者扩张性财政政策与紧缩性货币政策相配合，既刺激了总需求的增长，又不至于加剧通货膨胀；或者是扩张性货币政策与紧缩性财政政策配合，鼓励投资、稳定物价。"财政看似宏观，实则微观"，是指宏观政策微观化。即，针对单一市场和单个部门具体情况而制定的区别对待的财政货币政策。在治理失业和通货膨胀时各有侧重，协调配合使用。主要有以下几种微观化的政策：（1）区别对待的征税方案。根据不同的干预目标，实行不同的征税方法，制定不同的税率，个性化调整征税范围。（2）区别对待的政府支出。要区别对待各项政府支出。斟酌情况，适时分项增减。（3）改进福利支出。实行有差别的失业补助和收入补贴办法，减少失业，提高经济效益。（4）区别对待的货币政策。对不同的贷款实行差别利率，制定不同的贷款条件和给予不同的贷款量。（5）收入政策。由政府直接采取措施限制工资和物价水平，降低物价上涨速度，同时实现充分就业和物价稳定。（6）对付结构性失业的人力政策。主要措施有：对失业人员进行培训，提高工人专业水平，掌握新技术；帮助劳动力迁移，解决劳动供求在地区上脱节的问题；设立职业介绍所，指导并协助工人找工作；发展劳动密集型行业，给失业的熟练工人提供更多的就业机会。

2. 基于供给侧的微观管理会计研究。长期以来，中国在奉行全球化理念的同时，主动构建"人类命运共同体"。从全球范围看，以美国为首的西方利益集团在政治安全与经济利益的双重因素驱使下，试图通过重构供应链，打压中国在全球供应链系统中的地位或作用。对此，中国必须主动加快全国统一大市场的建设，以负责任的大国姿态积极维护国家的整体安全和经济利益。并且，通过更高水平的改革开放，协调好财政和货币政策的目标、力度、节奏，与各国一起共同推动世界经济的复苏（万喆，2022）。同时，积极构建多元化的国际货币体系，促使人民币与美元、欧元和日元等共同承担国际货币职能，建立稳定的国际货币金融新秩序（高波，2022）。借助于以庞大的内需市场引领并推动外循环，通过积聚资源，进一步培育国际竞争合作的新优势。对此，政府层面必须在政策、规则和执行上协调一致，消除地方保护主义，降低市场主体的成本支出，形成一个透明、开放、统一的无歧视、公平竞争的"统一大市场"。要重视宏观成本管理的积极作用，从总结并复制推广各地政府推进市场一体化发展的典型经验和做法出发，提高国内大市场建设的效率。或者说，围绕区域间开放递进的"统一大市场"，提炼区域市场的成本效益变化规律，维护地方政府或区域民众的利益。亦即，不能因为推进国内统一大市场建设而使地方或区域经济遭受损失。对此，需要借助于宏观主导性的产业政策实施更高水平的改革开放。即，在约束地方政府发挥各种优惠政策的作用空间的同时，通过一定方式引导地方政府主动改善营商环境，合理配置市场公共品，实施有利于统一大市场的竞争政策（包括反不正当竞争政策等）。从实践看，全国统一大市场建设的障碍来自纵横两个维度（刘志彪，2022）。横向维度就是要消除地方政府的保护主义行为，包括分割市场的行政垄断行为，以及地方上现有的市场主导企业的垄断行为等。纵向维度是约束地方政府的滥作为或不作为，包括对国家竞争政策、规则、措施等的误解，避免影响统一大市场的整体效应。

二、管理会计供给侧视角的执行性路径

从供给侧观察经济现象，不仅会增强对宏观层面管理会计问题的新认识，也会提高企业供应链管理的自觉性。不同的产权性质，在实现社会经济目标的路径中的功能定位与具体路径是有差异的。同样，供给侧传导的供应链管理，会带来产业链升级与产业链安全等问题，容易在成本与效益的比较等方面产生困惑，有人将其称为"二元悖论"（徐奇渊、东艳等，2022；罗德里克，2011）。加强管理会计供给侧的路径研究，突出"双循

环"下我国产业政策的执行效率，具有十分重要的现实意义。

1. 产权性质视角的管理会计路径选择。产权重新界定等路径选择所带来的执行性效应，是激发广大企业或个人工作热情的基础。有人提出，共同富裕不能建立在私有制经济主体基础之上（侯为民，2022）。尽管共同富裕不仅仅是一个分配公平问题，公平的分配必然会涉及生产资料所有制、生产组织制度和财产制度等多种因素。西方资本主义社会从来不将共同富裕作为施政纲领，原因就在于它无意触动或无力改变私有制占主体的所有制结构。在一定意义上，我国公有制占主体地位的基本经济制度决定了共同富裕必然会随着经济发展逐渐成为中心议题。新时代中国社会主要矛盾的发展变化，人民群众对美好生活的进一步期盼，凸显了共同富裕在中国经济发展中的重要性和紧迫性。在社会主义市场经济条件下共同富裕的实现路径具有曲折性和复杂性，实现共同富裕的任务更加艰巨。这一点决定了坚持公有制主体地位的必要性。在绝大多数社会中，平等都是一项重要的价值观。收入不平等会降低社会流动性，并加剧机会不平等，进而降低经济驱动的能动性，比如，收入不平等可能会影响低收入者的工作态度和效率，从而降低劳动生产率。

众所周知，市场具有"马太效应"。在一般意义上，市场机制易导致贫富分化，这是由商品经济的主导规律——价值规律决定的。价值规律的作用主体是私有制经济，私有制的属性与共同富裕是不兼容的。社会主义市场经济不同于私有制主导的市场经济，但市场机制仍会发挥重要作用，尤其是在资源配置方面要发挥决定性作用。只要存在着市场配置资源，生产效率的差异就会带来劳动成果的差别和效益的差别，从而也决定了不同经济实体中不同行为主体的利益差别。有的时候，这种差别对于其中的个人行为选择是决定性的，从而也会导致高质量从业人员向效益好的行业、企业集中，并进一步拉大企业间的差异。在这种情形下，即便非公有制经济中实行按劳分配，收入水平也会不断拉大，并带来富裕程度的两极分化趋势。公有制之所以能成为我国扎实推动共同富裕的最重要和最坚实的基础，由多个方面的因素决定（侯为民，2022）。其一，公有制经济的生产目的，决定了其在提高人民群众的实际生活水平方面具有先天优势。其二，公有制经济中按劳分配原则的确立，使共同富裕的实现具备了现实条件。其三，公有制经济的发展，可以推动就业增加和普遍提高就业者的收入，并在税收增长基础上推动社会再分配更加公平。最后，社会占主体地位的所有制也决定和反映着政权的性质，从而对国民收入再分配产生影响。为扎实推动共同富裕，在三次分配的扶持措施上政府还是要通过税收制度鼓励人们从事慈善事业和社会福利救助事业，特别是在针对公有制经济和社会成员个人的慈善行为，要给予相应的便利和补偿性政策。对于非公有制企业特别是这些企业的企业主，一方面要鼓励其主动参与三次分配进行慈善捐助；另一方面也要在税收等政策的设计上要防范利用慈善制度逃税避税或变相侵害员工利益的行为。

2. 供应链传导视角的管理会计路径选择。全球供应链变化推动管理会计学术研究路径转向。一方面，全球供应链正面临严峻挑战。疫情加剧了全球供应链的不确定性，俄乌冲突又使能源供应、农产品等供应链环节带来极大的不稳定性。随着《区域全面经济伙伴关系协定》（RCEP）的签署和正式生效，亚洲价值链内的产业联动将进入快车道。另一方面，产业转移速度加快。中国作为国际产业承接地，一方面，承接全球中高端制造业和服务业的趋势将更加明显，另一方面，随着国际产业转移规模的不断扩大，中国中西部地区将成为国际产业转移的新舞台。中国制造业的要素禀赋结构 40 多年间的确发生很大变化，比如劳动力成本上升，但即便是这一带有普遍性的趋势，在区域间也有很大差异，推动部分制造业从不再具有成本等优势的经济发达地区向中西部地区有序转移，既可以延长制造业的生命周期，稳定制造业比例，也有利于构建国内价值链网络，强化区域分工，保持产业链供应链稳定，维护产业体系的完整性。从中长期看，全球价值链对中国供应链的依赖将逐渐转变为对亚洲价值链的整体依赖。从外资企业看，无论是美资企业，还是日韩企业等，都加大了对印度及东南亚的转移速度。客观地说，产业转移和供应链调整，会影响我国产业体系的巩固与发展，必须保持足够的重视。改革开放 40 多年来，我国产业崛起的过程就是产业围绕某些国际大企业的供应链逐步形成与发展的。如果产业向印度及东南亚地区加速转移，不仅会使国内产业面临新的供应体系冲击，也会助长产业之间的无序竞争或利益博弈（李晓，2022）。构建全国统一大市场作为一项重大战略，对于巩固国内主导的供应链、重塑全球产业链，以及引导市场主体从内循环走向外循环等发挥着重要的引领作用和积极的效果。坚持企业需求导向，着眼于降低综合交易成本，构建一套覆盖企业全过程、服务企业经营全方位的营商环境体系已成为各地方政府塑造高质量营商环境的目标。

传统上理解，大型跨国公司以盈利为核心目标，强调信息公开和平等竞争（Stiglitz，2006）。然而，面对国家间的不同文明与价值理念，当意识形态与道德观念等发生冲突与矛盾时，跨国公司从整体安全性和自身长远利益着眼，会选择产业转移的团体行动，而且动作非常迅速（李晓，2022）。或者说，面对国家利益与市场利益矛盾时，经济全球化的动机会在国家意志面前发生转变，市场力量主动让位于国家意志。或者说，此时的企业若选择"政治正确"，则可以获得最大限度的"成本/效益"比较效果，并且可以在市场上获得有效的补偿，它也映射出宏观成本管理的重要性。换言之，"集群化"已经成为产业转移活动的重要特征之一，在产业对外转移的过程中，如果同一产业链上的企业或者具有产业关联的企业"抱团出走"的现象普遍出现，势必会增加我国产业外流的规模和速度，加剧"产业空心化"风险。企业要谋求可持续发展，必须符合政府与社会的政治需求，企业的社会责任必须顺从民意及其价值理念。

3. 价值链视角的管理会计路径选择。长期以来，中国在奉行全球化理念的同时，主动构建"人类命运共同体"。从全球范围看，以美国为首的西方利益集团在政治安全与经济利益的双重因素驱使下，试图通过重构供应链，打压中国在全球供应链系统中的地位或作用。对此，中国必须主动加快全国统一大市场的建设，以负责任的大国姿态积极维护国家的整体安全和经济利益。并且，通过更高水平的改革开放，协调好财政和货币政策的目标、力度、节奏，与各国一起共同推动世界经济的复苏（万喆，2022）。同时，积极构建多元化的国际货币体系，促使人民币与美元、欧元和日元等共同承担国际货币职能，建立稳定的国际货币金融新秩序。供给侧视角的管理会计研究要重视对外开放、参与外循环、进入国际市场、嵌入全球产品内分工等现实问题。围绕"完善营商环境""区域经济协同发展""实现共同富裕"等的改革目标与情境特征，加快构建公平竞争的市场环境，是供给侧结构性改革继续推进过程中需求侧管理的体现，也是市场主体积极性与能动性的反映。通过建设全国统一大市场推动区域经济的协调发展，有助于确保中国经济在稳定增长的同时实现高质量发展，展现国内大市场特征下的"双循环"新场景，有序引导中国经济的全球化方向，并实现良性循环。

蓬勃兴起的数字革命、新兴数字技术在管理会计学科中的引入，为操作制度层面的管理会计工具规则提出了许多新要求。管理会计工具方法的演进，可能是迫于竞争的压力、战略的考虑、技术的原因，有时也有可能是管理者灵感的发挥。数字化改革是推动管理会计工具创新、重塑数字时代工具方法规则体系的重要动力。海量制造业企业和互联网企业实现用户的共促共建共享，并开始形成双向迭代的双边市场，提升制造业企业的自我"造血"能力。一是数字全球价值链促进各类国家和企业融入全球分工并共享红利，降低了中小企业参与全球价值链的门槛，打破了大型企业在国际贸易中的垄断格局。二是数字全球价值链提升了中小企业参与价值链的话语权和竞争力。一方面，传统价值链上大而全的寡头垄断和"赢者通吃"的竞争规则发生改变，专而优的制造业单项冠军日益重要，而非传统制造业、中小型高科技企业甚至个体创业者都可能成为竞争格局的新生力量。另一方面，数字技术实现了价值链上各类企业的外部资源共享，有助于中小企业在协同研发、供应链打通、管理能力建设、企业价值提升等方面获取更多支持，以强化其核心竞争力。积极构建数字化全球价值链，新技术拓展了全球价值链的参与主体和覆盖范围，还具有进一步提升经济效率的独特优势（张鹏杨，2022）。一是成本节约效应。数字技术高度渗透于组织研发、设计、生产与销售以及品牌运营等环节，节省了各环节的交易成本。同时，互联网平台对减少甚至消除地理距离、语言文化等诸多成本作用明显。二是产业深度融合效应。数字技术不仅加速了产业和地区协同，还促进了模块化与集成化的产业链分解，衍生出全新的创新生态，提高了产业附加值和经济效率。三是交易扩大效应。数字技术能够提高贸易便利化水平和全球产业分工的灵活性，进而扩大价值链交易规模，促进效率提升。一方面，将数字技术应用于传统价值链，不仅大幅降低了价值链供需双方的搜寻成本，提升了贸易网络的韧性，还促使企业摆脱中间商、代理商的控制，依靠自行构建的销售渠道，提升了价值链的覆盖范围，缓解了全球价值链面临的外源风险冲击。另一方面，数字全球价值链的信息搜寻成本消除效应、业务协调的高效和便利性、业务流程的优化设计和重构效应、客户体验的评价和反馈机制等特性，提升了全球价值链体系透明度，遏制了价值链内部风险传递。

第三节　本章小结

　　管理会计学术的供给侧路径是随着科技水平的提升而不断发展的。当前，以国内大循环为主体意味着国内大循环要承担更为重要的角色，如何挖掘国内大循环的内生动力、如何增强国内大循环的可靠性，是必须重视的问题。从供给侧层面考察管理会计问题，经济循环不畅是一个典型的代表。其主要原因：一是供给难以适应需求转型升级的要求。因此，要实现经济循环畅通无阻，就要着力提升产业体系现代化水平，全面优化升级产业结构，提升创新能力、竞争力和综合实力。二是对现代产业体系的认识存在偏差。管理会计"看似微观，实则宏观"，管理会计要协助有关部门或机构在统筹国内国际两个大局的同时，注重发展与安全的协同与管理。现代产业体系的内生动力和可靠性主要表现为高水平的产业链及企业的自立自强。必须将创新、协调、绿色、开放、共享的新发展理念贯穿于加快现代产业体系建设的发展大局之中，通过高质量发展，让国际循环更好地服务于国内大循环。即，依靠高水平的对外开放，在更大范围、更宽领域、更深层次融入全球经济规范的制定之中，这方面管理会计可以有所作为。政府层面通过扩大规则、规制、管理、标准等制度型开放，加快建设贸易强国，推动共建"一带一路"高质量发展，同时还要积极参与全球经济治理体系改革，管理会计的对外功能扩展，就是要主动融入多元稳定的国际经济治理结构之中，发挥管理会计的全球影响力与国际话语权。

　　管理会计学术研究的供给侧路径，除了提升生产要素的效率与效益，还需要考虑产业集群等的集合特征与发展方向，使产业转移等在劳动力、资本、技术等要素循环流动中发挥更大作用，形成更大范围内优化组合的功效。利用信息化数字化手段，利用电子商务等经营系统，不仅有助于节省交易成本，也是数字化营商环境的起点，未来的管理会计供给侧研究要注重数字化改革成效的研究。亦即，随着数字技术向经济社会全领域的深入渗透，以数字网络支撑的数字化营商环境将可能实现管理会计数字化贡献于全国一盘棋的积极作用。管理会计工具的应用要坚持财务指标与非财务指标结合的原则，许多资源就是根据非财务指标进行控制而获得效率与效益的。制造业和新一代信息技术产业在快速发展的同时，其相互之间的关系也越来越紧密并走向深度融合，工业互联网和制造业在融合发展的同时不仅提升了制造业产品附加值，也提高了工业互联网下的企业销售黏性与成本黏性，使新兴技术与管理会计得到更好地融合，这为制造业实现向数字化和智能化进一步转型提供了路径。

第八章 管理会计学术的需求侧路径

　　管理会计是一种组织内的会计，它不仅为企业组织提供管理所需要的相关信息，还担负着组织内管理控制的重要使命。从需求侧视角考察，管理会计学术主要从企业管理需求出发，主动承担制定计划、选择替代方案、评价与控制业绩等的研究重任。需求导向是管理会计学术研究的基本遵循。知识的更新迭代是管理会计自然演进的内在要求，也是市场需求对管理会计功能协同推进的结果。学术及其成果是知识增量获取的重要载体或手段，也是管理会计职业完善且丰富发展的客观展现。管理会计学术研究在知识和市场双重逻辑的需求侧路径下不断变迁或推进，从"实践—理论—再实践"上升为新的理论，周而复始，不断循环。从价值创造层面看，管理会计学术研究需要灵活应用财务与非财务信息，满足组织的战略、战术和运行目标的社会文化价值观需求，透过微观注重宏观，针对不同国情、不同制度，乃至不同文化理念等事项，强化需求侧管理。微观企业视角的管理会计学术需求，会对管理会计的结构性动因产生影响，进而强化社会诚信机制，会计规则的普适性等的执行性动因，实现管理会计基于价值创造的价值增值功效。

第一节　企业实践推动管理会计学术需求的改变

　　管理会计研究是渐进式发展，还是激进式革命，这是学者们经常面临的学术困境之一。从管理会计的需求侧路径入手，可以清楚地回答这一问题。亦即,管理会计需要的是发展而非革命。对于管理会计学术活动而言,怎样应用现有的管理会计方法去解决实践问题,如何去拓展和应用新的学术研究成果等,将成为引领管理会计学术活动的重要方向。

一、需求侧视角的管理会计学术活动

随着企业在生产技术和管理方法方面产生诸多的变化,使管理会计的功能结构产生相应的改变。在高质量发展阶段,经济发展更加重视质量、效率和动力的全面提升,需要管理会计学术通过对信息质量变化的预测,采取数字化技术方法形成新的沟通方式,企业营销渠道及其组织结构的转型,需要管理会计控制系统从学术层面加以阐释与引导。

(一) 管理会计演进中的需求变化

面对不同的经营环境与生产阶段,管理会计体系需要持续的创新与转变,不断增强信息支持系统和管理控制系统的功能作用。相应地,理论与实践的需求方会对管理会计学术产生新的推动。从微观视角看,管理会计必须与企业战略紧密结合,增强财务信息与非财务信息的综合应用等。

1. 管理会计的学术需求及其路径选择。从经济学、心理学和社会学等理论基础出发研究管理会计的学术需求,是管理会计研究活动中常见的现象,它对于不同学派的形成具有积极的促进作用。这类研究的好处是丰富了管理会计的理论与方法体系,不足之处是思维过于扩散,为实务部门实际操作并选择管理会计工具容易带来困惑。比如,面对同样的管理会计问题,心理学、社会学和经济学的研究重点往往是不同的。在心理学研究中,放在显微镜下的是个体对管理会计活动反应性质的复杂性,组织的各种特性则只粗略地显现在其背景之中。在经济学研究中,个人偏好和信念被简化,放在显微镜下的是具有不同偏好不同信息的上下级之间契约的优化权衡,以及这些权衡对组织业绩的影响。在社会学研究中,放在显微镜下的是管理会计活动在组织过程中的作用及其结果,对个人偏好和信念的表述则显得很不成熟。这在经济学和心理学为基础的文献中,有关大型复杂组织中的组织结构和过程表述,会使管理会计的行为过程不一致或不完全一样。三类理论基础研究之间的比较情况如表 8 - 1 所示。

表 8 - 1 三类理论基础研究的比较

理论基础	经济学	心理学	社会学	
			权变理论	制度理论
主要研究问题	管理会计活动对所有者和员工的经济价值	管理会计活动对个体思维、行动和业绩的影响	在计划、控制社会和组织资源的众多利益中，管理会计活动如何影响决策和谈判过程	在计划、控制社会和组织资源的众多利益中，管理会计活动如何影响决策和谈判过程
分析层面	代理关系，同时简化表述组织和分部	个体，强调处于上下级二元结构中的下级	组织和分部	
理性假设	完美理性：计算无成本；偏好一致	有效理性和满足	有效理性和满足	有效理性和满足（意志和选择是重要的）
均衡假设	纳什均衡	个体认知的一致性	随机因素和组织特点的匹配	压力和不均衡，来自员工利益冲突
预算变量	预算和报酬措施的特点：如预算为基础的契约、参与式预算、资本预算、差异分析	参与式预算、预算难度、业绩评价中强调预算、预算为基础的报酬	参与式预算、基于预算的业绩评价、预算重要性、为控制使用经营预算	
非预算变量	（1）劳动力市场：员工技能和业绩；（2）信息结构：公开和私有信息、状态的不确定性；（3）结果：个人福利、组织业绩、预算松弛	（1）心理状态：态度、激励、满意、压力感；（2）背景：任务不确定性；（3）行为：博弈；（4）业绩：个人、管理	组织规模、作业结构性、分权化、自动化技术、分部相互关联、差异化战略	会计的信号价值、资源谈判、权力关系、环境变化、组织变化
因果模型形式	（1）分析性模型：双向非线性交互作用；（2）经验模型：单向线性叠加	阶段1：单向直接线性叠加；阶段2：单向直接线性交互；阶段3：单向间接线性叠加	单向直接线性叠加或交互作用	单向或双向、直接或间接、线性叠加或交互作用

表 8 - 1 说明，管理会计学术理论基础的多维度综合运用是时代的需要，

管理会计理论工作者必须深入企业生产实践，了解企业对管理会计的需求，理解并认识生产过程并将管理会计系统通过非正式的沟通渠道融入生产作业之中，重视非财务评价的积极功效。当前，管理会计的创新能力需要进一步提升，以适应数字化改革与产业转型升级的需要。虽然我国市场主体的创新规模有所提升，但总体创新能力仍然不足，创新活动主要集中在少数企业。市场主体普遍存在研发投入不够、关键技术供给不足、基础创新研究缺乏等共性问题，产业整体创新能力和竞争力有待提升。此外，市场主体对产业转型升级的引领作用没有充分释放，还有很大潜力。必须增强企业的发展韧性，提高抗风险的能力。部分市场主体缺乏灵活应对外部环境变化的能力，危机应对能力较弱，制约了所在产业应对不确定性风险的能力。现阶段，数字消费已经成为扩内需、稳增长的生力军。数字消费产品覆盖衣食住行方方面面的直播电商，是备受消费者追捧的"云上观展""在线剧场"，是能随时随地浏览的短视频，也是年轻人青睐的在线健身，它存在于快速崛起的互联网医疗平台上，也融入快速普及的数字化校园中……5G、人工智能、物联网等新一代信息技术加速推广，催生数字消费新产品、新应用、新业态不断培育壮大，持续提速扩容的数字消费展现出更为强大的生命力。管理会计学术研究要主动拥抱机遇，加强需求侧管理。党的二十大报告提出，"建设现代化产业体系""坚持把发展经济的着力点放在实体经济上"。产业升级是加速推进新旧动能转换、促进实体经济高质量发展的重要路径。市场主体是实体经济运行的微观基础，是产业转型升级的主导力量。市场主体的生产能力、服务能力、创新能力等是推动产业升级、建设现代化产业体系的重要动力。市场主体高质量发展，将推动资源向更高效率的部门集聚，形成市场主体发展与产业转型升级的良性循环，切实增强产业升级内生动力。立足新的历史方位，国有企业必须坚持做强做优做大，更好承担起全体人民共同富裕的责任与使命。国有企业作为坚持公有制主体地位的组织基础和制度保障，是引领现代化经济体系建设的重要力量。国有企业的经营规模和经营效率已成为我国国民经济的重要组成部分，其所承载的资产总量及在关系国家安全和国民经济命脉的重要行业与关键领域所占据的支配性地位，既巩固着公有资产在社会总资产中的优势地位，也体现着国有经济对国民经济发展的控制力和影响力（綦好东，2022）。国有企业作为基础设施投资和战略性新兴产业投资的主力军，在我国技术创新、技术扩散、技术赶超各阶段都扮演着重要角色，承担了更多基础性研究任务，并通过基础性研究创新拉动着上下游企业的发展，显著发挥着技术创新的溢出效应和乘数效应。一方面，国有企业积极转变发展理念，聚焦于质量变革、效率变革、动力变革，在持续深化供给侧结构性改革中发挥着引领和带动作用。另一方面，国有企业作为中国企业"走出去"的排头兵，在积极参与全球竞争、主动对接国内市场需求方面也发挥了重要作用。国有企业治理体系深度参与并扎根于国家治理体系，成为中国特色社会主义制度的重要组成部分。成为环境管理会计等的带头者，引领其他性质的企业搞好环境经营。国有企业是实现共建共享、促进社会公平的机制保障。构建体现效率、促进公平的收入分配体系是实现共同富裕的关键环节。

2. 发挥管理会计学术的研究价值。企业的价值创造来源于公司战略、公司治理和公司财务。围绕供给侧结构性改革深化收入分配政策，需要根据"促中、保低、抑高"要求，调整企业的业绩管理方法。对于管理会计绩效管理而言，理论和现实都存在评价模式的重塑与优化工作。绩效管理必须顺应现代化企业管理的要求，融入整个战略管理过程中，并将战略作为业绩评价的起点。支持地方、企业与高校加强合作，强化供需对接机制，围绕产业发展、企业需求建立联合式、订单式技术研发新模式，提升科技成果转化成效。业绩评价指标体系应在传统业绩评价的基础上不断完善和拓展，形成充分体现企业战略经营管理要求，体现企业核心竞争力的财务与非财务指标的有机结合的业绩评价指标体系。为了充分发挥管理会计的学术价值，需要全面贯彻落实以增加知识价值为导向的收入分配政策，充分尊重科研、技术、管理人才，充分体现技术、知识、管理、数据等要素的价值。然而，制造业企业可能使用一种通用的方向性的指导方法来形成与自己生产方式相关的一系列业绩评价方法。比如，除了营运资金、资本市场、财务回报和贷款风险等方面外，管理者还可以关注质量、送货、处理时间以及适应性等方面的指标。管理会计的重要功能是帮助企业实现既定目标，尤其是成本降低方面的目标。管理会计作为预算控制和成本控制的工具，反映管理者成本降低目标，重点放在寻求成本降低、收集信息和产生满足成本目标要求的改进措施方面。企业需要根据所提供的竞争对手的产品性质，形成整个产品生命周期内的产品战略观点，产品性质包括选择权、质量与售后服务、使用的技术、预期利润和市场份额。与市场上产品寿命周期内的预期价格进行比较确定具有一般计划特性的产品，能够提供市场并能预期获得目标利润和目标市场增长的产品价格。

　　管理会计学术研究应以企业现实问题的解决实效作为评价标准之一，在理论框架构建、工具方法开发与应用等方面建立健全相关的制度体系。管理会计学术研究的重点是面对宏观经济的周期性发展特点，提高经营活动的效率与效益。市场主体是创新决策、研发投入、成果转化等环节的参与者和实践者，在获取更高利润的激励下不断改进技术、扩大产品规模、提升产品质量，直接影响或主导产业转型升级过程。产业升级意味着产业从低技术、低生产率状态向高技术、高生产率状态演进，是促进经济高质量发展的核心内容。要结合产业链安全需求进行产业转型升级和科技创新等开展微观主体的管理会计工作，不仅在管理会计知识体系上满足企业的基本要求，还需要在评价标准、数字化改革的社会背景下开展需求侧管理，增强管理会计的权变性。管理会计系统具有很多特性，它能够为正式和非正式的管理决策提供支持。管理会计的信息支持系统巩固现有的组织结构，并且能够很好地反映组织内部正式和非正式的权力结构。常见的管理奖金和会计利润之间的关系以及短期会计利润和股票价格之间的关系也对管理者产生影响，使管理会计学术研究改变保守的态度。

（二）管理会计需求侧的学术焦点

　　管理会计学术活动形成发展的内在机制，是丰富和拓展管理会计学科内容的重要方面。随着企业数字化技术的扩展，管理会计数字化转型的组织与行为因素将成为学术研究的重点。针对数字化改革和共同富裕等的新情境，持续开创管理会计学术的新范式，是管理会计功能体系的完善与发展的前提。

　　1. 决策内生性和组织视角的学术焦点。管理会计是适应全球化形势和现代新兴技术环境的需要而不断创新与发展的。外部不确定性与不稳定性因素使企业的决策活动变得更加艰难，并在客观上形成更加明显的内生性现象。以管理会计工具为例，某种工具是否需要嵌入数字化技术手段，是否适用于所有企业，需要实践反复进行检验。加强企业数字化转型条件下组织与行为研究变得十分重要，比如，同样的数字技术，为什么在有些企业中应用的效果很显著，而在另一些企业可能反而成为一种负担；不同组织的效率和行为有何差异，优化的路径如何选择等。事实上，管理会计工具应用作为企业的一种内生选择，其创造的收益必然会随着企业经营特点的改变而发生变化。企业数字化转型的推进，智能互联产品的形成和对生产线及其人工智能等情境产生的不同需求，传统意义上的组织可能难以或无法反映数字化条件下的管理会计行为，或者无法合理确认、计量与报告管理会计工具对产品消耗等制造费用之类的相关信息。尽管所有的企业组织都希望趋向于自身的最优状态，但是实践中任一时点都会存在一些公司偏离目标方向，或者正处在不均衡的状态。这一情境特征，使得通过估计业绩关联与背离最佳状况的程度来检验业绩的差别成为可能性。应用管理会计工具来评价企业业绩，除了净利润等收益类直接因素外，还需要考虑其他的控制变量。比如，行业平均业绩、企业规律、企业开办年龄、企业以往绩效；再比如，企业运行的特征，包括经营规模的大小、产品组合的高低、制造过程特征（是否离散的制造过程）、工会作用、新产品或重新设计的产品占销售量的比重、智能制造技术的应用等。

安德森（1995）借用"信息技术实施的因素——阶段模型"，将创新技术的实施过程分为六个阶段："初创—采用—适应性改变—赞同—常规化—吸收"，在从实施的某一步推向下一步时，受到五个因素的影响。如图 8 - 1 所示。

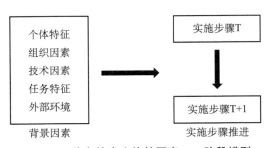

图 8 - 1　信息技术实施的因素——阶段模型

图 8 - 1 的"信息技术实施的因素——阶段模型"，对于企业数字化转型中的管理会计实践仍然具有重要的借鉴意义。

2. 数字技术与市场价值之间的联系。"与时代同步，与科技同行"，是管理会计研究的一种普遍特征。当前，数字技术是影响管理会计研究最重要的因素之一。传统的市场价值环境正在发生改变，过去基于"双嵌入"的全球化经营环境，市场价值传导至企业的价值链，虽然各生产环节的成本从分配到客户的比例不尽相同，但国内企业作为生产者更倾向于将成本归集到产品或生产线上。换言之，中国的企业没有定价权，成本结构、不同客户资源消费的差异等对客户盈利能力的影响不大。随着社会进入新经济时代，管理会计研究的"应用环境"发生了巨大的变化。以数字技术为特征的数字经济加速了知识、技术、人才、资金等生产要素的时空交换。数据的乘数效应、边际成本低、无限共享性等特征，意味着能够更加高效、便捷、及时且低成本地进行数据收集，并自动地加以处理。这些技术进步带来的新变化，使管理会计整合与创新的动力增强。换言之，中国经济进入了"双循环"的市场价值环境，强化数字技术手段的应用可以摆脱传统管理会计模式的束缚。

　　客观地讲，管理会计变迁是在原有体系内的自我调节而非完全否定，要充分总结现有管理会计工具中的合理成分，并且在适应时代发展新潮流的情境下，主动融入数字化改革的新趋势，通过嵌入数字化技术"改良"或"渐进"式地推动管理会计工具的创新与发展。现实中，没有哪一种管理会计工具是"万灵药"，管理会计工具是在实践中不断修正和提升中自我完善并逐步演进的，注重与其他技术或工具的融合，是管理会计工具权变性特征的客观反映。在数字经济时代，"数据互通，信息共享"使信息获取成本大大降低，能够对数据进行高效整合与多维度利用。数字化技术下产生的数字资产，不仅促进了管理会计效率提升，而且在为决策层提供完善、准确决策的同时，进一步提升了企业资产管理的效率与效益。

　　研究管理会计在数字化改革背景下对市场发展的促进作用与变迁规律，能够更好地实现管理会计对企业价值创造（如数字化产品开发与应用等）和价值增值（实现数字经济红利的分享等）的信息支持系统和管理控制系统的功能作用。嵌入数字技术的管理会计能够更好地解决由于经验缺失导致的工具应用失衡等问题，实现产品加工精度的提升。数字技术与管理会计工具的整合创新，反过来促进市场价值的实现，更好地满足居民日益增长的美好生活需求。

　　3. 组织创新对管理会计工具应用的影响。如何加快推进对管理会计工具的应用？从学理上分析，可以借鉴学者提出的创新思想（Gosselin，1997）。即，结合管理学及其创新理论，将创新在组织内传播的过程分为采纳、准备、执行和常规化四个阶段。其中："采纳"指的是组织承诺需要变化的过程，包括作出采用或者拒绝创新的决定；"准备"是在采纳之后为执行所作的准备，例如，培训、咨询、选择数字化技术种类等；"执行"阶段是将创新落实的过程；"常规化"阶段，则是指创新已经被组织吸收成为日常运行的一部分，不再视其为创新。为了便于对管理会计工具应用的分析，可以进一步将组织创新划分为"管理创新"与"技术创新"。会计创新通常被认为属于管理创新，因为它带来了新的管理程序、政策和组织结构。然而，管理创新与企业利润目标一般不关联，导致管理创新往往滞后于技术创新。这一现象，可以理解为是管理会计工具实践滞后于理论的原因之一。

为了进一步解释管理会计工具应用的困境，可以借鉴马里（1999）的普及性理论加以阐述。解释管理会计工具被普及或拒绝的理论观点，如表 8 - 2 所示。

表 8 - 2   普及性理论：普及与中止的理论观点

		以模仿为焦点	
		非模仿	其他组织的模仿
受到影响的不同视角	组织内部的自主性大	有效性的选择	时尚（一时的）
	外部组织的影响大	迫于压力的选择	流行

二、管理会计制度建设的需求与实施效果

目前，我国的管理会计指引体系已经形成了"'7 + X'大类，共 34 项"管理会计工具品种。管理会计应用及实施效果评估是健全会计管理当局决策程序，提高决策科学化、民主化、法治化水平的重要制度安排。

（一）管理会计制度建设的需求侧管理

1. 管理会计制度建设与需求特征。管理会计是相对于财务会计而言的，它们均是现代会计的重要组成部分。财务会计的"制度"是会计准则，需要开展定期报告，比如月报、季报、半年报和年报等；管理会计的"制度"是指引或指南，重点是推进工具方法在企业中的普及与应用。管理会计制度的实施就是要促进企业加强单位（企业）管理会计工作，通过"管理会计应用指引"系列的具体工具在企业中的"落地"，提升组织内部管理水平，促进企业转型升级。围绕财务会计制度的"标准"，有注册会计师进行审计，这是一项强制性的制度规范。针对管理会计的制度"标准"，即"指

引或指南"，如何进行评价与管理，相对比较复杂。因为，首先它不具有强制性；其次，企业情境特征差异较大。建立常态化管理会计制度评价机制，如相关指引系列工具的"落地"效率与效益评估，制度间相互协调与促进的激励机制评价等。当前，鼓励高校学者对管理会计制度实施与应用领域进行跟踪调研与评估，是会计管理当局积累制度运行经验并有效开展修正与完善的基础。在评价管理会计制度方面，对于评价主体、方式、程序、成果形式等方面有必要进一步加强制度安排，优化公司治理。

一是进一步规范管理会计制度评价主体的专业性和权威性特点。中国会计学会可以发挥积极作用，可以将会计制度的执行效果与各种会计称号人员（如名家、咨询委员等）绑定考核，定期对这些人员的学术绩效重新认定并淘汰不符合要求的已获称号人员。这对于巩固中国会计学会的学术专业性与权威性有重要意义。

二是明确管理会计制度成效的评价工作原则，包括方向性原则、合理性原则、可行性原则、成本效益原则。可以定期或不定期在指定网站或期刊进行披露，以提高各级会计人员建设具有中国特色管理会计理论与方法体系的积极性与主动性。

三是会计主管部门制定管理会计制度实施效果（企业应用管理会计的效率与效益等）的评估指南，完善相关的指标与方法。比如，在定性的评价方法方面，可以包括行业之间的互评、案例研究的典型性与代表性或转化为制度的可行性等的评估。同时，注重民众参与，可以通过现场会议或访谈等形式征询民众的意见或建议。定量方法主要包括工具应用的投入产出效果评价、应用趋势分析、问卷调查、动态询证方法等。比如，开展管理会计制度系统"落地"的满意度调查，注重听取和收集企业和员工对于管理会计制度效率与效益的意见和建议。形成结果公开、公众评议、问题改进、政策优化的良性循环，提高管理会计制度评价的透明度（李曜坤，2022）。

四是重点对"落地"成效开展评估。"管理会计工具应用指引"的构建过于依赖传统制造业（旧经济）下企业管理需要，没能及时跟上新科技、新技术的发展（新经济的要求），或许是当前工具方法"落地"困难的重要原因之一。除了管理会计工具方法的时代适应性弱，还有企业缺乏应用的积极性，或者工具本身存在内在的缺陷等，使推广与应用形成的结果缺乏公正性与客观性。为了体现管理会计制度评价的专业性与权威性，可以结合典型企业的实施结果完善评议、送交、回头看等流程，进而形成管理会计的创新指引，提高管理会计工具应用的效率与效益。

五是发挥中国会计学会或专业智库、企业组织等的评价作用。在信息共享方面，应当及时获取真实、有效、全面的数据资料，体现管理会计"看似微观，实则宏观"的理念，制定贯穿规范化、精细化的管理会计制度评价程序，使相关工具方法应用的微观效率与效益与国民经济的宏观目标相互协调，实现管理会计既定目标的有序达成。鼓励和支持中国会计学会或中国总会计师协会等在制度评价中发挥积极作用，可以开发相应的评估模型，建立并完善管理会计制度评价的大数据系统。加快对会计专家及相关人才的甄别与淘汰机制，选择真正对管理会计熟悉的专家参与评价，注意吸收企业实务专家参与评估，增强专家队伍构成的多样性。健全不同行业特征下的管理会计工具应用的评价指标体系，引导会计管理当局不断提高制度评价的质量和水平。同时，提高管理会计制度评价的透明度，适时调整或纠正制度偏差，通过新的政策制定和规范实施发展管理会计制度。

2. 管理会计制度需求的组织与技术保障。2022 年 8 月，教育部宣布将在下一个十年着力加强"有组织科研"。管理会计制度评价要适应这一新趋势，在指标选择与实际应用中发挥组织性科研的地位与作用，为管理会计学术活动的国际话语权提供强有力的支撑和保障。

（1）展现管理会计制度评价的组织特征。管理会计制度评价如何避免"圈子文化"（储殷，2022），是组织保障中需要重点研究的课题。管理会计这类小学科中的小学科，学术交流的组织与平台屈指可数，一些"双一流"大学都建有自己的学术交流平台，并办有 C 刊（集刊）杂志。这种"圈子文化"已经比较稳定，利益关系或特征也比较明显。如果过于强调内行评价、同行互评为主，则这种"圈子文化"就会影响制度目标实施的效果，存在评价中的明显不公平现象。对此，管理会计制度评价借助于教育部的"有组织科研"，积极实施效果评价，可以说是大有作为。"有组织科研"的实质在于通过科研组织方式的提升，加强管理会计服务于国家与企业急需、技术创新迫切性强的项目，提升管理会计的信息支持系统与管理控制系统的功能作用。通过"有组织科研"提高研究队伍推广管理会计工具应用的自觉性与主动性，可以增强预算管理等工具在企业层面应用的效率与效益。

有组织地开展管理会计制度评价,有助于促进管理会计工具应用的系统性与全面性,优化企业责权利效统一的决策控制权,不断激发企业管理会计工作者及广大员工的创新欲望和聪明才智。

(2) 突出管理会计制度评价的技术保障。企业科技创新能力高低是核心竞争力强弱的体现。必须在管理会计制度实施过程中强化信息共享,建立统一的管理会计应用与评价系统。利用大数据、云计算和人工智能等先进的数字技术手段,加强管理会计制度应用效果研究中的数据信息的关联比对和逻辑校验,确保数据真实可靠,为各项评估工作提供重要的数据支撑。从实际出发,坚持问题导向和目标导向相统一、规范和引领相结合,从多个维度提高管理会计制度评价的效率与效果。管理会计制度评价的重点应对技术平台企业,尤其是数字经济的规范健康及其可持续发展发挥促进作用。企业数字化转型离不开平台企业,这类企业在数字技术的规范与标准方面已经具有一定的基础,通过创新管理会计工具与方法,将平台企业现有的分散管理手段嵌入到管理会计工具理性的框架之中,有助促进非原生型数字企业加快数字化转型的步伐,同时,通过吸纳就业、促进消费、推动金融创新等进一步带动当地经济的发展。嵌入数字化转型需求的管理会计工具体系,还能够为平台经济持续发展营造公平、透明、可预期的应用环境。比如,引导平台企业合理利用资本手段,进行技术创新和业务拓展。要发挥管理会计"看似微观,实则宏观"的积极效果,促进平台企业有序创新,在充分发挥市场对资源配置决定作用的基础上,注重其对中小企业创新发展的支持功能与效果,通过资金链条约束或监管平台企业的管理会计行为,主动防范各种内外部风险,引导区域经济实现新的跃升空间。当前,我国已经通过反垄断、反不正当竞争等的法规制度规范,加强了资本无序扩张等整治与完善,平台企业的治理水平或能力得到明显的提升。加快管理会计工具方法的创新,通过预算与成本管理等制度措施扶持平台组织中的中小企业发展,以扩展创新的时空边界,促进区域经济的发展。

现有的管理会计工具方法制度主要分为"7 大类 + 其他",即"7 + X"的组成形式,单独设置平台企业管理会计工具类别似乎没有很强的必要性。笔者的想法是,结合平台企业特征,在现有的大类基础上进行扩容。比如,在"战略管理"大类中增加若干个"业态创新与管理"的评价工具,结合稳增长、稳就业、促消费、赋能产业转型升级等方面的作用,展示平台企业的宏观层面价值特征；同时，计量并监管平台企业在资本扩张中是否具有"无序"特征，如带来的垄断和抑制公平竞争、侵害消费者权益、抑制创新等情境。亦即，通过"战略管理"类工具引导平台企业发挥正向效应，促进平台经济的可持续发展。此外，还可以在"投融资管理"及"风险管理"大类中增加相关的工具。比如，在"投融资管理"大类中增加"权宜管理"的评价工具。创新是平台企业的生存基础，政策导向或监管要求往往具有不确定性，平台企业必须具有权变的调整适应能力，以应对内外部环境的变化需求。当前，监管政策的不确定性会对平台企业长期投资决策产生影响，形成短期投资增加、长期投资暂缓的决策性结构特征。通过"权宜管理"工具的开发与应用，以概率等的标识（或者红绿等颜色的标识）提示市场稳定的状态，以稳定平台企业加大长期发展及布局的动力或强度。

（二）管理会计创新知识的需求侧管理

面对外部环境的巨大变化，管理会计"基本指引"与"应用指引"似乎难以"同步"。随着"制度型开放"力度的加强，调动并鼓励学术组织或个人开展管理会计创新研究，意义深远且非常重要。

1. 管理会计理论扩展：科学知识的视角。从宏观上看，未来中国经济要面临两个深度转型：一是从投资驱动向消费驱动转型；二是通过服务业的创新发展促进制造业的创新转型。管理会计的宏观转型，就是要在理论创新上实现增量知识的贡献。即，结合管理会计"意义构建"，由"观念"到"理念"，最终转化为"理论"。然而，这是一个漫长的演进过程。借助于管理会计理论扩展，能够促进对管理会计科学知识的认知。管理会计作为一种科学知识，具有自身的独特性。管理会计学科的形成与发展，体现的是管理会计学术共同体有关认知活动的客观规律。以"意义构建"为例，管理会计研究中的"意义构建"所展现的，是从理论与实践结合视角开发出的新管理控制意象（managerial schema），即在业财融合的基础上，构建新的管理控制框架、工具指引等。或者说，通过前瞻性地研究企业组织模式、生产经营方式和盈利获取路径等的演进机制，适时地开发和创新管理会计控制的工具与方法。比如，苹果公司借助于外包这一工具，实施内外资源的整合。即，从减少存货与机器设备的"意义"入手，寻求尽量少的资金占用和利息负担的方法。"构建"的方案之一是：与网上音乐商店和网上应用程序商店等进行合作，以联盟形式进行资源整合。

　　从管理会计的科学性着眼，其理论知识可以分为两个层次：一是工具方法性的知识。它主要针对特定或独立的管理会计工具方法，如本量利分析、经济增加值指标评价、敏感性分析等，用于解决某一针对性的具体问题，其工具应用本身就是一种方法性知识的体现；二是系统性知识。它是涉及组织上下的全局性知识体系，如全面预算管理体系、战略管理与平衡计分卡体系等，这类工具的应用需要企业整体性的配合，具有系统性的知识特征。由此表明，管理会计理论知识的内涵与外延在工具方法中的应用是不同的，即涉及的知识内容及复杂性程度不同、应用场景不同等。当前，学术共同体正在改变科学知识的范式结构，并对管理会计知识体系构建产生积极影响。比如，迈克尔·斯特雷文斯（Michael Strevens，2022）提出了"知识机器"的新概念，它拓展了库恩的"范式"理论（刘闯，2022）。与"知识机器"关联的"现代科学"是对科学的广义解读，特指大学和研究机构里不停地运转着的"科学知识"，也就是"学院派"所产出的各种文章与书籍。结合这一"科学知识"特征，"知识机器"就是一种能够给人类社会带来巨大变革的研究模式（机器），能够不断创新并且具有实证性。依据迈克尔·斯特雷文斯（2022）的"科学知识"理念，各种文章与书籍的产出具有"硬规则（iron rule）"，它客观地将那些偏狭与私欲排除在了科学实证研究的范围之外，所有的科学争论都需要遵循游戏规则。

　　面对大量以文章与书籍为载体的"科学知识"，结合学术界与社会层面对"科学"的批判与评价，可以总结出如下结论：这些高效多产的"科学知识"，并不是因为它具有某种高度统一的所谓"科学方法"，也不是因为其理论能为人们提供对大自然的统一深刻理解。或者，从"知识机器"角度讲，再精湛的理论模型与论证，只要没有被实践证实过，就不是科学知识。换言之，如果想将科学与本国、本民族的文明/文化传统绑定，那也必然会阻碍科学的发展。与"硬规则"对应的一个概念是"浅层解释"（shallow explanation）。"浅层解释"就是仅追求文章等科学知识能够通过经验检验。"硬规则"约束了科学研究，使其成为独立于区域文明/文化的高度有效的"知识机器"。"硬规则"要求对公开发表的科研成果进行严格的"杀菌"，以去杂去污，但是这不妨碍科学家在研究的原创探索阶段，以各自的文明/文化背景、哲学人文修养为灵感来源（刘闯，2022）。维护"硬规则"以提高知识机器的效率，在现行的西方主流学术界，"硬规则"是高效产出文章等科学知识的客观法则，"浅层解释"则是作为解决实际问题的一种工具（比如，变量之间是否具有相关性等）。"浅层解释"是以"知识机器"为基础，通过经验验证取得局域性的因果解释。换言之，管理会计研究以实证检验为手段，试图打造出一套"硬"的主流的科学共同体范式。根据迈克尔·斯特雷文斯（2022）对当前西方理论学派的研究，除了上述的"硬规则"与"浅层解释"，还有一对概念，即"非理性"或"反理性"（irrational）。"非理性"是指科学方法和实践违背了文化传统常识的理性，背离了美或崇高的追求。比如，"浅层解释"可能会产生"非理性"。这就要求管理会计理论知识来源多元化，研究方法合理化。"反理性"，则是指科学知识尽管与本国、本民族的文明/文化相悖，然而却能生根开花，出现与之并存的现象。它表明，标新立异的结论往往容易取得，但是想论证其真实却不易实现。

2. 管理会计知识需求的特征：创新管理。在科学知识管理方面，经济学家偏好于对经济增长问题的解释，而会计学家侧重于知识应用与价值创造。结合上述的"硬规则"与"浅层解释"，以及"非理性"或"反理性"的概念辨识，企业获取的知识可以进一步分为有形知识和无形知识。这两类知识在企业组织中是可以相互转化的，即具有动态的知识变换特征。并且，借助于组织机制创造出更高、更新的知识。通常，科学知识具有共同化、外在化、融合化和内生性等具体表现特征。区别于财务会计，管理会计在实践中暂时缺乏对科学知识及其标准的判断机制。管理会计理论与方法体系作为科学知识，通常被归入"非正式制度"的范畴，并且成为影响企业交易成本的一个变量。基于交易成本的"科学知识"的"意义构建"，在管理会计功能结构中是围绕知识的直接价值贡献与间接价值贡献予以体现的。并且，有关对管理会计的经济增长目标是通过综合性功能作用的发挥而被人们所广泛认知。

图8-2表明，科学知识是内含于企业经营系统、组织文化，或者技术变革之中的。知识的价值创造需要重视组织中成员的内在作用，即尊重成员的主观能动性。我们在借鉴西方"知识机器"等手段的同时，需要结合有形知识和无形知识的工具理性，进而实现管理会计的价值创造与价值增值。概括而言，管理会计创新知识的理论贡献，在实践中来源于三个方面：

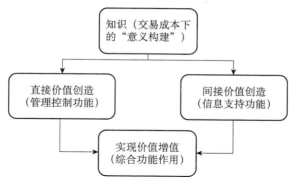

图 8 - 2   "知识"制度下的交易成本作用

一是借助于管理控制系统，间接地促进理论发展。如利用预算管理与成本控制等，使企业产生增量的价值贡献。二是借助于管理信息支持系统，在目标成本等工具应用的设计环节嵌入新科学知识，进而直接为企业创造价值。此外，借助于会计信息的沟通与交流，增进各自的科学知识，促进企业管理活动的效率与效益，进而使企业产生增量的价值贡献。三是借助于管理会计功能系统的综合作用，即将管理会计工具的价值创造传导机制与企业实践活动中管理会计行为有机融合起来，实现直接与间接一体化的效果，促进企业价值产生新的增量贡献。为了体现管理会计的专业性，可以由财政部制定具有权威性的管理会计工具创新指南。管理会计的"科学知识"主要是通过实践中的管理会计工具加以呈现的，颁布相关的管理会计工具创新指南需要从原则性与整合创新等视角加以分析。

（1）原则性层面。当前，要主动借鉴教育部倡导的组织化科学研究的形式，对管理会计知识创新加以引导。亦即，可以考虑由财政部会计司出台相关文件，以引导组织或机构开展管理会计理论创新的"有组织科研"。2022 年 8 月，教育部印发《关于加强高校有组织科研 推动高水平自立自强的若干意见》，明确了加强高校有组织科研的重点举措。具体包括以下几方面内容：强化国家战略科技力量建设；加快目标导向的基础研究重大突破；加快国家战略急需的关键核心技术重大突破；提升科技成果转移转化能力服务产业转型升级；提升区域高校协同创新能力服务区域高质量发展；推进高水平人才队伍建设打造国家战略人才力量；推进科教融合、产教协同培育高质量创新人才；推进高水平国际合作；推进科研评价机制改革营造良好创新生态。

实践中，可以结合管理会计要素，探讨管理会计工具创新指南的内容结构。从"应用环境"看，管理会计工具创新是随着生产方式、技术手段、要素结构等的持续演进而更替变化的。从"管理活动"看，人类社会逐渐从工业化向网络化、数字化过渡，人们的物质、精神、行为活动都通过数据这个虚拟事物获得全面映射，形成了网络空间的虚拟平行世界。换言之，借助于"数字孪生"技术，可以对管理会计工具的创新指南进行模拟，以降低风险，寻求最佳的实施场景，以及应用的最有效时机。从"工具与方法"看，要坚持管理会计的正式工具与非正式工具并用，本土化工具与西洋化工具的结合，注重理论扩展路径与实践提炼路径的统一。从"信息与报告"看，未来管理会计的信息与报告将与数字技术手段更加紧密地结合在一起。管理会计信息系统要统筹模式创新与工具应用效果的统一，平衡并融合好新事物的"工具理性"和"价值理性"。同时，优化管理会计报告的方式或手段，开创可持续成功的价值创造与价值增值报告的新范式。

（2）整合与创新层面。管理会计科学知识的形成与发展，重点是对现行的管理会计工具进行整合与创新。当前，积极嵌入数字化改革的管理会计应用手段，通过数字化技术"改良"或"渐进"式地推动管理工具的整合与创新，有助于形成更多、更具针对性的管理会计工具的新分类，以及进一步细化管理会计工具的应用方法。管理会计工具整合必须充分考虑企业的"应用环境"，主动关注企业经营模式的创新，以及数字化改革可能对管理会计工具带来的冲击与影响。同时，在借鉴其他学科固有的工具方法的同时，加强管理会计自身的工具功能的完善。管理会计工具创新是在不断修正和提升中逐步演进和自我完善的，注重与其他技术或管理工具的融合是管理会计工具权变性特征的客观反映。围绕企业数字化转型中的数字技术工具，如"算法推荐""数字映射"等改造传统的管理会计工具，使这些互联网技术能够在管理会计工具整合中发挥积极作用，是管理会计创新知识管理的重要选择。

管理会计工具的创新驱动受外部的竞争压力、市场化程度、产业政策、环境管制以及媒体监管等的因素影响，内生的环境因素涉及产权性质、委托代理、信息不对称等变量的影响。从组织创新来看，随着产业集群及供应链管理会计的形成与发展，需要从"业财融合"与数字化改造结合的视角来研究管理会计工具。"共同富裕"作为社会主义的本质要求，是中国式现代化的重要特征，管理会计理论创新需要引导工具方法实施宏观转向，服务高质量发展和企业管理制度的全面开放。2021 年 6 月 10 日，中共中央、国务院发布《支持浙江高质量发展建设共同富裕示范区的意见》。当前，要重视企业的社会责任成本等管理会计工具的"供给"，加快相关工具的整合与创新。要从宏观经济的"双循环"新发展需求出发，设计并强化企业内部战略管理的工具创新。换言之，管理会计工具的整合与创新必须主动将前景展望、未来管理等融入企业的战略之中。比如，将平衡计分卡工具从"绩效管理"类别引导至"战略管理"的大类上去。

第二节　实务情境与管理会计的需求侧管理

从外部环境与企业经营活动的现状看，管理会计理论与方法的供给明显滞后于企业实践的需求。管理会计学术必须加强形成机制与实施路径的研究，提出一些具有实际操作意义的理论知识与方法体系来帮助会计人员应对组织结构与技术创新等带来的挑战。

一、管理会计学术研究的边界选择：实务需求视角

管理会计研究有两种路径，一是概念扩展的路径；二是实践提炼的路径。上述两种路径往往具有交替成长的特征，它与管理会计的"应用环境"变迁具有紧密的关联性。当前，后者所体现的实务界对管理会计学术的贡献，正在成为一种管理会计工具创新主流的范式。

（一）探寻管理会计学术研究的方向

1. 管理会计学术研究应该更多地面向实践。强化管理会计的本土研究，从企业等微观主体中获取营养是管理会计学术研究的一个重要方向。中国本土经济学理论强调"以中国为观照、以时代为观照，立足中国实际，解决中国问题"，不断推动中华优秀传统文化创造性转化、创新性发展，不断推进知识创新、理论创新、方法创新（张卓元，2022）。管理会计理论基础的变迁使学术研究的内容发生了结构性变化，倡导"看似微观，实则宏观"

的管理会计理念是对传统学术边界的挑战。同时，也是中国管理会计发展面临的一种新机遇。中国经济学中宏观层面的"结构性调控"是一种理论创新。2008 年世界经济危机以后，这些结构性政策的正当性开始为西方主流学界所"追认"。当然，结构性政策也不是"万灵药"，必须注意其适用范围。从管理会计学术视角观察，就是要注重研究的边界，合理选择与应用管理会计理论及工具方法。

从管理会计学术研究的范围边界观察，管理会计是动态发展的。管理会计研究在遵循学术共同体"硬规则"的同时，也面临样本与变量等收集与应用的难题。即，中国的管理会计解决的是中国问题，以国外的模型或理论进行检验，本身就存在"不理性"的可能性。管理会计实务发展要结合自身的情境特征，合理选择与应用管理会计工具等技术方法。当前，针对管理会计学术研究的边界，有各种不同的看法。有的以财务会计与管理会计关系作为边界的选择；有的从宏观与微观视角进行拓展性的选择；有的从理论与学科发展视角开展研究；有的从实务视角进行可操作性研究。比如，强调"制度内部化，知识全球化"是管理会计边界突破的思路（冯巧根，2020），等等。这里强调的"制度内部化"，是指制度要围绕内部化特征进行优化，不同企业在应用管理会计理论知识与工具方法时，应结合自身情况加以权变选择。"知识全球化"是指嵌入规则与路径之中的管理会计制度及其内含的理论知识往往是全球化的。

客观地讲，随着管理会计研究领域的深入，管理会计学术范围一直处于拓展之中，且具有动态发展的特征。比如，20 世纪末与 21 世纪初提出的竞争者会计、客户会计、供应商会计，以及质量成本、时间成本和品牌价值会计等内容，就是这一时期管理会计学术范围扩展的体现。扩展管理会计学术研究的边界，需要满足企业组织等的期望值或成效，必须增强组织沟通等的可视性或可观察性，具体包括：一是信息的正确性。即，管理会计要提供可靠、可理解、值得依赖的信息；二是组织文化的支持。包括现存的或变化中的组织文化对管理会计的支持作用；三是认知的共享情境。即，管理会计沟通不仅是自上而下的路径，也包括对话与参与这类平行的路径。数字技术加速了管理会计学术研究的动态变化，涉及内容包括：一是数字技术下的管理会计价值观发生了改变，传统的价值观需要从时间与空间的不同层面加以考虑；二是产品业态的智能化、数字化等带来的新机遇，主要是大量智能互联的产品涌现，使传统的生产方式面临挑战；三是资产与收入、成本等会计要素的内涵与外延面临冲击，比如数字资产的计量，收入与成本的多次配比与确认，对企业收益的影响等；四是管理会计信息需求与报告方式面临挑战，多种形式且可选择的报告方式将成为主流。

2. 管理会计理论创新：概念组合的不断涌现。以美国管理会计学界为例，20 世纪 80 年代是各种新概念、新方法大量涌现的时代，具体包括产品属性成本计算、品牌价值预算、品牌价值监控、竞争者成本评估、竞争者地位监控、基于公开财务报表进行竞争者业绩评估、生命周期成本计算、质量成本计算、战略成本计算、战略性定价、目标成本法、价值链成本计算等。当前，进入数字经济的新时代，管理会计的新概念也在不断涌现，比如组织间资本的共享管理和智能互联的产品管理等。新经济时代的管理会计概念创新，丰富与发展了管理会计功能体系。从管理会计的控制系统功能观察：一是结合"智能互联产品"这一新概念，加强企业产品管理控制系统的优化设计。二是整合"嵌入数字技术的全面预算"这一新概念，推进理念和运作模式的"与时俱进"，从而使数字化预算管理在新的环境中发挥更积极的作用。从管理会计的信息支持系统功能观察：一是进一步扩大非财务指标的需求。要重视对"统一大市场、双循环，以及客户满意、员工满意、流程再造、新产品开发、多样化、市场份额、生产率或效率、安全性、创新、运行指标、战略目标"等概念的权变应用。二是面对环境不确定性，赋予"战略差异"等概念新的内涵。一方面，通过"战略前瞻""面向未来"等新概念，减少或消除环境中的不稳定性因素；另一方面，编制"战略差异报告"，以发现实际运行与计划之间的差异。换言之，通过对管理会计新概念的理解与认识，促进企业应用管理会计功能的效率与效益的提升。比如，许多人认为，在管理会计改革实践中，应当采用"渐进扩展的管理会计范式"而不是"激进式的革命性变迁"，以符合学术研究的规律，并更容易被各方所接受。

管理会计信息系统经常存在的一种现象是，日常收集和处理的会计信息并不一定向某个部门或组织报告，而且管理者也不打算使用这些信息。那么，这种信息是否算作一种有用的信息，能否满足管理的需要。亦即，会计信息系统的设计者所采用的数据经常是满足了会计的需要却忽视了管理的需要。2023 年初，ChatGPT 横空出世，问题也随之而来，"出于企业的社会责任考虑，是不是应该创造更多的社会就业？如果我们很多东西都数字化，用机器替代人，企业对整个国家和社会的责任感又怎么体现？"数字化会带来两个根本性的方向转变：一个是产业效率改变；一个是顾客价值创新（陈春花，2023）。企业的社会责任是多维度的，最基本的社会责任主要体现在四个方面：第一，提供好的产品或者好的服务；第二，能够提供就业机会；第三，获得盈利；第四，实现社会期望价值。当我们说企业承担社会责任的时候，首先是表现在这四个方面的责任体现，并在此基础上承担更多的社会责任，包括今天广泛探讨的环境友好，社会可持续性发展等。对于企业而言，数字化与智能化是一个根本的方向，对于人机协同的组织形态，如何让在组织内的成员发挥价值，是一个挑战，而如何能够使曾经的组织成员更好地进入市场，并取得新的发展机会，也是企业接着下来要为社会所承担的新责任。管理会计信息不能期望成为"牵引"管理的手段，企业的经营活动也不仅仅是由会计人员"推动"的，管理会计人员必须深入生产第一线，了解相关的宏观经济政策和中观的产业政策以及微观企业的发展战略，提高管理会计管理控制系统的针对性与有效性。

（二）管理会计学术方法的变迁

在多重因素叠加影响下，管理会计的"应用环境"发生巨变。传统"由下而上"的研究路径，逐渐成为管理会计学术认知的障碍，这种由小见大等的研究优势正在成为"劣势"，管理会计的研究方法必须实施战略转变，具备前瞻性与宏观性等特征。

1. 管理会计研究方法的选择与学术结论的分散性。在具体研究的方法选择中，最常提及的是规范研究与实证研究。实证研究的特征是，只考察会计现象是什么，即企业经济现状如何，为何会如此，其发展趋势怎样，但不作出评价。规范研究的特征是，对企业经济现状及变化要作出好与不好的评价，或该不该如此评价。好的实证研究是应用适当的理论，合乎逻辑地推测现象发生的因果关系，然后采用适当的方法收集适用的数据，并用适宜的统计方法检验这些数据，观察假设预言的逻辑关系是否存在。实证研究是科学方法之一，但过度实证、一边倒、实证迷信等现象一旦出现，就会对管理会计问题造成反向引导，得出负面结果。比如，国有企业的管理会计问题若一味地采用实证方法，得出符合西方社会规则的结论，可能就违背了中国经济学的基本规律。这是因为，中国的国有企业是如货币政策与财政政策那样，具有经济调节功能的宏观政策工具之一。有人针对国有企业的"过度投资"，强调采用公司治理、负债融资和现金股利等机制加以约束。实际上，多数的国有企业被各级政府赋予其特殊的功能和使命，其投资决策的出发点常常并不是 NPV 为正（李心合，2018）。

　　长期以来，社会学科领域流行的研究观念和做法是："只要有利于学术创新，什么方法都可以使用"，或者说，"手里拿个锤子，看什么都像钉子"，实证研究方法泛化或滥用。需要引导管理会计定量研究进行宏观转向，倡导研究方法的多元化，通过对观察法、实验法、比较法、历史法、数学法、访谈法、案例法、文献法等的多样化使用，降低学术研究对上市公司数据库的依赖程度；同时，大力支持规范研究。好的规范研究必须具备至少四个基础：一是跨学科的系统化理论基础；二是相关的实践基础；三是科学的方法论基础；四是好的人文科学基础和写作文笔。现在真正拥有好的规范研究基础的年轻学者越来越少。这也成为政府加强大学智库等的建设，促进规范研究创新与发展的因素之一。不可否认，实践中，由于理论、方法、样本等方面的多样性，管理会计研究中普遍存在结论分散的现象。研究结论分散现象，一方面显示了研究的积累性和继承性还存在问题，需要在相互学习、继续积累的同时不断寻求改进的途径；另一方面也显示了继续研究的必要性以及研究可能存在的延续发展空间。或者说，研究对象是现实中事物的状态和演变规律，现实的事物不仅丰富多彩、千姿百态，而且千变万化。也正如此，才值得学者去思考与选择，主动实施研究方法的战略转变。

　　2. 管理会计研究方法中的理论基础选择。围绕宏观与中观的社会经济现状，比如国家重大的战略调整，需要反思并重新探寻管理会计的理论基础，同时结合企业实践中新的问题，选择并应用适宜的管理会计工具与方法。近年来，管理会计研究受到组织与社会学理论的影响，并在理论基础上产生积极的贡献，常用的理论基础包括：（1）组织决策理论与权变理论。强调组织控制与协调的方法，带来比较强的系统建设指导性。（2）解释性理论。包括制度理论、资源依赖理论、政策观和职业社会学等。（3）其他理论。如马克思劳动过程理论、福柯学派理论等批评性的观点。即，通过关注资本主义社会关系，面对冲突和权力等问题展开研究。现实中，管理会计理论基础重视战略与战术的结合。即，不仅关注纯财务理论基础存在的局限性，如可能会导致短期行为或投机倾向，缺乏战略导向性等。而且，广泛选择应用代理理论、信息经济学理论，以及战略理论、组织理论、控制理论等，提高财务理论与非财务理论的交融性。比如，经济学的代理理论和信息有用性原理建议，业绩计量标准应该兼顾非财务指标。同时，战略理论和组织理论也认为，面向质量和创新的企业，应包括广泛的财务前瞻性指标与非财务指标，寻求企业竞争力增强的有效途径。

根据控制理论，将非财务指标整合到公司业绩计量系统中也可能为管理者提供比财务指标更直接和及时的反馈，而且，这使得管理者有机会及时调整自己的行为，以改善业绩。然而，要规避理论研究中的内生性。即，非财务指标较少受到管理者的操纵，因为通常它们比成本分配或者资产负债表较少依靠管理者的判断。根据权变理论，管理会计适宜技术的选择依赖于公司生存的环境，加之，背景因素、环境因素、战略计划在不同公司之间存在差异，业绩评价中采纳和使用非财务指标是一个内生的选择，它所具有的利益和成本都与其背景因素相关联，即随外生变量而变化。诸如此类的情况还表现在：一是技术进步对产业与企业的影响。比如，中山大学研究蚊子不育技术，可能对农药产业和灭蚊药品生产企业利润带来冲击。再比如，墨西哥蒂华纳现象。即，1994 年北美自贸协定签署带来衰退，出现"中上阶层急剧减少"的怪象。二是宏观经济波动与企业的相关性。比如，管理会计变化正向关联于竞争强度，如果某一时期宏观社会状况存在严重的经济衰退现象，制造业就会采取减员、重构（包括管理会计系统的变革），以求得效率与生存。当宏观经济环境处于明显的增长时期，制造业拥有更多的资源优势（通过有利可图的运作和高涨的经济），倾向于扩展市场，因而难以顾及内部管理的变革。

3. 时代特征下的管理会计工具选择。以数字经济为代表，新时代促进了产业结构的重组，以及生产要素等资源的优化，提升了企业的核心竞争力。新时代下的管理会计工具将在企业发展中产生更大的作用。

（1）新经济时代对管理会计工具的影响。随着以大数据、人工智能、互联网、移动通信、云计算和区块链为代表的数字技术的发展与成熟。企业应该选择应用哪些管理会计工具？现有的管理会计工具是否需要整合与创新？比如，基于互联网的电子银行、支付宝、微信支付以及虚拟货币等技术的出现，使体现在管理会计控制系统功能中的工具方法产生冲击。比如，带来"冲动消费"和各种显性与隐性的风险。通过人工智能、区块链等技术，可以对价值结果进行全程逆向追索至最终业务原因，并对各类业务之间所存在的内在逻辑及其结构进行全面分析，从而判断业务对价值创造和实现的路径和效率的影响（谢志华和沈彦波，2022）。比如，通过"数字映射"技术可以模拟不同时空情境下各种业务活动，借助于数字化技术等手段可以对整个业务活动全过程进行事先管理与控制，从而提高实体经济业务活动产出的效率与效益。财政部《会计改革与发展"十四五"规划纲要》提出的实现会计职能的宏观拓展，体现出的正是"看似微观，实则宏观"的管理会计文化理念。对此，需要借助于数字技术的普及与应用，细化微观主体的管理会计，尤其是管理会计的工具与方法。同时，加强数字经济的人才队伍建设。换言之，企业的数字技术人才及其储备状况关系到管理会计发展战略的走向。当前，以官产学研为代表的企业数字化改革实践，需要管理会计工具方法加快数字化转型，以确保新时代的企业获得竞争优势。

（2）嵌入数字技术的管理会计工具整合与创新。新时代下的数字技术手段不仅具有高创新性、强渗透性、广覆盖性，还是提升经济增长的重要手段。管理会计要通过工具方法的数字技术嫁接，配合产业，尤其小企业集群区域的企业进行技术改造与升级。要结合企业数字化转型特征的需求，推进管理会计工具与其他技术手段的交叉整合，寻找新的融合点。从实务层面看，传统的管理会计工具方法是工业经济时代的产物，如何进行深加工，需要多学科的共同努力。随着"制度型开放"的不断深入，国内和国际协同推进下的"双循环"为数字技术的普及与应用提供着强有力的支撑，需要管理会计工具通过整合与创新提高效率及效益。并且，在满足国内企业转型升级的同时，兼顾国际化整体的价值管理系统需求，确保我国产业链的安全和供应链的完整等。新时代的管理会计工具选择，需要思考如下问题：①基于数字化改造的管理会计功能设计，企业是依赖内部现有的制造环境，还是前瞻性地规划未来方向，并主动地开发与创新管理会计工具。②针对海量的数据资料，如何进行数据上的结构性转换，怎样利用市场化手段，提高相关利益方参与价值创造与价值增值的积极性，进而实现企业的可持续发展。③数字化组织的平台机构与企业组织的供应链和产业链模式，如何在管理会计工具方法中体现出共同的价值创造与价值增值特征。

④时空一体化的数字技术应用对管理会计绩效管理工具下的"业财融合"会带来哪些新变化,企业如何有效地加以绩效管理与评价。总之,数字化转型中面临的新模式与新业态,需要管理会计工具方法的整合与创新,以提高企业适应性与有效性。面对汹涌的数字化改革浪潮,合理引导企业开展管理会计工具的开发与应用,是企业在市场竞争中获得可持续成功的重要保证。

二、本土文化的管理会计研究:理论需求的视角

文化是一个相当广泛且十分复杂的概念,不同学科有不同表述。从文化学角度来定义,"文化是人类社会群体所创造的价值和意义构建体系",管理会计文化是内含于其中的重要方面。

(一)文化管理是管理会计的一项重要手段

文化的本质是价值观体系,无论是行为规范还是器物工具,都是某种价值观体系的利用与实现,是其物化形式或现实载体(冯巧根,2009)。

1. 文化管理对管理会计的影响。文化为管理会计活动提供规范、方式与应用环境,文化通过非正式制度的知识形态传承社会的进步,文化促进制度博弈,影响企业组织乃至经济社会的发展。中国会计文化与社会经济之间客观上存在着关联关系,无论从文化的"社会反推性定义""价值认定性定义",还是从"结构分析性定义""历史探源性定义"角度考察,都能从中华民族所具有的思想境界以及精神、道德、伦理、信仰、智慧与民族素质等方面反映出来,也能从科学技术、经济学说与管理学说中体现出来(郭道扬和谭超,2022)。它表明,文化管理对管理会计的知识创新与理论创新具有重要的理论价值和积极的现实意义。

从文化的演化视角观察,伴随着全球经济从欧美向东亚转移,相应的世界文明也将发生转变,即从欧美文化转向东亚文化。东亚长期受儒家文化的影响,全球文明将东方文化从历史沉沦中解放出来,实现新的复兴和振兴。换言之,中华文化将为未来全球化进程和"双循环"新发展格局奠定文明的基础,文化管理将为人类命运共同体提供中华文化的宝藏和思想资源。文化管理作为社会规则系统的心理程序,具有连接政治与经济的战略指向,表现出历史延续性和社会认同性等共同特征,影响着管理会计制

度建设和企业管理会计行为（范英杰等，2022）。文化管理是制度的基础，受其社会的价值、传统等支配。管理愈能够运用一个社会的传统价值观和信念，它就愈能取得成功（德鲁克，2009）。

2. 管理会计的宏观转向体现文化管理的内在要求。从当前的文化情境看，整个社会以"稳定"为首要重任。这对管理会计研究而言，自然也是文化价值观体系需要重点关注的领域。管理会计研究的宏观转向体现的是"看似微观，实则宏观"的会计功能转换理念，重视我国经济发展中宏观和中观层面的社会治理与公司治理等体现出的管理会计问题，坚持研究路径的"自上而下"与"自下而上"的结合路径等。文化管理的宏观意义在于，给世界上那些既希望加快发展又希望保持自身独立性的国家和民族提供一种全新选择。在国际力量对比深刻调整、世界进入动荡变革期、逆全球化思潮上升、世界百年未有之大变局的全球发展环境下，强调中国文化管理与制度建设，突出管理会计研究的宏观转向，是新时代会计研究人员的重要使命。

"人类命运共同体"等理论与实践，正在为全世界持续贡献着中国文化的智慧和力量。当前，第四次科技革命正在到来，以人工智能、量子信息、新能源、现代生物等新兴技术为代表的变革时期，实现万物互联，使人类社会从人与人、人与社会到国家与国家之间的紧密关联，正是人类命运共同体所体现的"利益、责任、命运"的本质特征。

（二）文化是解读管理会计综合性特征的思想基础

从党的二十大精神看，中国式现代化是中国文化的客观要求。在党的十九届六中全会上，中国式现代化的概念已经被提出。即，它是人类文明的新形态，是发展中国家走向现代化的必由之路。

1. 基于中国文化的管理会计研究方向。管理会计的综合性特征，一方面表现为学术与政治的高度统一，另一方面体现管理会计研究必须具有宏观思维。中国文化是企业战略思维的导向，管理会计要在党领导人民成功走出中国式现代化道路，实现共同富裕的征途中发挥管理控制与信息支持的系统功能作用。基于中国文化的管理会计研究要重点关注：一是围绕"稳定"的管理会计定性与定量研究。即，在规划、决策等管理会计工具方面要加强开发与应用的力度，促进企业绩效管理的可持续与健康成长。二是突出管理会计的思政建设，加快总结与提炼中国式管理会计的特征，围绕"看似微观，实则宏观"的理念，加快构建宏观管理会计学或政治会计学。三是紧跟党和政府的政策精神，处理好管理会计学术与政治的关系，主动服务于国家经济的高质量需求。比如，在"双循环"新发展格局中，积极加快全国"统一大市场"前提下的管理会计问题探讨，并在"共同富裕"的实践中，探索管理会计激励的有效路径。四是随着环境的不确定性与不稳定性的加剧，宏观层面管理会计的重要性被广泛认知，构建宏观、中观与微观结合的管理会计理论和方法体系变得更为迫切，也十分重要。

从宏观的文化层面看，自 2016 年国务院提出"降低实体经济企业成本工作方案"以来，国务院及各部委和地方政府一直将降成本放在重要位置。从中观的文化层面看，地区间产业链、价值链和创新链协同一体化程度的提高，为文化价值观的重塑提供了新的知识需求。比如，以产业转移为纽带，东部地区和中西部、东北地区的产业以及企业间自发联系将更加密切，相互依赖性更强，管理会计需要从行业或产业出发，思考管理工具的创新与应用，发挥市场在资源配置中的最大作用。再比如，借助于数字化改革，围绕人工智能下的规模效益，实现机器换人，以进一步降低生产成本。或者，实施质量优先的差异化战略，坚持走品牌发展路线。通过平台运作，引导企业加强存货成本管理，将期权等理念融入存货管理之中。并且，进一步强化集群区域成本管理，探讨更符合区域特色的融资管理工具。

从微观的文化层面看，管理会计实践中的创新经验值得借鉴。稻盛和夫被誉为日本"经营之圣"，他一生创办了两家公司，京瓷和日本第二电讯电话公司，这两家公司都在他的带领下进入了世界 500 强（2016 年，世界第三大航空公司日本航空宣布破产，日本政府委托当年已经 78 岁高龄的稻盛和夫重新出山，出任日航的会长，仅 16 个月稻盛和夫就让日航净赚了1884 亿日元，相当于大约 120 亿元人民币，并且再隔 16 个月，日航重新上市。有学者将日本航空也列入其创造的世界 500 强企业。所以新闻中有"稻盛和夫执掌三家世界 500 强"一说）①。稻盛和夫提出的"以现金为基础的经营"的理念，是其管理会计思想的一个重要体现。同时，他注重经营核算与效益实现的并重。比如，在京瓷创业后不久，推行了"阿米巴经营"

---

① 日本"经营之圣"稻盛和夫去世：一生创两个世界 500 强企业，80 岁带领日航上市 ［EB/OL］. ［2022 - 08 - 30］. http：// baijiahao. baidu. com/s? id = 1742580686115074339&wfr = spider&for = pc.

的小微组织独立核算模式。亦即，阿米巴的单位时间产出，是时间管理会计的重要体现。即，以独特的计算方式来表示收支，就是单位时间产出多少附加值。单位时间核算的基础是根据"销售额最大化、经费最小化"的经营原则。简单来说，各阿米巴组织以销售额减去消耗的全部费用得到的余额，除以月总劳动时间取到的数字作为业绩衡量指标。这种时间导向的计算方式使员工们能切实掌握自己所在部门的经营目标和完成情况，明确地提高核算效益的动机与意义。稻盛和夫始终坚持"利他"文化，强调"世间万物，始于心，终于心"的思想。正如他所说：人生中的成功也好、失败也好，所有一切，归根结底，要看我们能不能提高自己的心性，让它变得更纯粹、更美好。

2. 中国文化视角的管理会计特征。诚然，重视学术与政治的统一，加强宏观、中观与微观管理会计方法的结合是未来管理会计学科成长的方向。从文化管理角度观察，以"共同富裕"为导向的管理会计研究，是现阶段管理会计宏观转向的重要课题。共同富裕是社会主义的本质要求，是中国式现代化的重要特征。目前为止，对于"共同富裕"尚不存在一个可以量化的概念界定，然而，从政治的角度考察，则其阐述的立场、表明的观点是一目了然。即，在我国经济高质量发展中促进共同富裕，正确处理好效率和公平的关系，构建初次分配、再分配、三次分配协调配套的基础性制度安排，加大税收、社保、转移支付等调节力度并提高精准性。中国文化视角的管理会计研究特征，是坚持走中国式现代化的道路。中国式现代化道路是物质文明、政治文明、精神文明、社会文明、生态文明"五位一体"的有机组成，管理会计必须强化政治与学术的统一，构建文化生态等文化价值观体系。中国式现代化道路，既遵循世界现代化的一般规律，又具有符合我国国情的鲜明特点。可概括为"世界性、开放性、市场性、先进性、现代性与独特性"六个特性（张素峰，2022）。

当前，在高质量、"双循环"、绿色低碳和可持续发展等一系列重大战略发展目标下，我国的区域产业转移和产业组织面临着一系列重大的发展契机与问题挑战。这些问题给管理会计研究带来了新课题，需要主动实施"宏观转向"。实践中的管理会计研究已经走在了学术界的前列，以成本管理为例。产业转移中的中观管理会计内容至少包括以下部分：一是就业成本。即，由结构调整引起的失业成本；二是闲置成本。即产业转移实施

"腾笼换鸟"带来的成本。或者说,"笼"腾出而"鸟"无及时引进;三是协同成本。新旧产业之间不协调带来的成本。即,无法构建完整的产业链,降低产业群共生效应;四是迁移成本。原有企业搬迁等需要的成本,实质上是地方政府财政支付中的产业"腾挪"价格。同时,在"制度型开放"的深入推进下,未来可能形成以中国为核心,覆盖南亚和东南亚区域的全球制造业生产体系。《关于加快建设全国统一大市场的意见》要求从全局和战略高度出发,加快建设全国统一大市场。以全国统一大市场建设为契机,进一步打破地区间生产要素自由流动的壁垒。管理会计要加强对企业的信息服务,为企业的理性选择提供参考或帮助。中国的产业转移已经深度融入数字经济、流量经济、创新经济和非均衡区域经济的历史发展框架,呈现出新的特征、趋势乃至格局。管理会计的研究特征是:面向微观,服务宏观。比如,如何从低附加值向高附加值生产环节转型、从资源和劳动成本优势向技术和产出效率转型。对此,一方面,需要将数字技术嵌入管理会计的信息支持系统,提高组织间交流与沟通能力,优化组织流程。另一方面,整合管理会计控制系统功能,在管理会计工具中融入数字化技术,强化产业生态平台建设,促进供应链上下游之间的价值协同。

3. 文化及其责任观的建设是管理会计价值实现的保障。人的观念由文化所塑造,而文化又有一定的保守性与滞后性。因此,管理会计的变迁与发展是一种客观必然。在企业文化的价值体系中,工匠精神、长期主义、精益求精的文化是企业高质量发展的内在体现,也是管理会计工具创新的责任指南。亦即,文化在管理会计工具选择和理论创新中起到非常重要的作用。要倡导理性、严谨、合理谋利的管理会计文化。"以人为本"作为管理会计的文化价值观,体现出的是以儒家文化为主体的中国传统文化的内在要求,管理会计必须在工具方法的开发与应用上弘扬"工匠精神",在理论创新中强化科学理性。文化价值观中体现的责任意识,是组织性与纪律性的客观反映,创新与发展是企业可持续发展中文化价值观的内在要求。基于文化与责任的管理会计研究主题很多,比如,如何应用绩效管理对企业的社会价值和贡献进行衡量?平衡计分卡中的非财务因素如何加以选择?怎么发挥企业文化在价值创造与价值增值中的作用,进而丰富员工的社会生活、实现员工的全面发展?企业积极履行社会责任,对社会进步会产生哪些积极作用?

　　文化管理是企业价值实现的保障，管理会计的宏观性是客观存在的，管理会计的文化价值要主动拓宽视野，引领企业转型升级与发展。当前，在数字化改革的潮流中，促进企业数智化情境下的收入与成本等会计要素的确认、计量与报告，提高会计信息系统的可靠性与有效性，满足管理会计服务决策的功能需求，是企业文化建设的内在要求。[①] 此外，结合文化产业的推进，挖掘企业文化中附加值更高的产品或服务品种，围绕价值创造与价值增值，提炼企业文化的演进规律，创新更多智能互联的产品种类等是新时期管理会计研究的重要方向。从行业或产业结构转型升级的需求侧管理考察，管理会计主动适应企业集群发展的需要，围绕企业经营模式或商品业态的整合与创新，通过文化建设引导企业挖掘数字化的价值源泉，是管理会计发挥综合效能的客观追求。比如，从自然物向非自然物、有形向无形、物质生产向非物质生产演进，促进管理会计功能体系的丰富与完善。与此同时，企业文化价值观要成为推动产业要素结构优化与效率提升的思维范式。围绕资产、收入与成本等会计要素，由传统生产要素向新兴资本要素（如数字资本）、有形管理要素向无形管理要素（如算法推荐）、"高耗能"的环境要素向"低碳化"的环境要素（如"双碳"环境会计）转换。

第三节　本章小结

　　党的二十大报告中提到"把扩大内需战略同深化供给侧结构性改革有机结合起来"，就是要发挥供给与需求相互促进，推动消费拉动经济的实践作用。近年来，随着改革和创新的不断深入，以及产业结构的持续升级，企业能够生产出更多满足现在和未来消费的产品，使消费成为真正拉动经济增长的基础动力。当前我国经济发展面临需求收缩、供给冲击、预期转弱三重压力，同时又遭遇严峻复杂的国际环境。不断做实做强做优实体经济，为推进中国式现代化、全面建成社会主义现代化强国奠定坚实的经济

---

　　① 数字化改革是利用数字技术来改变商业模式并提供新的收入和价值创造机会，是企业转向数字业务的过程。数智化是数字化的一种应用场景，已经成为企业控制和自动化领域综合各种数字技术，以及开发新产品等为特征或显著标志的数字化转型行为。

基础，是管理会计研究的重要使命。实体经济是一国经济的立身之本，是财富创造的根本源泉，是国家强盛的重要支柱。当前，我国经济已由高速增长阶段转向高质量发展阶段，必须始终高度重视发展壮大实体经济，努力提高企业的经营质量与生产效率与效益，不断满足人民美好生活需要。

我国连续 13 年稳居全球货物贸易第一大出口国地位，是 140 多个国家或地区的主要贸易伙伴，在全球产业链供应链中处于重要枢纽地位。这既为加快构建以国内大循环为主体、国内国际双循环相互促进的新发展格局打下坚实基础，也为全球产业链供应链稳定作出重要贡献。当前，要以数字化技术深入应用为支撑，以产业转型、消费升级为驱动，强化产业链龙头企业、行业骨干引领和示范作用，提升平台型企业和机构综合服务效能，探索形成符合我国实际、具有不同区域特色和行业特点的融合发展业态模式和路径。比如，在需求端依托全国统一大市场建设，打破地方保护和地区间过度竞争，畅通生产环节和消费环节的要素流动。必须培育好、发展好、规范好各类市场主体，为产业升级、建设现代化产业体系提供有力支撑。随着数字经济带动新群体入局，产业数字化与数字产业化有望扩大应用领域，从而有助于推动扩大贸易、提高资本利用效率以及促进市场竞争。传统的市场主体培育政策主要集中在宏观层面，通过调控政策直接扶持或引导市场主体发展，在扩大市场主体的规模和数量上取得显著成效。迈向高质量发展阶段，必须继续激发市场主体活力，促进市场主体高质量发展。

第九章 **结论与展望**

　　扩展管理会计学术边界，强化管理会计工具与方法在企业中的有效性与可操作性，要求管理会计领域加大改革创新的力度，能够引导企业获得更深远的发展。管理会计已经经历了一个摸索和艰难发展的阶段，并且将会毫无疑问地继续这一发展历程。对管理会计而言，最关键的是要通过关注外部领域的变化来不断地进行自我检查。当然，管理思想的转变仍然将持续发生，但是变化趋势会反复不定，这与当前国内外环境的变化紧密相关。在这样一个动态变化的环境里，管理会计是不可能固守于自身的内部定位目标的。它的继续发展有赖于丰富的社会实践。对此，结合经贸环境和企业业务活动的情境特征，如何选择正确的管理会计改革方向，是管理会计理论工作者值得深入思考的问题。

第一节　研究结论

　　企业经营环境正面临一系列的变化，比如数字技术的广泛应用，消费市场的瞬息万变，全球化经贸环境出现的新形势，以及构建具有中国特色的经济学新范式等，都对管理会计学术研究产生冲击与影响。

一、管理会计研究中的学术弘扬与观点扬弃

　　近年来，受中美经贸摩擦、新冠疫情、俄乌冲突等全球重大突发事件的接连冲击，既往的国际经贸秩序遭受严重破坏，全球生产网络出现局部

断裂，既有的全球价值链重构趋势加速。因此，必须围绕不断变化的新环境，改革与扩展管理会计理论与方法体系，积极弘扬管理会计的学术精神与学术内容。管理会计本身具有丰富的过去，很多人思考怎样通过设计新的会计技术方法解决企业面临的新问题。比如，数字化改革下的管理会计应该如何提高决策的有效性与价值创造的相关性等。

就管理会计目前的情形看，产品业态的创新正在使智能互联产品成为企业经营活动中制造环节的新常态。一些企业面对这种历史性机遇，机会与压力并存，是否需要改革现有的企业生产流程、会带来哪些风险、如何加以防范等正在对企业改革带来新的思考。对此，加强管理会计研究，弘扬学术研究中的有用成果，对于企业正确选择变革的时机、引导企业进行数字化转型等具有积极的意义。

传统的组织、管理与技术问题需要重新加以思考，结合管理会计未来的发展，要合理选择企业技术性变革的会计创新路径。在合理继承传统管理会计理论与方法的基础上，主动扬弃企业管理活动中已经不合时宜的理念、观念，提高新经济时代管理会计理论创新与发展的新动能。

二、管理会计学术研究要注重组织与管理的协同性

人工智能下的产品生产系统和先进制造技术的广泛应用具有协同性，管理会计学术活动与生产经营实践需要进一步紧密协同、共生共益。当前，人们偏好于采用以数字技术为代表的新技术，这对于调动企业生产积极性、提高全社会生产要素的效率与效益极为有意义，也是至关重要的现实问题。笔者认为，虽然人们从本质上注重技术性因素的功能作用，但是大量的组织性和更广泛的管理性问题也必须高度重视。

数字技术涉及的内容广泛，将其嵌入生产制造系统时需要考虑对产出、部门和产品质量等方面的广泛关注。管理会计学术活动要结合这些事项进行综合判断，从会计角度思考或对比数字化技术等手段对财务或其他成本与效益的相关性，是远远不够的。重点是分析企业特定组织和管理结构所期望的利益能否达成。比如，人工智能替代人工进而降低成本，可以产生利益，管理会计学术研究需要考虑人工成本的减少在企业中是否可行，企业在作出购买高端技术设备的决策时必然会影响劳动力资源的合理配置及其相关决策。

组织与管理是高度协同的。若只关注管理活动的效率与效益，而忽视组织活动领域的重要性，可能会影响管理会计研究的信度与效度。这是因为，管理会计在如此宽广的领域内所包含的价值创造含义是不明确的，不同产品基础的组织需要复杂的制造技术和程序，以及在复杂的供给和营销机构中实施这种技术和程序。组织文化以"人的价值最大化"为号召，趋向于发挥个性的效果，并使其成为组织功能的一部分。比如"人单合一"模式的提出，就是要求组织与管理之间高度协同。因此，仅仅关注会计变革的满意度，而不去关心员工的参与心态和组织的文化特征，那么即便技术很优秀，管理会计信息系统和管理控制系统的执行性会缺乏应有动因机制。

三、管理会计功能的边界扩展与学科协同

管理会计是一门边缘学科，其功能作用需要在实践中得到检验。从学术角度讲，围绕管理会计职能对其功能作用持有不同的观点或想法，是正常的学术活动，对于管理会计研究是有益的。实践中，经常表现为企业某一方面的功能对其他功能的作用不明显，似乎管理会计功能具有独立性的特征。作为会计的内在功能是管理会计最直接的体现，在具体的实务发展过程中，管理会计往往具有很强的灵活性特征，并且表现出许多外在的功能作用。管理会计的职能与管理会计实践或工作的职能有机地区分出来，前者代表内在功能，后者代表外在功能（胡玉明，2022）。从学理上讲，这种观点有一定的理论价值，它为管理会计边界提供了一种理论层面的扩张路径。因为，在这种观点下，管理会计可以保持理论发展的独立性，比如认为"管理会计只有反映职能"，管理会计实践与工作则可以根据企业外部环境特征形成更多的功能作用。可以把这种观点看成是"大管理会计"的学术思想。据以此，"管理会计就是会计，而且管理会计包括财务会计，那么管理会计的职能自然要涵盖会计的职能"。具体说，"管理会计就是'以会计特有语言'如实反映或表述企业的经济活动过程及其结果所引发的现金流动""管理会计的'如实反映或表述'只是会计语境的'真实'，绝非常理上的'真实'。广而推之，无论用何种语言描述经济活动过程（乃至世界），都难以达到'真实'的境界。在现实世界，'只可意会不可言传'的情境并不罕见"。

事实上，技术或工作方式的变革包含会计的变革，虽然会计作为一种独立的方法并非必需的工具。但是离开会计的确认、计量与报告等手段，企业的发展将变得无序与盲目。反过来讲，会计过程直接影响着一系列的企业活动，考虑到系统变革的环境，这种活动是不能也不应该被忽视的。因此，管理会计功能研究不能仅仅从学理上思考问题，必须与企业的"应用环境"紧密挂钩，深入企业实践，这样学科发展才有可持续的基础和健康发展的动力。此外，管理会计功能的边界还需要从组织和管理的角度进行思考，技术手段会冲击企业管理会计的传统范式，但组织与管理的本质属性，即提高效率与效益，实现价值创造与价值增值的内在属性是不会改变的。

四、强化新技术在管理会计实践中的重要性

以数字技术为代表的先进制造技术对成本管理活动的直接影响，使管理会计学术新观点被企业采用或考虑的概率提高。传统的适时制、全面质量管理、物料流量成本管理等开始与人工智能等新技术相互融合的趋势增强。当前，虽然还没有完整地记录新的技术方法或手段在企业中能够有效解决实际问题的案例研究，但是企业采纳并应用数字技术的积极性很高涨。管理会计学术研究要将重点转向有关企业应用新技术方法，是否带来了实实在在的利益等问题方面。事实上，任何一种技术手段或管理会计工具都有好的和坏的一面，能否将会计潜能发挥到最佳境界，关键还是取决于组织工作。或者说，判断新技术在企业实践中是否有价值，组织或管理的反应起了重要的决定作用。

新技术在企业应用的重点需要结合影响因素进行甄别，因为这些因素并不是在所有的环境中都能表现出积极的作用。只要对组织特殊的复杂性与可能的相关社会因素有所了解，这种技术方法的嵌入或应用就是符合情境的"满意"的。当前，抵制新技术应用的一种理由是经济上不划算，或者难以满足投入产生的性价比要求。对此，需要结合组织发展的视角思考新技术的应用。比如，人工智能的应用，需要从成本的特定动因入手寻找实施的时机，一个时期的产量水平需要与企业成本决策的动因相联系，全新的智能互联产品和转型的智能化产品，在成本动因上是有区别的，需要对资源利用的实施因素展开分析，开发出新型的管理会计工具，以产品的多次确认等条件为新技术的应用提供保证。

五、将宏观的社会生态与微观的管理体验嵌入管理会计

通常认为，管理会计生态会影响管理会计实践。一个面向外部的管理团队关注预算产品价值而不是用价格确定的模型来预计产品成本，是对社会生态观的一种反映。同样的，在供应商、生产者和各种应用程序之间进行相互转换的工作方式，也是一种管理体验的反映。管理会计学术研究在面向实践，管理会计的信息支持系统和管理控制系统，要求会计的决策制定与控制系统的联合变化应该伴随着这种关系的转变。由于从宏观到微观，其中的环境因素影响很大。因此，企业实施战略管理会计，需要在生产与服务组织之间建立联系，并形成公司战略与执行过程之间的反馈机制。借助于人工智能和大数据等新的技术手段，符合社会生态的会计数据，以及体现管理体验的新财务信息，会有机地开展协调，主动地加强联系，形成一种内在的沟通机制。

企业实践中，人工智能的生产环境和现代化的组织管理体系正在推动着管理会计的变革。当生产者、供应商和各种软件应用提供商联系更加紧密时，销售商与供应商之间的合作关系会更趋紧密，管理会计需要将社会生态的理念与方法引入到信息支持系统的功能作用中来，同时，将管理体验与生产与销售控制更紧密地关联在一起，进而共同推进管理会计控制系统功能的完善与发展。社会生态下的市场定位是产品的成本计算和它的策略选择，而不是追求对产品成本进行精确的计算。这种社会生态体现了管理会计领域新的发展前景，也有助于促进数字化改革更好地融入管理会计实践。管理体验需要整合和协调来源于平台组织的产业数字化和数字化产业的发展机会，积极利用各种非财务数据，并将这种非财务数据的输出融入管理会计系统之中去。人工智能的生产制造与销售环节的智能管理，能够比较好地融合财务与非财务数据，但是，定量与非定量的财务信息也不是体验的最终目的，要发挥管理会计社会生态与管理体验的共生性，通过共生与共益挖掘管理会计价值创造的潜能，借助于信息方面的投资促进企业的价值增值。

六、管理会计研究的理想目标与现实应用之间的相互协调

管理会计研究要坚持价值创造的引领性和价值增值的重点性之间的内

在统一，体现了管理控制系统与信息支持系统"两元论"和价值管理"重点论"的统一，在企业实践中坚持实用性与灵活性的统一。

管理会计要在体现逐步实现共同富裕的主体价值的同时，满足社会共同的客体基础。坚持以共享为归宿和以共建为路径的价值创造与收益分配的一致性。既不能否认社会主义市场经济激发活力所带来的收入差异，又必须在市场激发活力基础上，更加注重公正公平（陈中，2022）。在企业发展的同时，总结与提炼管理会计制度的形成规律。亦即，在坚持企业更有效率、可持续发展的过程中，更加强调公平、实现企业的高质量发展。在结合经济学范式变迁的时机，重新调整管理会计学科的理论基础，正确看待效率与公平的内在联系，通过绩效管理制度的重构，响应政府初次分配、再分配、三次分配的协调发展需要，主动培育中产阶级。通过有效的管理会计制度安排，高质量地促进企业发展壮大，使企业实现的收益或成果惠及企业员工及相关利益方。

第二节　研究展望

管理会计本身具有整体性，人为地区分管理会计理论与管理会计实践与工作是没有现实意义的。换言之，任何试图提炼肯定会成功的技术努力往往难以奏效，或者说管理会计理论上是有效的，实践中可能无效或存在问题等，这种对立的观点对指导管理会计实务是有害的。

一、构建管理会计学术的评价系统

无论是何种管理会计理论或工具方法，总有其适应的具体环境，因为其本身就是从实践中升华为理论与方法的。现在，需要寻求可能的方式，根据某一领域的学术新发展来评定特定企业的管理会计实施成果。通过显性的管理会计制度牵引，促进潜在的企业关注管理会计取得的进步，并主动加以模仿或应用，这样就会起到直接或间接地推动管理会计学术创新的功效。管理会计为管理当局在不同的背景下进行抉择提供财务评价的手段或工具，一般来讲是可行的也是必要的，但是也要对其局限性进行防范。围绕能够采用量化的方式对特定项目或组织工作，实施非财务因素的比较与选择，是一种值得提倡的财务评估经验。在评价投资时考虑相关因素可能带来的后果，并提供各种可能的对策，这对具有显著性影响的变量来说，是可行的措施。管理会计评价系统采用定量与非定量结合的方式实施管理，即所做的管理决策不能也不需要全部根据数据来加以判断或确定，并不是所有的组织复杂性都需要服从于量化指导框架所表达的含义的。对此，某公司将业绩评价的财务与非财务方法及质量信息并行考虑，则是不可行的。因此，管理会计学术研究的要重视非量化信息的价值，即量化的手段并非万能。当然，并不否认各种不同管理会计工具应用普适性理念，日本的成本表法、法国的会计账目表法，以及德国的成本块状移动核算法等也是可以移植到其他国家的管理会计学术活动之中去的，关键是进行评价系统的判断与运作，要对不同方法应用的场景进行期望值大小的再评价。

组织链条中的个体界限非常模糊，在日益采用弹性、非正式和没有严格管制的管理类型企业中更是如此。管理会计能够在组织活动中发挥积极作用，并对各种信息需求作出正确的评价，进而改变信息交换过程的本质。有许多案例表明，数字技术的应用已经深入企业实践的方方面面，管理会计工具方法的改变已经不可避免。管理会计学术研究不应该局限于是否适宜于对某种特定的新技术与方法的评定，而是应该阐述这些方法所包含的内容。要重视组织与管理的重要性，任何一种数字技术的应用都无法在管理落后的企业中产生效率或效益，也不可能因为采用了人工智能等新技术而使某家企业成为该行业中的领头羊。同样的，对待管理会计工具也不能过早地抛弃传统的技术方法，数字技术与传统管理会计工具的整合与应用是一个渐进的过程，其产生的价值增量也是一个需要结合企业实践进行综合判断的过程，要科学地评价管理会计新旧方法的有效性与合理性。

在评价管理会计潜在的变化时，信息支持系统并不会直接进入决策过程。但是，一旦要改变组织的运营结构并作出明确的决策之后，会计信息支持的重要性便凸显出来了。

二、丰富管理会计学术形成机制的"土壤"

管理会计学术的形成机制不能脱离组织或管理环境而孤立运行。在对新技术嵌入管理会计理论与方法的实践中，需要发挥管理会计潜能，聚焦于管理会计学术活动与其他组织过程之间的相互关系上。成本管理技术往往是新技术与管理会计工具融合的切入口，比如人工智能与成本管理的结合就是一个最好的例证。对此，管理会计人员在与生产部门人员之间形成一种密切的沟通渠道，并增强信息之间的交流，以提高新技术与管理会计结合的最佳效果。企业在使用管理会计信息系统时，对于面临的问题需要根据不同的情境特征采用不同的技术手段，没有一个企业能够通过一种方法来应对所有的挑战。传统的作业成本法或其他类似的管理会计工具难以解决的问题，想借助于数字化手段来予以解决，这种想法是片面的，因为企业的问题是复杂的，不可能依靠某种或某一类会计工具解决企业的所有问题。

管理会计变革要适应企业管理的需要，有一个渐进的过程，它是一个管理会计超前或落后于企业实践，再到两者同步的一个过程。管理会计功能应该得到更加全面的丰富，而不是退缩至更小的理论范围或者其他的辅助角色。即，应该更积极地为管理者出谋划策，发挥价值创造与价值增值的内在机制作用。管理会计情境满意是重要的，要谋划好自身的角色。即提前唤起管理者对某种管理会计工具等的注意力，并采取相应的行动，管理会计理论与实务工作者必须有具备这种主动作用的能力。从数字化改革下的管理会计研究现状看，技术创新及其组织变革会改变管理决策的属性，有时候这种管理决策是战略性和前瞻性的，有时候这种决策又是关乎企业生存的策略，影响是极为深远的。

通常认为经济上明智的转移定价是由所有的联合资源共同确定的，而使用这些联合资源的部门可能无法正确划分利益边界。企业之间使用或不使用联合资源，或者采用市场上的公允价格，从转移定价的性质上看，如果市场找得到类似的产品或服务，市场价格是比较合理的。然而，许多企业家有一套符合自身特征的与市场之间联系的手段，管理会计需要对联合成本之外的因素或者市场之外的因素进行分析，思考是否有更好的处理手段，成本是在数字化改革的背景下设定的情境表现，这项改革的成功对于促进管理会计工具创新具有积极的现实意义。

三、拓展管理会计学术的实现路径

随着企业活动的不断扩展，管理会计学术研究的重要性也在不断增强。比如，企业与供应商的关系变得更加复杂，买卖双方的关系也变得更加微妙。管理会计学术研究需要开拓新的领域，通过更有效地传递信息和实施管理控制，充分发挥管理会计的功能作用。当前，数字技术的算法推荐从时空层面对传统的管理会计工具提出挑战，适时制嫁接算法可能对管理会计的时间管理带来新的冲击。管理会计系统中的作业成本管理与平衡计分卡等工具方法，在人工智能与大数据等的协同下，使现有的会计系统发生变革，基于数字技术的成本动因等的确认与计量手段将更加完善，能够更清晰地反映企业整体管理活动的过程及其效果。

从动因视角拓展管理会计学术边界，是一项具有长久性的研究活动，通过各种情境特征的"适应性"分析，可以匹配更具情境性的动因前提。这种技术与产品或管理会计中的成本控制能力的前提保障，对于不同的数字技术设备、经营部门或产品生产方式，提出了成本分享的新要求。围绕价值创造与价值增值，寻求成本分享的实现路径，是管理会计学术研究的内在动力和外在压力。怎样形成一种可接受的和合理的方式，以扩展成本分配的路径。需要将有效性和成本信息作为追求精确性的目标来思考。一般而言，在寻求成本的精确性方面，信息技术已经消除了许多逻辑上和财务上的障碍。然而，获得精确数据的代价还是相对高昂的，存在许多的限制。虽然，特定环境下的成本耗费是必须的，但是真实情境恐怕比这要复杂得多。面对数字化改革的潮流，相关的精确成本数据的代价正在不断下降，然而真实性却可能上升，这为管理会计学术研究提供了一种新的路径。

管理会计创新的一项重要内容是确立生产能力的真实情境，可以考虑就正常生产能力对其使用者以总租赁费用的形式征收一定的费用，但是要区分好已经使用的生产能力与未使用的生产能力。这种在一定期间内为生产能力所提供的固定费用类型反映了资源生产能力的利用模式。

把这部分费用划入到已利用生产能力的相关范围，则未利用的部分也许就会有助于我们作出决策。这种费用并不是一种已分配成本，而是建立资源基金所作出的贡献。这一基金的建立与在资源购置时所制定的为资源提供资金的计划相吻合。许多与间接费用有关的问题是能够通过对每一个组织要素和产品等级制度使用贡献法加以克服的。这种陈述显示了对组织要素或部分产品等级制度所作出贡献的增长模式。这种方法适合于在那些资源不能追溯到更低水平的产品或组织等级制度的组织使用。为了弄清楚每种产品或组织类型所作出的贡献，有必要从单位收入中扣除所有的增值成本。

四、倡导管理会计的高水平本土研究

管理会计研究要倡导"共生与共益"。从共生角度讲，管理会计的技术方法可能是不需要特定的文化背景就能适用的，它具有共生性。比如作业成本法、平衡计分卡和产品生命周期成本管理等，无论国家文化背景如何，它们都能够适用。当然，管理会计工具中的一些面向企业内部的工具系统，如全面预算管理等，这些工具有赖于企业自身的情境特征。并且，不同的国家对不同的管理会计工具的关注面也是不尽相同的，领导艺术、对风险的态度等会在管理活动中映射出来，它体现出的是不同国家或企业文化价值观的丰富性，因此，不能将一种管理会计工具或方法直接移植到另一个国家或企业之中去，管理会计的"应用环境"要素想要表达的内涵之一便是动态的环境适应性。

管理会计是环境的产物，变迁是必然的。如何引导管理会计变迁向先进的生产环境与管理思想融合的方向前进，则是关系高水平本土研究的课题。在管理会计实务中，有机地将新技术与新管理思想嵌入企业实践之中，对人工智能环境下的组织情境具有积极的现实意义。强化信息系统和信息流的管理，具有深远的内涵，它要求以财务信息、定量与定性数据为代表的信息形态能够满足组织管理的需要，符合时间流管理模式（包括短期与长期）的特征。在人工智能的生产环境下，直接人工不再与企业的一般管理费用的合理变化呈现正相关。由于以人工智能为代表的新技术的应用使现有的管理系统出现新的变革需求，会计的确认、计量与报告却难以相应地得到保证。相对于人工成本的降低，其他的管理费用可能会带来暂时性的大幅度增加，这种成本往往具有混合性特征，加之各种附属成本的发生，如额外的维修费用、培训费用和软件费用等，给管理会计工具创新带来了新的压力。

从计量角度讲，智能化手段为管理会计提供了一种恰当的、有选择性的间接费用的确认手段。由于管理费用与业务量之间的关系无法确认，如果被认为是管理费用的某种成本无法实现与业务量的关联，则对成本计算来说，数字技术条件下的成本目标得不到反映，不能认为现有的规模计量是恰当的。因此，可以重新规划数字化条件下的成本动因，考虑以智能化作业为单位的间接费用计量路径。

要重视民营企业的管理会计研究。我国民营经济已经成为推动我国发展不可或缺的力量，成为创业就业的主要领域、技术创新的重要主体、国家税收的重要来源，为我国社会主义市场经济发展、政府职能转变、农村富余劳动力转移、国际市场开拓等发挥了重要作用。民营经济有个五六七八九理论①，即改革开放 40 多年来，民营经济贡献了 50% 以上的税收，60% 以上的国内生产总值，70% 以上的技术创新成果，80% 以上的城镇劳动就业，90% 以上的企业数量。要引导民营企业和民营企业家"正确理解党中央方针政策，增强信心、轻装上阵、大胆发展，实现民营经济健康发展、高质量发展"。习近平总书记在民营企业座谈会上的讲话中强调，民营经济是社会主义市场经济发展的重要成果，是推动社会主义市场经济发展的重要力量，是推进供给侧结构性改革、推动高质量发展、建设现代化经济体系的重要主体。因此，壮大民营经济是实现高质量发展的必然要求。②

当前，世界经济呈现出高的成本与价格、高的利息、高的风险的"三高"特征，同时，全球经济增长则面临出低增长率的客观形势。经济全球化尽管遭遇回头浪，但经济全球化的趋势不会改变。中国主动与世界分享发展机遇，自主降低关税、开放商品与服务市场，不断完善营商环境，促进贸易投资自由化、便利化。企业越来越重视对供应链关键环节的掌控，加快向全球产业链的高端攀升。数字产业化和产业数字化相互促进，技术创新与模式创新相辅相成，加快企业数字化的转型。

---

① 民营经济发展与中国式现代化："五六七八九"，更上一层楼［EB/OL］．［2023 – 01 – 14］．https：//baijiahao. baidu. com/s？id = 1754960747771266864&wfr = spider&for = pc.

② 习近平两会时刻："始终把民营企业和民营企业家当作自己人"［EB/OL］．［2023 – 03 – 11］．https：//baijiahao. baidu. com/s？id = 1760004273333030534&wfr = spider&for = pc.

参考文献

［1］阿兰·斯密德．制度与行为经济学［M］．北京：中国人民大学出版社，2002．

［2］安东尼，戈文达拉扬．管理控制系统［M］．刘霄仑，朱晓辉译．北京：人民邮电出版社，2010．

［3］安同良，姜妍．中国特色创新经济学的基本理论问题研究［J］．经济学动态，2021（4）：15－26．

［4］安同良，魏婕，舒欣．中国制造业企业创新测度［J］．中国社会科学，2020（3）：67－82．

［5］敖小波，李晓慧，赵雅娜．管理会计工具的创新与整合研究——基于新兴际华集团的案例［J］．经济管理，2017（10）：142－155．

［6］奥尔森．集体行动的逻辑［M］．上海：上海三联书店、上海人民出版社，1995．

［7］白婷婷，郑新奇，赵璐．基于共词分析的复杂网络研究现状分析［J］．资源开发与市场，2011（2）：122－126．

［8］彼得·德鲁克．21世纪的管理挑战［M］．北京：机械工业出版社，2009．

［9］蔡曙山．论数字化［J］．中国社会科学，2001（4）：33－42．

［10］蔡志兴．人工智能及其应用［M］．北京：清华大学出版社，1996．

［11］曹冈等．变动成本法［J］．外国经济参考资料，1981（2）：28－31．

［12］曹仰锋．竞争战略：从"产品价值"到"场景价值"——海尔

生物疫苗网的竞争战略与价值创造模式 ［J］. 清华管理评论, 2020 （1）：105 – 111.

［13］ 曹忆江. 管理升级：中国企业的大格局 ［J］. 中外企业文化, 2020 （11）：12 – 13.

［14］ 陈冬梅, 王俐珍, 陈安霓. 数字化与战略管理理论——回顾、挑战与展望 ［J］. 管理世界, 2020 （5）：220 – 236 + 20.

［15］ 陈凡, 何俊. 新文科：本质, 内涵和建设思路 ［J］. 杭州师范大学学报（社会科学版）, 2020, 42 （1）：7 – 11.

［16］ 陈剑, 黄朔, 刘运辉. 从赋能到使能——数字化环境下的企业运营管理 ［J］. 管理世界, 2020 （2）：123 – 134.

［17］ 陈劲, 阳镇, 朱子钦. "十四五" 时期 "卡脖子" 技术的破解：识别框架、战略转向与突破路径 ［J］. 改革, 2020 （12）：5 – 15.

［18］ 陈磊. 跨越鸿沟、迈向未来：对管理会计研究的几点思考与展望 ［J］. 管理会计研究, 2020 （1 – 2 合刊）：21 – 23.

［19］ 陈良华, 祖雅菲, 韩静. 供应链成本分配的权变结构研究 ［J］. 会计研究, 2016 （10）：50 – 55.

［20］ 陈维政, 任晗. 人情关系和社会交换关系的比较分析与管理策略研究 ［J］. 管理学报, 2015, 12 （6）：789 – 798.

［21］ 陈元燮. 成本控制理论的探讨 ［J］. 会计研究, 1982 （3）：33 – 37.

［22］ 陈跃红. 智能时代的人文处境与历史机遇 ［J］. 探索与争鸣, 2020 （1）：11 – 13.

［23］ 成中英, 钱晨, 常赛超. 与时俱进：管理与领导的《易经》哲学 ［J］. 中国文化与管理, 2019 （1）：2 – 20.

［24］ 戴冠. 矩阵式管理：本土化与全球化的有效契合 ［J］. 企业改革与管理, 2016 （19）：1 – 2.

［25］ 戴璐. 企业从战略联盟的学习中发展了能力吗？——绩效理论的解释与拓展 ［J］. 会计研究, 2013 （12）：65 – 71.

［26］ 戴璐, 支晓强. 企业引进管理会计方法的排斥效应、后续变革与影响因素 ［J］ 南开管理评论, 2015 （2）：103 – 114.

［27］ 道格拉斯·C. 诺斯. 制度、制度变迁与经济绩效 ［M］. 上海：

格致出版社，2008.

[28] 樊丽明，杨灿明，马骁，等. 新文科建设的内涵与发展路径（笔谈）[J]. 2019（10）：10 - 13.

[29] 范英杰，林高飞. 文化对企业管理会计行为影响的研究综述 [J]. 会计之友，2021（1）：50 - 54.

[30] 费孝通. 芳草天涯：费孝通外访杂文选集 [M]. 苏州：苏州大学出版社，2005.

[31] 费孝通."全球化"新的挑战：怎样为确立文化关系的"礼的秩序"做出贡献？[J]. 科学与社会，2007（2）：54 - 55.

[32] 冯巧根. 共享经济、互联网生态与组织间资本共享 [J]. 会计之友，2020（19）：1 - 10.

[33] 冯巧根. 管理会计的变迁管理与创新探索 [J]. 会计研究，2015（10）：30 - 36.

[34] 冯巧根. 管理会计工具创新："十字型"决策法的应用 [J]. 会计研究，2020（3）：110 - 127.

[35] 冯巧根. 中国管理会计：情境特征与前景展望 [M]. 南京：南京大学出版社，2019.

[36] 冯圆. 成本管理的概念框架及其扩展应用 [M]. 北京：清华大学出版社，2019.

[37] 冯圆. 基于"双循环"格局的企业集群成本管理 [J]. 财会月刊，2020（23）：36 - 43.

[38] 冯圆."十字型"决策法在成本管理中应用研究 [J]. 新会计，2018（11）：9 - 18.

[39] 冯圆. 实体经济企业降成本的路径选择与行为优化研究 [J]. 会计研究，2018（1）：9 - 15.

[40] 福山. 政治秩序与政治衰败：从工业革命到民主全球化 [M]. 南宁：广西师范大学出版社，2015.

[41] 傅元略. 管控机制理论和应用——以管控为核心的管理会计 [M]. 厦门：厦门大学出版社，2018.

[42] 傅元略. 数字经济下的产业价值链四维度协同管控 [J]. 财务研究，2020（4）：5 - 12.

［43］傅元略．中国管理会计理论研究的发展和亟待解决的几个问题［J］．学海，2010（4）：76－83．

［44］干春晖，郑若谷，余典范．中国产业结构变迁对经济增长和波动的影响［J］．经济研究，2011（5）：4－16．

［45］高波．文化资本、企业家精神与经济增长：浙商与粤商成长经验的研究［M］．北京：人民出版社，2011．

［46］高波，张志鹏．文化资本：经济增长源泉的一种解释［J］．南京大学学报（哲学·人文科学·社会科学版），2004，41（5）：102－112．

［47］高晨，汤谷良．管理控制工具的整合模式：理论分析与中国企业的创新——基于中国国有企业的多案例研究［J］．会计研究，2007（8）：68－75．

［48］高建平．20世纪西方美学的新变与回归［J］．社会科学战线，2020（10）：143－154．

［49］葛红兵．创意本位的文科及其可能性［J］．探索与争鸣，2020（1）：36－43．

［50］郭海．管理者关系对企业资源获取的影响：一种结构性观点［J］．中国人民大学学报，2010（3）：134－143．

［51］郭淑芬，裴耀琳，吴延瑞．生产性服务业发展的产业结构调整升级效应研究——来自中国267个城市的经验数据［J］．数量经济技术经济研究，2020（10）：45－62．

［52］国纪平．中国有足够信心底气战胜任何困难挑战［EB/OL］．［2019－08－13］．https：//www.sohu.com/a/333488145_115402．

［53］国务院发展研究中心课题组．未来15年国际经济格局变化和中国战略选择［J］．管理世界，2018（12）：1－12．

［54］哈默．领导企业变革［M］．曲昭光等译，北京：人民邮电出版社．2002．

［55］韩沚清，韩秀茹．管理会计工具基本内涵及类型研究综述与展望［J］．财会月刊，2018（9）：107－112．

［56］郝孚逸．人与人之间"社会联系"的哲学层面——马克思主义哲学与人的哲学关系问题评说（之六）［J］．湖北社会科学，2011（6）：50－51．

［57］郝宇晓．认知智能在管理会计中的应用模式探索［EB/OL］．https：//new. qq. com/omn/20210202/20210202A02TQH00. html.

　　［58］何帆，刘红霞．数字经济视角下实体企业数字化变革的业绩提升效应评估［J］．改革，2019（4）：137－148.

　　［59］何旭明．论人情关系与腐败现象［J］．社会科学，2000（11）：21－25.

　　［60］亨利·切萨布鲁夫，维姆·范哈弗贝克．开放式创新：创新方法论之新语境［M］．上海：复旦大学出版社．2016.

　　［61］洪银兴．参与全球经济治理：攀升全球价值链中高端［J］．南京大学学报（哲学·人文科学·社会科学版），2017（4）：13－23.

　　［62］洪银兴．改革发展的伟大实践推动中国经济学的创新与发展［N］．光明日报，2021－04－14.

　　［63］洪银兴．强化竞争政策的基础地位［N］．光明日报，2020－06－16（6）.

　　［64］洪银兴．中国特色社会主义政治经济学财富理论的探讨——基于马克思的财富理论的延展性思考［J］．经济研究，2020（5）：25－34.

　　［65］侯宏．从消费互联网寡头格局迈向产业互联网生态共同体［J］．清华管理评论，2019（4）：72－83.

　　［66］胡先缙．面子：中国人的权力游戏［J］．决策与信息，2005（10）：34－35.

　　［67］胡玉明．管理会计的本质与边界［J］．财会月刊，2021（10）：16－24.

　　［68］胡玉明．中国管理会计理论研究：回归本质与常识［J］．财务研究，2017（3）：14－21.

　　［69］黄光国，胡先缙．人情与面子：中国人的权力游戏［M］．北京：中国人民大学出版社，2010.

　　［70］黄少安．现实需要如何推动经济学在中国的发展［J］．经济学动态，2021（5）：41－47.

　　［71］黄世忠．滴滴与优步的业绩评价困境［J］．财会月刊，2021（13）：13－17.

　　［72］黄世忠．旧标尺衡量不了新经济：论会计信息相关性的恶化与救赎［J］．当代会计评论，2018（4）：1－24.

［73］黄世忠．移动互联网时代财务与会计的变革与创新［J］．财务与会计，2015（21）：6–9.

［74］黄贤环，吴秋生．阿米巴模式下的管理会计理念、方法与创新［J］．云南财经大学学报，2018（8）：104–112.

［75］黄耀明．试论道家文化对社会工作本土化的契合与贡献［J］．安徽农业大学学报（社会科学版），2013（5）：85–89.

［76］黄永春，杨以文，仲欣，等．长三角出口导向产业集群的攀升路径与对策研究［J］．中国科技论坛，2012（6）：78–83.

［77］霍尔，罗森博格．创新经济学手册［M］．上海市科学学研究所译．上海：上海交通大学出版社，2010.

［78］季羡林．读书与写作［M］．北京：清华大学出版社，2023.

［79］姜红丙．科学视角主义对管理研究的启示［J］．外国经济与管理，2017，39（3）：99–113.

［80］焦勇．数字经济赋能制造业转型：从价值重塑到价值创造［J］．经济学家，2020（6）：87–94.

［81］杰里米·里夫金．第三次工业革命［M］．北京：中信出版社，2012.

［82］杰里米·里夫金．零成本社会［M］．北京：中信出版社，2014.

［83］金碚．全面理解中国共产党对国有企业的全面领导［N］．光明日报，2021–10–13（16）.

［84］金碚．试论经济学的域观范式——兼议经济学中国学派研究［J］．管理世界，2019（2）：7–23.

［85］金辉．本土化与大众化推进中医药国际化［J］．社科纵横，2007，22（5）：116–117.

［86］近藤隆史，吉田荣介．基于制度变迁的成本企画导入及变迁过程的案例研究［J］．会计（日），2005（6）：32–39.

［87］康芒斯．制度经济学（上、下册）［M］．上海：商务印书馆，1987：54–65；90–122.

［88］李殿仁．坚持人民主体地位增强社会主义核心价值观感召力［J］．红旗文稿，2016（2）：22–24.

［89］李凤亮．新文科：定义·定位·定向［J］．探索与争鸣，2020

（1）：5 - 7.

［90］李丽，宁凌．企业发展的核心要素：文化资本［M］．北京：中国经济出版社，2006.

［91］李连江．学者的术与道［M］．上海：上海交通大学出版社，2022.

［92］李庆四，李倩．发挥制度优势加快形成新发展格局［EB/OL］.［2020 - 11 - 04］．https：//theory. gmw. cn/2020 - 11/04/content_ 34339669. htm.

［93］李天民．浅谈"影子价格"在决策分析中的作用［J］．会计研究，1984（4）：47 - 51.

［94］李心合．主流企业财务目标函数解析与国有企业财务目标函数重构［J］．财会月刊，2021（8）：14 - 20.

［95］李旭红．"双循环"发展格局下，财税政策应相机抉择［EB/OL］.［2020 - 08 - 03］．http：//3g. k. sohu. com/t/n473004888.

［96］刘斌．德勤、安永、普华永道、毕马威的人工智能应用的比较［EB/OL］.［2018 - 05 - 30］．http：//www. 360doc. com/content/18/0530/19/17753496_ 758315697. shtml.

［97］聂鸣，周煜．全球价值链背景下国有汽车企业的发展路径［J］．工业经济，2007（6）：86 - 91.

［98］刘方龙，吴能全．探索京瓷阿米巴经营之谜——基于企业内部虚拟产权的案例研究［J］．中国工业经济，2014（2）：135 - 147.

［99］刘飞．数字化转型如何提升制造业生产率：基于数字化转型的三重影响机制［J］．财经科学，2020（10）：93 - 107.

［100］刘峰，李少波．会计理论研究对我国会计准则制订的影响［J］．当代财经，2000（6）：70 - 72.

［101］刘根荣．共享经济：传统经济模式的颠覆者［J］．经济学家，2017（5）：97 - 105.

［102］刘湘丽．日本京瓷公司阿米巴管理的案例研究［J］．经济管理，2014（2）：47 - 54.

［103］刘志彪，吴福象．"一带一路"倡议下全球价值链的双重嵌入［J］．中国社会科学，2018（8）：17 - 32.

［104］刘志彪．新发展格局是开放的国内国际双循环，光明网 - 理论

频道〔EB/OL〕. 〔2020 – 09 – 01〕. http：//theory. gmw. cn/2020 – 09/01/
content_ 34140746. htm.

〔105〕刘志远. 管理会计要始终基于"管理"〔J〕. 战略财务，2020
(5)：3 – 5.

〔106〕吕景胜. 论人文社科研究本土化与国际化的契合〔J〕. 科学决
策，2014 (9)：54 – 65.

〔107〕马元驹，韩岚岚，臧文佼. 论管理会计工具应用的制约瓶颈及
其解决路径——基于沪深两市 A 股制造业上市公司经验数据的分析〔J〕.
当代财经，2016 (2)：114 – 121.

〔108〕马海燕. 中国服装产业国际竞争力研究——全球价值链视角
〔M〕. 北京：中国地质大学出版社，2010.

〔109〕迈克尔·波特，詹姆斯·贺普曼. 物联网时代企业竞争战略
〔J〕. 哈佛商业评论 (中文版)，2014 (11)：50 – 67.

〔110〕迈克尔·波特，詹姆斯·贺普曼. 物联网时代企业竞争战略
(续篇)〔J〕. 哈佛商业评论 (中文版)，2015 (10)：79 – 95.

〔111〕迈克尔·詹森. 现代产业革命、推出和内部控制体制失灵，载
唐纳德. H. 邱主编：公司财务和治理机制〔M〕. 北京：中国人民大学出版
社，2004.

〔112〕毛丹. 对心理学本土化"本土性契合"问题的思考〔J〕. 心理
学探新，2004 (4)：7 – 9.

〔113〕毛洪涛，何熙琼，苏朦. 呈报格式、个人能力与管理会计信息
决策价值：一项定价决策的实验研究〔J〕. 会计研究，2014 (7)：67 – 74.

〔114〕孟强. 米歇尔·塞尔论自然契约〔J〕. 世界哲学，2011 (5)：
133 – 139.

〔115〕Maryam Alavi, Dorothy E. Leidner. 知识管理和知识管理系统：概
念基础和研究课题〔J〕. 管理世界，2012 (5)：157 – 169.

〔116〕那丹丹，李英. 我国制造业数字化转型的政策工具研究〔J〕. 行
政论坛，2021 (1)：92 – 97.

〔117〕诺思. 经济史中的结构与变迁〔M〕. 上海：上海三联书
店，1994.

〔118〕潘琼，杜义飞，李蓉，等. 影响企业家的"企业家精神"：从能

力到能量的跃迁 [J]. 珞珈管理评论, 2019 (4): 1 - 17.

[119] 乔治·韦斯特曼, 迪迪埃·邦尼特, 安德鲁·麦卡菲. TD 转型: 企业互联网 + 行动路线图 [M]. 北京: 中信出版社, 2015.

[120] 钱方明. 长三角传统制造业低端锁定与突破路径——国家价值链视角 [M]. 北京: 经济科学出版社, 2015.

[121] 沙秀娟, 王满, 钟芳, 等. 价值链视角下的管理会计工具重要性研究——基于中国企业的问卷调查与分析 [J]. 会计研究, 2017 (4): 66 - 72.

[122] 沈春苗, 郑江淮. 内需型经济全球化与开放视角的包容性增长 [J]. 世界经济, 2020 (5): 170 - 192.

[123] 沈恒超. 中国制造业数字化转型的特点、问题与对策 [J]. 中国经济报告, 2019, (5): 102 - 107.

[124] 沈瑞英. 转型社会利益与价值关系新思维 [J]. 上海大学学报 (社会科学版), 2015 (2): 112 - 125.

[125] 石云里. "第三种文化" 视野中的新文科 [J]. 探索与争鸣, 2020 (1): 17 - 19.

[126] 斯蒂格利茨. 让全球化造福全球 [M]. 北京: 中国人民大学出版社, 2011: 112 - 158.

[127] 宋献中等. 贯彻创新、协调、绿色、开放、共享的发展理念, 服务 "一带一路" 建设, 推动会计改革与发展 [J]. 会计研究, 2016 (1): 5 - 18.

[128] 苏文兵, 张朝宓, 熊焰韧. 管理会计实践及其理论解释: 国际比较视角 [J]. 会计与经济研究, 2013 (5): 12 - 17.

[129] 孙华平, 包卿. 产业链链长制的来龙去脉与功能角色 [J]. 中国工业和信息化, 2020 (7): 28 - 34.

[130] 孙满桃. "双循环" 新格局中寻新机 [EB/OL]. [2020 - 07 - 30]. http://news. gmw. cn/2020 -07/30/content_ 34041316. htm? spm = C7354 4894212. P59511941341. 0. 0.

[131] 孙正聿. 我国人文社会科学研究的范式转换及其他——关于文科研究的几点体会 [J]. 学术界, 2005 (2): 7 - 22.

[132] 索拉夫·杜塔. 会计演变之我见 [J]. 会计之友, 2020 (1): 2 - 9.

［133］汤谷良，穆林娟，彭家钧．SBU：战略执行与管理控制系统在中国的实践与创新——基于海尔集团 SBU 制度的描述性案例研究［J］．会计研究，2010（5）：47-53．

［134］汤任海．约翰·科特［J］．管理与财富，2004（6）：66．

［135］陶东风．新文科新在何处［J］．2020（1）：8-10．

［136］田高良，赵宏祥，李君艳．清单管理嵌入管理会计体系探索［J］．会计研究，2015（4）：55-61．

［137］田喜洲，杜婧，许浩，等．个体优势研究述评与未来展望［J］．重庆工商大学学报（社会科学版），2019（6）：42-57．

［138］托马斯·弗里德曼，世界是平的［M］．长沙：湖南科学技术出版社，2006．

［139］托马斯·库恩．科学革命的结构［M］．北京：北京大学出版社，2012．

［140］王斌，高晨．论管理会计工具整合系统［J］．会计研究，2004（4）：59-64．

［141］王斌，顾惠忠．内嵌于组织管理活动的管理会计：边界、信息特征及研究未来［J］．会计研究，2014（1）：13-20．

［142］王斌．论管理会计前台属性与管理会计报告［J］．财务研究，2016（4）：3-10．

［143］王斌．论管理会计知识与管理会计应用［J］．财会月刊，2020（3）：3-8．

［144］王长征，崔楠．个性消费，还是地位消费——中国人的"面子"如何影响象征型的消费者-品牌关系［J］．2011（6）：84-90．

［145］王化成，张伟华，佟岩．广义财务管理理论结构研究——以财务管理环境为起点的研究框架回顾与拓展［J］．科学决策，2011（6）：1-32．

［146］王满，顾维维．战略管理会计方法体系研究［J］．财经问题研究，2011（1）：124-128．

［147］王尚银，刘朝峰．人情关系"货币化"：基于社会交换理论的分析［J］．贵州大学学报（社会科学版），2011（2）：33-38．

［148］王曙光，雷雪飞．中国文化产业发展：打造强大文化资本的模式创新与制度支撑［J］．艺术评论，2020（2）：29-47．

［149］王义桅，崔白露．日本对"一带一路"的认知变化及其参与的可行性［J］．东北亚论坛，2018（4）95 – 111.

［150］王永贵，李霞．面向新时代创新发展中国特色企业管理学［N］．人民日报，2019 – 11 – 25（009）.

［151］维克托·迈尔·舍恩伯格．大数据时代：生活、工作与思维的大变革［M］．杭州：浙江人民出版社，2012.

［152］魏江，邬爱其，彭雪蓉．中国战略管理研究：情境问题与理论前沿［J］．管理世界，2014（12）：167 – 171.

［153］魏明海．公司高管的会计责任：前世通公司 CEO 法庭审理分析［M］．北京：中国财政经济出版社，2005.

［154］温素彬，麻丽丽．管理会计工具及应用案例——管理会计工具整合及其在影视企业项目决策中的应用［J］．会计之友，2017（3）：132 – 136.

［155］吴彦艳，赵国杰．基于全球价值链的我国汽车产业升级路径与对策研究［J］．现代管理科学，2009（2）：85 – 88.

［156］吴岩．勇立潮头，赋能未来——以新工科建设领跑高等教育变革［J］．高等工程教育研究，2020（2）：1 – 5.

［157］肖旭，戚聿东．产业数字化转型的价值维度与理论逻辑［J］．改革，2019（8）：61 – 70.

［158］谢东明，王平．生态经济发展模式下我国企业环境成本的战略控制研究［J］．会计研究，2013，（3）：88 – 94.

［159］熊彼特．经济发展论［M］．北京：中国华侨出版社，2020.

［160］熊焰韧，苏文兵，张朝宓．管理会计实践发展与展望——创新方法在中国企业的应用调查与分析［M］．北京：中国财政经济出版社，2013.

［161］徐奇渊．如何理解"双循环"？［EB/OL］．［2020 – 08 – 04］．ht-tp：//finance. sina. com. cn/zl/china/2020 – 08 – 04.

［162］徐政旦，陈胜群．现代成本管理的基本范畴研究［J］．会计研究，1998（3）：17 – 21.

［163］徐富丽，张化尧．面向全球价值链的配套企业转型升级［J］．科技管理研究，2014（8）：120 – 124.

［164］徐宗本，冯芷艳，郭迅华，等．大数据驱动的管理与决策前沿

课题［J］. 管理世界, 2014（11）：158 – 163.

［165］许正中. 全球产业链深刻变化的中国战略［EB/OL］.［2019 – 10 – 18］. http：//www. ccps. gov. cn/dxsy/20191018.

［166］杨纪琬. 努力建设适合中国国情的管理会计［J］. 中央财政金融学院学报, 1984（1）：45 – 51.

［167］杨继良. 零基预算法及其效果［J］. 外国经济与管理, 1982（5）：35 – 37.

［168］杨七中, 冯巧根. 组织间资本共享：企业创新的新范式与经济增长的新动力［J］. 社会科学, 2017（11）：55 – 59.

［169］杨时展. 现代会计向传统的挑战［J］. 会计研究, 1983（4）：48 – 49.

［170］杨兴林. 关键是如何判别和遏制"学术垃圾"［N］. 光明日报, 2015 – 03 – 17（13）.

［171］野中郁次郎, 竹内弘高. 创造知识的企业［M］. 北京：知识产权出版社, 2006.

［172］叶康涛. 会计研究的相关性与可靠性：兼论管理会计学者的任务［J］. 管理会计研究, 2019（5）：6 – 11.

［173］易露霞, 吴非, 徐斯旸. 企业数字化转型的业绩驱动效应研究［J］. 证券市场导报, 2021（8）：15 – 25.

［174］殷俊明等. 循证视角下的管理会计工具应用研究：以平衡计分卡为例［J］. 会计论坛, 2021（1）：1 – 16.

［175］于增彪, 张黎群, 张双才. 我国管理会计的发展正面临着最佳战略机遇期［J］. 财务与会计：理财版, 2014（4）：4.

［176］于增彪. 中美管理会计：互通、互容、互鉴［J］. 战略财务（中文版）, 2021（1）：4 – 6.

［177］余恕莲, 吴革. 管理会计的本质、边界及发展［J］. 经济管理, 2006（6）：68 – 74.

［178］余绪缨. 现代管理会计是一门有助于提高经济效益的学科［J］. 会计研究, 1983（6）：1 – 7.

［179］余绪缨. 以具有中国特色的学术成果开展国际学术交流的实践与认识［J］. 会计之友, 2007（8）：1 – 7.

［180］约瑟夫·派恩．体验经济［M］．北京：机械工业出版社，2012．

［181］曾祥飞，陈良华，祖雅菲．生命周期视角的管理会计正式控制与非正式控制的匹配关系研究——来自沪深上市公司的经验证据［J］．南开管理评论，2018（5）：105－116．

［182］曾雪云．会计的管理职能与企业高质量发展——基于经济发展的新格局［J］．会计之友，2021（14）：6．

［183］翟学伟．人情、面子与权力的再生产——情理社会中的社会交换方式［J］．社会学研究，2004（5）：48－57．

［184］张国有．管理的动轮机制［J］．经济管理，2018（1）：5－21．

［185］张江．用科学精神引领新文科建设［J］．上海交通大学学报（哲学社会科学版），2020（1）：7－10．

［186］张俊瑞，危雁麟，宋晓悦．企业数据资产的会计处理及信息列报研究［J］．会计与经济研究，2020（3）：3－15．

［187］张庆龙．智能财务的技术原理分析［J］．财会月刊，2021（7）：21－26．

［188］张瑞敏．论物联网时代的管理模式创新［J］．企业家信息，2021（3）：5－9．

［189］张瑞敏．"人单合一"与物联网时代的管理革命［EB/OL］．［2021－02－23］．https：//www. baidu. com/s？ ie = utf－8&f = 8&rsv_ bp = 1&tn = baidu&wd．

［190］张为国．我国会计泰斗杨纪琬先生对我会计专业生涯的深远影响［J］．会计研究，2017（10）：18－26．

［191］张先治．财务学科定位与发展研究——基于会计学科定位的思考［J］会计研究，2007（6）：48－57．

［192］张先治，晏超．基于会计本质的管理会计定位与变革［J］．财务与会计，2015（3）：9－11．

［193］张旭，王天蛟．中国特色社会主义国有企业管理体制的形成、发展与超越［J］．经济纵横，2020（12）：26－35．

［194］张学良，杨朝远．加快形成国内国际双循环相互促进的新发展格局［EB/OL］．［2020－07－07］http：//theory. people. com. cn/n1/2020/0707/c40531－31773427. html．

［195］赵剑波．管理意象引领战略变革：海尔"人单合一"双赢模式案例研究［J］．南京大学学报（哲学·人文科学·社会科学版），2014，（4）：76 – 85.

［196］周海平．近二十年国内显性与隐性知识研究述评［J］．通化师范学院学报，2018，39（8）：93 – 97.

［197］周小亮．构建双循环新发展格局：理论逻辑与实践思考［J］．东南学术，2021（2）：86 – 97.

［198］诸大建．什么是学术垃圾［EB/OL］．［2022 – 08 – 01］．https：//baijiahao. baidu. com/s? id = 1739937771174747347&wfr = spider&for = pc.

［199］祝合良，王春娟．"双循环"新发展格局战略背景下产业数字化转型：理论与对策［J］．财贸经济，2021（3）：14 – 27.

［200］Ahrens T，Chapman C S. Management Accounting as Practice［J］. Accounting，Organizations and Society，2007（1 – 2）：1 – 27.

［201］Ax C，Greve J. Adoption of Management Accounting Innovations：Organizational Culture Compatibility and Perceived Outcomes［J］. Management Accounting Research，2017（34）：59 – 74.

［202］Acemoglu，D.，& Restrepo，P. The Race between Man and Machine：Implications of Technology for Growth，Factor Shares，and Employment［J］. American Economic Review，2018，108（6）：1488 – 1542.

［203］Bebbington，J.，and C. Larrinaga. Accounting and Sustainable Development：An Exploration［J］. Accounting，Organizations and Society，2014，39（6）：395 – 413.

［204］Baker S R，Bloom N，Davis S J. Measuring economic policy uncertainty［J］. Quarterly Journal of Economics，2016，131（4）：1593 – 1636.

［205］Boland R J，Lyytinen K，Yoo Y，et al. Wakes of innovation in project networks：the case of digital 3 – D representations in architecture，engineering，and construction［J］. Organization Science，2007，18（4）：631 – 647.

［206］Briel F V，Recker J，Davidsson P. Not all digital venture ideas are created equal：implications for venture creation processes［J］. Journal of Strategic Information Systems，2018，27（4）：278 – 295.

[207] Bharadwaj A, Sawy O A E, Pavlou P A, et al. Digital Business Strategy: Toward a Next Generation of Insights [J]. MIS Quarterly, 2013, 37 (2): 471 –482.

[208] Bazerman, M. , Judgement in Managerial Decision Making [M]. John Wiley & Son, New York, 1998.

[209] Birkett, W. P. , Management Accounting and Knowledge Management [N]. Management Accounting November, 1995.

[210] Blahová, M, & Zelený, Effective strategic action: Exploring synergy sources of European and Asian management systems [J]. Human Systems Management, 2013, 32 (3): 155 – 170.

[211] Burns J. , The Dynamics of Accounting Change: Inter-play between New Practices, Routines Institutions, Power, and Politics [J]. Accounting Auditing and Accountability Journal, 2000, 13 (5): 566 – 596.

[212] Burns, J. and Scapens R. W. , Conceptualizing management accounting change: an institutional framework [J]. Management Accounting Research, 2000 (11): 3 – 25.

[213] Chenhall, R. H. and D. Morris. The Impact of Structure, Environment, and Interdependence on the Percieved Usefulness of Management Accounting Systems [J]. Accounting Review, 1986, 61 (1): 16 – 35.

[214] Covaleski, Mark A. , Evans Ⅲ, John H. , Luft, Joan L. , Shields, Michael D. , Budgeting Research: Theoretical Perspectives and Criteria for Selective Integration [J]. Journal of Management Accounting Research, 2003 (15): 186 – 210.

[215] Cristopher D. Itter, David F. Larcker. , Assessing empirical research in managerial accounting: a value-based management perspective [J]. Journal of Accounting & Economics, 2001 (32): 349 – 410.

[216] Daft, R. L. A dual-core model of organizational innovation [J]. Academy of Management Journal, 1978, 21 (2): 193 – 210.

[217] Damanpour, F. Organizational innovation: A meta-analysis of effects of determinants and moderators [J]. The Academy of Management Journal, 1991, 34 (3): 23 – 32.

[218] Das, T. K. Teng, B. S. A Resource-Based Theory of Strategic Alliances [J]. Journal of Management, 2000, 26 (1): 31 – 61.

[219] David T. , Otley, The contingency theory of management Accounting: achievement and prognosis [J]. Accounting, Organizations and Society, 1980, 5 (4): 413 – 428.

[220] David T. , Otley. , Performance management: a framework for management control systems research [J]. Management Accounting Research, 1999 (10): 363 – 382 .

[221] David T. Otley, The contingency theory of management accounting and control: 1980 – 2014 [J]. Management Accounting Research , 2016 (31): 45 – 62.

[222] Detert, J. R. , R. G. Schroeder, J. J. Mauriel. A Framework for Linking Culture and Improvement Initiatives in Organizations [J]. Academy of Management Review, 2000, 25 (4): 850 – 863.

[223] Dovev, L. , R. H. Pamela, and K. Poonam, Organizational Differences, Relational Mechanisms, and Alliance Performance [J]. Strategic Management Journal, 2012, 33 (13): 1453 – 1479.

[224] Duncan, O. D, A. O. Haller and A. Portes, Peer Influences on Aspirations: A Reinterpretation [J]. American Journal of Sociology, 1968 (74): 123 – 145.

[225] Dyer J. H. , Singh H. , The Relational View: Cooperative Strategy and Sources of Inter-Organizational Competitive Advantage [J]. Academy of Management Review, 1998 (23): 660 – 679.

[226] Ferraris, A. , A. Mazzoleni, A. Devalle and J. Couturier. Big data analytics capabilities and knowledge management: impact on firm performance [J]. Management Decision, 2019, 57 (8): 1923 – 1936.

[227] Frynas J G, Mol M J, Mellahi K. Management innovation made in China: Haier's Rendanheyi [J]. California Management Review, 2018, 61 (1): 71 – 93.

[228] Fitzgerald M. , Kruschwitz N. , Bonnet D, et al. Embracing Digital Technology: A New Strategic Imperative [J]. MIT Sloan Management Review,

2014, 55 (2): 1 –12.

[229] Grabner, I., Moers, F. Management Control as a System or a Package? Conceptual and Empirical Issues [J]. Accounting, Organizations and Society, 2013, 38 (6 –7): 407 –419.

[230] Gary, M. S., and R. E. Wood, Mental Models, Decision Rules, and Performance Heterogeneity [J]. Strategic Management Journal, 2011, 32 (6): 569 –5948.

[231] Ge Z., Hu Q., Collaboration in R&D Activities: Firm-Specific Decisions [J]. European Journal of Operational Research, 2008 (185): 864 –883.

[232] Gordon, L., A. and V. K. Narayanan, Management Accounting Systems, Percievd Environmental Uncertainty and Organization Structure: An Empirical Investigation [J]. Accounting, Organizations and Society, 1984, 9 (1): 33 –47.

[233] Gul, F. A. and Y. M. Chia. The Effects of Management Accounting Systems, Perceived Environmental Uncertainty and Decentralization on Managerial Performance: A Test of Three-Way Interaction [J]. Accounting, Organization and Society, 1994, 19 (4/5): 413 –426.

[234] Hammer M R, Bennett M J. Wiseman R. Measuring intercultural sensitivity: The Intercultural Development Inventory [J]. International Journal of Intercultural Relations, 2003, 27 (4): 421 –443.

[235] Henderson, P. W. & Peterson, R. A., Mental accounting and categorization [J]. Organizational Behavior and Human Decision Processes, 1992, 51 (1): 92 –117.

[236] HessT, Matt C, Benlian A, et al. Options for Formulatinga Digital Trans formation Strategy [J]. MIS Quarterly Executive, 2016, 15 (2): 123 –139.

[237] Jones, M. A., Mothersbaugh, D. L., & Beatty, S. E. Why customers stay: measuring the underlying dimensions of services switching costs and managing their differential strategic outcomes [J]. Journal of Business Research, 2002, 55 (6): 441 –450.

[238] Juliya, T. Intellectual capital cost management [J]. Procedia Eco-

nomics and Finance, 2015 (23): 792 – 796.

［239］Jones, M. A., Reynolds, K. E., & Mothersbaugh, D. L. The Positive and Negative Effects of Switching Costs on Relational Outcomes ［J］. Journal of Service Research, 2007, 9 (4): 335 – 355.

［240］Joshi, A. M., and A. Nerkar, When do Strategic Alliances Inhibit Innovation by Firms? Evidence from Patent Pools in the Global Optical Disc ［J］. Industegic Management Journal, 2011, 32 (11): 1139 – 1160.

［241］Kaplan, R. S., and D. P. Norton, The Balanced Scorecard: Measures that Drive Performance ［J］. Harvard Business Review, 1992, 70 (1): 71 – 79.

［242］Kaplan R. S, Norton. D. Norton. The Balanced Scorecard—Translating Strategy in to Action ［M］. Harvard Business School Press, 2004: 22 – 25.

［243］Luft, J. L., Long-term Change in Management Accounting: Perspectives from Historical Research ［J］. Journal of Management Accounting Research, 1997 (9): 163 – 197.

［244］Liu D, Chen S, Chou T, et al. Resource fit in digital transformation ［J］. Management Decision, 2011, 49 (10): 1728 – 1742.

［245］McLellan J. D.. Management Accounting Theory and Practice: Measuring the Gap in United States Businesses ［J］. Journal of Accounting, Business & Management, 2014 (1): 53 – 68.

［246］Maas, K., S. Schaltegger, N . Crutzen. Integrating corporate sustainability assessment, management accounting, control, and reporting ［J］. Journal of Cleaner Production, 2016 (136): 237 – 248.

［247］Mohamed, A. A., and T. Jones. Relationship between strategic management accounting techniques and profitability—A proposed model ［J］. Measuring Business Excellence, 2014, 18 (3): 1 – 22.

［248］Mikalef P, Pateli A. Information technology-enabled dynamic capabilities and their indirect effect on competitive performance: findings from PLS-SEM and fsQCA ［J］. Journal of Business Research, 2017, 70 (1): 1 – 16.

［249］M. Holmlund, J. A. Tomroos. What are relationships in business network? ［J］. Management Decision, 1997, 35 (4): 304 – 309.

［250］Maleen Z. Gong, Michael S. C. Test. Pick, Mix or match? A discussion of theories for management accounting research ［J］. Journal of Accounting Business & Management, 2009, 16 (2): 54 - 66.

［251］Markus Granlund, Management control system integration in corporate mergers: a case study ［J］. Accounting, Auditing and Accountability Journal, 2003, 16 (2).

［252］Mia, L. and R. Chenhall. The Usefulness of Management Accounting Systems, Functional Differentiatin and Managerial Effectiveness ［J］. Accounting, Organizations and Society, 1993, 19 (1): 1 - 13.

［253］Mouritsen, J. Thrane, S. Accounting, network complementarities and the development of inter-organisational relations ［J］. Accounting, Organizations and Society, 2006 (31): 241 - 275.

［254］Nambisan S. , Lyytinen K. , Majchrzak A, et al. Digital Innovation Management: Reinventing Innovation Management Research in a Digital World ［J］. MIS Quarterly, 2017, 41 (1): 223 - 238.

［255］Pfeffer, J. and Salancik, G. R. , The External Control of Organizations ［M］. Harper & Row, New York, 1978.

［256］Porter M. E. , Heppelmann J. How Smart, Connected Products Are Transforming Competition ［J］. HarvardBusinessReview, 2014, 92 (11): 64 - 88.

［257］Quinn, M. . Stability and Change in Management Accounting over Time - A Century or So of Evidence from Guinness ［J］. Management Accounting Research, 2014, 25 (1): 76 - 92.

［258］Relich M. The Impact of ICT on Labor Productivity in the EU ［J］. Information Technology for Development, 2017, 23 (4): 706 - 722.

［259］Rappaport A. Creating shareholder value: A guide for managers and investors ［M］. New York: The Free Press, 1986.

［260］Robert H. Chenhall, Frank Moers. The role of innovation in the evolution of management accounting and its integration into management control ［J］. Accounting, Organization and Society, 2015 (47): 1 - 13.

［261］Robin Cooper, Robert Kaplan. How Cost Accounting Systematically

Distorts Product Cost: Accounting and Management: Field Study Perspectives [M]. New York: The Free Press, 1987.

[262] Ryan, R. M. , & Deci, E. L. , Self – determination theory and the facilitation of intrinsic motivation, social development, and well-be-ing [J]. American Psychologist. 2000, 55 (1): 68 – 78.

[263] Schaltegger, S. , Zvezdov, D. Expanding Material Flow Cost Accounting: Framework, Review and Potentials [J]. Journal of Cleaner Production, 2015, 108 (12): 1333 – 1341.

[264] Simons, R. , Control in an Age of Empowerment [J]. Harvard Business Review, 1995, 20 (4): 80 – 88.

[265] Simons, R. , Accounting Control Systems and Business Strategy: An Empirical Analysis [J]. Accounting, Organizations and Society, 1987, 12 (4): 357 – 374.

[266] Spector Y. Theory of Constraint 2. Methodogy Where the Constraint is the Business Model [J]. International Journal of Production Research, 2011, 49 (6): 3387 – 3395.

[267] Tschacher W, Haken H. Intentionality in non – equilibrium systems? The functional aspects of self – organized pattern formation [J]. New Ideas in Psychology, 2007, 25 (1): 1 – 15.

[268] Tucker B, Parker L. In our ivory towers? The research-practice gap in management accounting [J]. Accounting and Business Research, 2014, 44 (2): 104 – 143.

[269] Tsai, W. Social Capital, Strategic Relatedness and the Formation of Intra-organizational Linkages [J]. Strategic Management Journal, 2000: 925 – 939.

[270] Takeda, H, & Boyns, Management, accounting and philosophy the development of management accounting at Kyocera, 1959 – 2013 [J]. Accounting, Auditing & Accountability Journal, 2014, 27 (2): 317 – 356.

[271] Teece D J. , Business models: Business strategy and innovation [J]. Long Range Planning, 2010 (43): 172 – 194.

[272] Theodore H. Moran, International Political Risk Management: Explo-

ring New Frontiers [M]. Switzerland: World Bank Publications, 2011.

[273] Tversky. , Kahneman, D. Prospect Theory: An analysis of decision under risk [J]. Econometrical, 1979 (47): 263 – 291.

[274] Wayeru, N. M. , Predicting Changing in Management Accounting Systems [J]. Global Journal of Business Research, 2008, 28 (1): 25 – 41.

[275] Woermann N , Rokka J . Timeflow: How Consumption Practices Shape Consumers' Temporal Experience [J]. Journal of Consumer Research, 2015, 41 (6): 1486 – 1508.

[276] Zott C, Amit R, Massa L. The Business model: recent developments, and future research [J]. Journal of Management, 2011, 5 (7): 1019 – 1042.